汉译世界学术名著丛书

逻辑研究

第一卷

纯粹逻辑学导引

〔德〕埃德蒙德·胡塞尔 著
埃尔玛·霍伦斯坦 编

倪梁康 译

2017年·北京

Edmund Husserl
EDMUND HUSSERL GESAMMELTE WERKE（HUSSERLIANA）BAND XVIII
Logische Untersuchungen
Erster Band
Prolegomena zur reinen Logik
Text der 1. und 2. Auflage. Hrsg. von Elmar Holenstein

根据海牙马尔蒂米斯・内伊霍夫出版社《胡塞尔全集》第十八卷
1975年德文校勘版译出

汉译世界学术名著丛书

（120年纪念版·珍藏本）

出 版 说 明

2017年2月11日，商务印书馆迎来120岁的生日。120年前，商务印书馆前贤怀揣文化救国的理想，抱持“昌明教育，开启民智”的使命，立足本土，放眼寰宇，以出版为津梁，沟通中西，为中国、为世界提供最富智慧的思想文化成果。无论世事白云苍狗，潮流左右激荡，甚至战火硝烟弥漫，始终践行学术报国之志，无改初心。

逐译世界各国学术名著，即其一端。早在20世纪初年便出版《原富》《天演论》等影响至今的代表性著作，1950年代后更致力于外国哲学和社会科学经典的译介，及至1980年代，辑为“汉译世界学术名著丛书”，汇涓为流，蔚为大观。丛书自1981年开始出版，历时三十余年，迄今已推出七百种，是我国现代出版史上规模最大、最为重要的学术翻译工程。

丛书所选之书，立场观点不囿于一派，学科领域不限于一门，皆为文明开启以来，各时代、各国家、各民族的思想与文化精粹，代表着人类已经到达过的精神境界。丛书系统译介世界学术经典，引领时代思想，为本土原创学术的发展提供丰富的文化滋养，为推动中国现代学术和现代化进程做出了突出的贡献。

为纪念商务印书馆成立120周年，我们整体推出“汉译世界学术名著丛书”120年纪念版的珍藏本，寄望既利于文化积累，又便于研读查考，同时向长期支持丛书出版的译者、编者和读者致以敬意。

两甲子后的今天，商务印书馆又站在了一个新的历史时间节点上。我们不仅要铭记先辈的身影和足迹，更须让我们的步伐充满新的时代精神。这是商务人代代相传的事业，更是与国家和民族的命运始终紧密相连的事业。我们责无旁贷，必须做好我们这代人的传承与创造，让我们的努力和成果不仅凝聚成民族文化的记忆，还能成为后来人可以接续的事业。唯此，才能不负前贤，无愧来者。

商务印书馆编辑部

2017年10月

目　　录

逻辑研究

第一卷

纯粹逻辑学导引

凡　　例

1. 本书根据由瑞士现象学家 E. 霍伦斯坦编辑，由海牙马尔蒂米斯·内伊霍夫出版社 1975 年出版的《胡塞尔全集》第十八卷、即《逻辑研究》第一卷译出。这一版本实为《逻辑研究》的校勘版（见译后记），因而其中标出经胡塞尔修改过的《逻辑研究》第二版（1913 年出版，以下简称 B 版）与第一版（发表于 1900 年，以下简称 A 版）的差异。B 版中增添的部分以及不同于 A 版的部分在译文中用异体字标出，并在方括号的注文中再现 A 版的原文；这类校勘性的注释以方括号标明，作为脚注附在当页。而 B 版中的其他注则以圈码标明，亦作为脚注附在当页。

2. 在胡塞尔所用引文中，由他本人附加的文字仍以[　]符号标出。

3. 原著中虽无，但由于翻译上或说明上的原因而不得不加的文字以〔　〕符号标出。

4. 重要的现象学概念、术语亦直接在译文后用（　）符号标出原文并收在附后的“概念索引”中备考。

5. 书中出现的所有人名连同原文收在附后的“人名索引”中备考。

6. 书中出现的所有书名连同原文收在附后的“文献索引”中

备考。

7. 各“索引”中的页码（如 A 1/B 1）分别为胡塞尔原著第一版（1900 年）和第二版（1913 年）的页码，这些页码在校勘版（1975 年）中以边码的形式标出，在本译文中也以边码的形式标出。

编者引论 XI

《逻辑研究》是胡塞尔发表的第二部著作。在它之前是《算术哲学》的第一卷[①]，而《算术哲学》的第二卷从未出版过。《逻辑研究》的德文版在胡塞尔生前一共出了四版。第一版产生于1900年（第一部分）和1901年（第二部分），“加工后的”第二版产生于1913年（第一卷和第二卷的第一部分）以及1921年（第二卷的第二部分）。除了修改几个印刷错误之外，1922年和1928年的另外两版都是对第二版的未作更动的重印。此外，经胡塞尔授权还在1909年出版了对第一版第一部分的一个俄译本，1929年出版了对整个第二版的一个西班牙译本。[②]

对于在《胡塞尔全集》框架内的这个《逻辑研究》文本校勘新版本，鲁汶胡塞尔文库和科隆胡塞尔文库的主任们一致认为，要严格地区分胡塞尔自己发表并通过一再编辑而核准的文字与其他的文

---

① 参阅《胡塞尔全集》，第十二卷。

② 文献资料方面可以参阅后面第265页以后的“文字考证附录”（中译本未列出“文字考证附录”，以下均同。——中译注）。——为了避免复杂化，我们在这篇引论中会同样将第一版的两个“部分”，亦即在第二版中的两“卷”标识为“第一卷或第二卷”。此外，我们在这里的这个版本中用标号A来称呼第一版，用标号B来称呼第二版，B_1和B_2则分别是指第二版的第一卷和第二卷。其他的符号和标号可以参阅后面“文字考证附录”的第289页。

字:手稿文档、在胡塞尔自藏本中的批注、在加工方面的草稿和补
XII 充性的附件等等。[①] 首先是由胡塞尔自己发表的文字,即除了《逻辑研究》的文字本身以外,唯有第一版的两个"作者本人告示"以单独和并列的方式被收入这个校勘的新版本。

这里选择了第二版的文字作为这个新版本的基础文本,这是胡塞尔通过一再编辑而确定为最终意愿的文本。同时也顾及到了第三版对印刷错误的修改。与第一版的偏差在脚注中得到标明。这里的《胡塞尔全集》第十八卷(Husserliana XVIII)同时包含两个前言、第一卷,以及作为附录的第一卷的"作者本人告示"。

下面的引论在对《逻辑研究》的哲学意义和文献特点做简短介绍后会提供一个对第一卷的产生史、出版史、接受史的纵观,它的最后一节将论及第一卷的论题在胡塞尔以后著作中的进一步发展。

《逻辑研究》在很大程度上被看作是胡塞尔的最重要著作。它之所以有如此的声誉,要归功于两个等值的贡献:一方面,它按其原初目标设定所追求的那样,论证了逻辑学是一门纯粹的、形式的和自主的科学;另一方面,这些原初提出的任务最终导致了向一门新的"认识论"、即现象学的突破。

---

① 这些文字中的一篇后来被胡塞尔最后的助手欧根·芬克以"《逻辑研究》的一个序言的草稿(1913年)"为题发表在《哲学杂志》(*Tijdschrift voor Philosophie*)第1辑(1939年),第106–133页、第319–339页上。它关系到一些原初为引介第二版,而后为在"第二版前言"(B XVI及后页)中提到的"后记"而写下的手稿。参阅K.舒曼的文字考证研究"关于胡塞尔'为《逻辑研究》所写的一个〈序言〉的草稿'的研究",载于:《哲学杂志》,第34辑(1972年),第513–524页。

原初的各个意图在第一卷和第二卷的引介文字中得到了清楚的表达。[①] 第一卷的意图有三个：其一，将一门纯粹逻辑学的观念分离于对逻辑学的这样一些理解：理解为工艺论，即一种技艺学或一种关于科学思维的指南，以及理解为一门规范科学，它将纯粹逻辑学的形式规律转变为规范规律（第一章和第二章）；其二，拒绝对那些从意识本性中被构想出来的逻辑规律做心理学的论证，主张 XIII 从逻辑基本概念的意义出发进行一种认识论的论证（第三章至第十章）；其三，对纯粹逻辑学及其基本概念和任务领域做一个临时的勾画（第十一章）。纯粹逻辑学被定义为"观念规律和理论的科学系统，这些规律和理论纯粹建基于观念含义范畴的意义之中"。[②] 而后，第二卷在一系列所谓个别研究中提供了对这门纯粹逻辑学的认识论的，或者说：现象学的澄清和奠基的"前工作"（Vorarbeiten）。

在 1913 年"第二版前言"的一开始，《逻辑研究》就被介绍为"一部突破性著作，因而它不是一个结尾，而是一个开端"。[③] 胡塞尔借"突破"而抓住了一个表达，这个表达在 1913 年前后一再地出现在这样的语境中。尤其是在书信中，胡塞尔明确无误地说明了，这种突破究竟是指什么。

"纳托尔普（在其对第一卷的书评中）正确地注意到，我为

① 首先参阅第一卷的"作者本人告示"（在这里参阅第 261 页及后页［"这里"是指面前这个《逻辑研究》全集本。以下均同。——中译注］）。

② 第一卷的"作者本人告示"，第 512 页（在这里参阅第 262 页）。

③ B VIII。

纯粹逻辑学设定的目标本质上与康德的认识批判的目标相合。事实上，我在尝试一种新的认识批判，但我还不完全拥有它。这是一些开端，它们需要在重要的方向上有所进展。”——致 G. 阿尔布莱希特（Albrecht）的信，1901 年 8 月 22 日。①

“还有一点：我曾写过有关《逻辑研究》方面的文字。至此之后我便扮演逻辑学家的角色。现象学被看作是某种类似逻辑学的东西。它与逻辑学的关系并不比它与伦理学、美学和所有类似的学科的关系更多。《逻辑研究》提供了一种逻辑现象学的摸索开端：在这里完成了现象学一般的第一次突破……”——致 E. 施普朗格（Spranger）一封信的草稿，约 1918 年。②

“人们仅仅看到（……）《逻辑研究》的作者，人们仅仅看到，这些研究对前一代人曾是些什么，而没有看到，在这些研究中还曾想产生出什么，以及在我的进一步的工作中已经产生出什么。这些研究是对形式的和质料的本体论的一种修复，但与此一致地是‘超越论的’本体论的一种突破，它们很快成为超越论地相对化的‘现象学’。本体论与实在世界一样保

① 所有被引用的书信与书信草稿都可以在鲁汶的胡塞尔文库中找到原本或一个复印件。[现在所有书信已经收入舒曼编辑的《胡塞尔书信集》十卷本（多特雷赫特，1994 年）出版。——中译注]

② 现在可以参见《胡塞尔书信集》十卷本，同上，第六卷，第 420 页。——中译注

留了它们的权利；但它们的最终的、具体完整的(超越论的)意义得到了揭示。接下来(在出版《观念》时就已经走到了这一步!)，我只想对一门超越论的主体性学说，而且是交互主体性的学说进行系统的论证，而原先对形式逻辑和所有实在本体论所抱有的兴趣，现在都已荡然无存。”——致 G. 米施(Misch)的信，1930 年 11 月 16 日。[①] XIV

在最后两封信中，现象学相对于那些导向它的形式逻辑学问题而具有的特有的重要性得到表露。相反，在第一卷的“作者本人告示”中，胡塞尔的目光还仍指向从对纯粹逻辑学的论证到认识论本身的内在的、前后一致的进展过程。

“人们可以说，对逻辑学进行一种认识论的澄清，这个任务与对思维与认识的批判澄清，亦即与认识论本身是相合的。”[②]

就文献方面而言，《逻辑研究》在胡塞尔的著述中也具有一个特殊的位置。根据他自己的证言，《观念》第一卷，亦即对他哲学而言的第二部奠基之作的撰写，“是在六个星期内、没有作为底本的

① 在 A. 狄梅尔(Diemer)的《埃德蒙德·胡塞尔》的修改后的第二版(迈森海姆/格兰河畔，1965 年，第 382 页及后页)中得到付印。[现在可以参见《胡塞尔书信集》十卷本，同上，第六卷，第 282 页。——中译注]

② 参阅第 512 页(在这里参阅第 262 页)。

草稿、于如痴如梦之状态中完成的”。[①] 据说后期的著述《形式的
与超越论的逻辑学》和《笛卡尔式的沉思》也是以类似的方式完成
的。[②] 几十年贯穿在无数手稿中的思考，在最短的时间里作为成
熟了的结果被写下来。《逻辑研究》的情况则不同。它们是一些在
几年时间里不断展开，直至付印的最后一刻仍在继续加工的讲座
手稿和研究手稿，它们并没有在此过程中变成一个全面思索和修
饰过的整体，没有达到一个“令人满意的结局”[③]。就其文献史和
形式而言，它可以被视作一种中间文字：既不是上面所说的那些著
xv 述，也不是那些在1928年首次在海德格尔编辑并且现在作为《胡
塞尔全集》之一发表的《内时间意识现象学讲座》[④]中的讲座手稿
和研究手稿。

从胡塞尔的书信中重又可以看出，由于这些研究未能完成，他为之而受到的干扰有多大。这些书信同时使人们能够设想《逻辑研究》在胡塞尔的生活和生活观中所具有的位置。在1897年3月29日致P. 纳托尔普的一封信中，他谈到“一种朝向合理世界观的可靠基点的绝望挣扎”。稍前致H. 封·阿尼姆(Arnim)的一封

① 致A. 梅茨格(Metzger)的信，1919年9月4日；参阅(唯一授权的)付印的：E. V. 科哈克(Kohak)：“埃德蒙德·胡塞尔：一封致阿诺德·梅茨格的信”，《哲学论坛》，第二十一期(1963/1964年)，第48－68页。对此参阅K. 舒曼(Schuhmann)：《纯粹现象学与现象学哲学。关于胡塞尔〈观念〉第一卷的历史－分析专论》，《现象学丛书》(*Phaenomenologica*)第五十七卷，第2页及后页。

② 参阅D. 凯恩斯(Cairns)：《与胡塞尔、芬克的交谈》，1931年12月26日(文稿存于鲁汶胡塞尔文库；准备发表在《现象学丛书》系列中)。[该书已于1975年作为《现象学丛书》第六十六卷出版。——中译注]

③ 参阅致A. 梅茨格(Metzger)的信，1919年9月4日；同上，第63页。

④ 参阅《胡塞尔全集》，第十卷。

信也表达了同样的挣扎：

> “这种朝向一个坚实的支点、朝向一个可靠的基点、朝向一个真正科学之物（作为某种不是被发明、被制作的东西，而是作为自在存在者只能被发现的东西）的顽强挣扎，这种与所有那些从根本上不认为自身具有客观束缚力的立场和准理论所做的抗争——它们决定着我的生活的成功与失败、幸福与不幸……”——致 H. 封·阿尼姆的信，1896 年 12 月 22 日。

即便是在屈从那些将这部准备多年的著作付诸发表的要求时，胡塞尔也无法避免内心的矛盾。但是，看起来最终还是这样一种感受在他那里占了上风：他感到已经为自己和他人获得了一个坚实的出发点。

> “（第二卷）的论述清楚地表明：这些研究根本不适于以这种形式发表，而是应当作为基础服务于对一系列相互关联的认识论主要问题的较为简短的、更为系统的探讨。但情况是这样的：我不能再去考虑有哪些足够成熟的举措。这部著作或者只能以现有的方式出版，或者根本就不再能出版。而我可以确定，这些内容有发表的理由，尽管它们的构形还不完善。无论如何，这是一部严肃的书，它有可能帮助他人通达那些我至此还不能突进到的目标。此外，我还在继续工作；我做的认识批判尚未完成；我现在才真正觉得自己是个开端者。[①]

① “开端者”的原文是“Anfänger”，基本的意思是“初学者”，但因后面继续在这个语境中提到“开端”（Anfänge）一词，故前后连贯地译作“开端者”。——中译注

XVI 我能够如此，这就足矣；我相信这是现实的开端，它会允许一种健康的成长；因此，十年后再出一卷新的！”——致 P. 纳托尔普的信，1901 年 5 月 1 日。

“发表《逻辑研究》时，我只是带着一种痛苦不堪的逻辑良知(因而与我亲近的人不得不将它从我这里勉强地夺走)，我虽然不知道为什么，但却感受到：我还不具有完全纯粹的哲学基地，并且还不具有纯粹的方法，不具有全面清晰的工作视野。”——致 A. 梅茨格的信，1919 年 9 月 4 日。[1]

“而在我的十四年哈勒私人讲师时期里最终产生出了一个开端：《逻辑研究》，它为我提供了支持和希望。我可以用它来治愈自己了。”——致 D. 凯恩斯的信，1930 年 3 月 21 日。

对于胡塞尔的朋友和支持者(首先是 C. 施通普夫和 A. 里尔[2])来说，要求胡塞尔发表这些研究的理由之一在于这样一个希望：可以为自 1887 年以来作为私人讲师在哈勒大学工作的胡塞尔弄到一个适当的职业位置。当然，由于胡塞尔在与他那个时代的重要逻辑学家们的争论中无所顾忌，此后为他提供这方面帮助的意愿还是不多。

“我当时真真切切不是一个热衷于顾及公众和政府的、

[1] 参阅致 A. 梅茨格的信，1919 年 9 月 4 日；同上书，第 63 页。也可以参阅致 F. 布伦塔诺的信，1905 年 1 月 3 日。

[2] 致 G. 阿尔布莱希特的信，1899 年 11 月 21 日，转引自后面第 XXX 页，以及 1901 年 8 月 22 日。

‘追求上进的私人讲师’。那样的人会同时多而频繁地发表著述。他会在其问题与方法中听凭时尚的左右，他会在其中尽可能地依据那些有影响、有名望的人（冯特、西格瓦特、埃德曼等等），并且至少会避免对他们做彻底的驳斥。我所做的恰恰与这一切相反，……我几乎把所有举足轻重的人物都变成了敌人。而这最后的结果乃是因为，我自己为自己提出问题并且走了我自己的路，……”——致 F. 布伦塔诺的信，1905 年 1 月 3 日。

在完成这个一般性引论之后，以下的阐述将局限在《逻辑研究》第一卷上。但同时也会继续留意这两卷的统一性，这是为胡塞尔所一再坚持的统一性。它会通过下面对产生史的展开而得到证实。

对统一性的这种强调在〔胡塞尔的〕两种倾向之间动摇不定：其一是认为第一卷中对心理主义的原则反驳需要通过第二卷中对 XVII
范畴意识的现象学分析来加以补充，其二是认为第一卷为对逻辑学进行现象学论证提供了批判性的、从错误偏见中开辟出道路的前工作。

“我现在倒是希望，第二卷能够提供这样的证明，即我与心理主义的争论不是一个空洞的原则之争，不是一个肤浅地绕着实事辩来论去的争论，而是建基于一个对认识体验现象学的极为严肃的透彻研究之上。”——致 A. 迈农的信，1900

年 8 月 27 日。[1]

“只有通过一门纯粹的现象学——它不是心理学，不是关于动物实在的心理特性和状态的经验科学——心理主义才能得到彻底克服。”[2]

“同时代的批评令人惊异地始终没有看到这两卷的内在统一，这个统一无非在于对相关性（korrelativ）考察方式的方法原则的实现。但为了给主－客统一的研究创造一个恰当的起点，首先需要在任何错误的主体化面前努力地维护客体的客体性，在这里是逻辑构成物的客体性。”[3]

关于产生史

1884－1887 年

胡塞尔于 1884/1885 的冬季学期和此后的夏季学期在维也纳等地选听了布伦塔诺的一门课程，它以“基础逻辑学以及在它之中的必要改造”为题，讨论“一门描述的智识心理学的各个系统联结

---

① 付印于《哲学书信。选自 A. 迈农的学术通信》，R. 金德林格（Kindlinger）编，格拉茨，1965 年，第 100 页。

② 第二卷“引论”，B_1 7。

③ “埃德蒙德·胡塞尔”，载于：《哲学辞典》，由 E. 豪尔（Hauer）、W. 齐根富斯（Ziegenfuß）、G. 荣格（Jung）修订，柏林，1937 年，第六分册、第 448 页；参阅这部辞典的完整版，在 G. 荣格的参与下由 W. 齐根富斯编辑，柏林，1949 年，第一卷、第 570 页（由 E. 芬克编审，但由胡塞尔署名的“自述”（Selbstdarstellung））。也可以参阅“关于胡塞尔‘为《逻辑研究》所写的一个“序言”的草稿（1913 年）’的研究”，同上书，第 314 页及后页。

的基本成分”。[①] 1896 年 12 月 29 日，他从哈勒写信给布伦塔诺，说他“正在勤奋地使用贝克博士的逻辑学笔录（‘新的和老的逻辑学’）”。[②] 在这同一封信中第一次出现了“逻辑研究”一词。胡塞尔报告说，他“眼下”所从事的“主要是关于算术的基本概念和原则的逻辑研究以及更高的分析”。 XVIII

1887 年夏季学期，胡塞尔在哈勒选听了施通普夫的讲座“哲学的逻辑与百科”。在胡塞尔的遗稿中可以找到这个讲座的一段速记笔录，以及后一年的一份胶版印刷的施通普夫逻辑学－记录，带有题词“赠 E. 胡塞尔博士——卡尔·施通普夫〔缩写〕”。[③]

布伦塔诺和他的学生施通普夫将逻辑学与亚里士多德相衔接地定义为一种“工艺论”，并且依据十九世纪英国经验主义者而判定逻辑学对心理学有一种依赖关系。

> “正如我不认为，逻辑学的技艺连同丈量术并不是从唯一的一个学科获得其真理的，而认为它们更多是从不同的学科获得其真理的，同样，我现在和过去都会毫不迟疑地主张，在理论学科中，心理学与逻辑学的关系最近。”——布伦塔诺致

① 参阅“回忆弗兰茨·布伦塔诺”，O. 克劳斯（Krauss）：《弗兰茨·布伦塔诺。连同 C. 施通普夫和 E. 胡塞尔的文章》，慕尼黑，1919 年，第 153、157 页。关于布伦塔诺的维也纳逻辑学讲座可以参阅：F. 布伦塔诺：《关于正确判断的学说》，由 F. 迈尔－希勒布兰特（Mayer-Hillebrand）编辑，伯尔尼，1956 年。

② 参阅“回忆弗兰茨·布伦塔诺”，同上书，第 158 页。

③ 文库标号 Q 13 和 14。

胡塞尔的信，1905 年 1 月 9 日。[①]

> “我们把逻辑学理解为实践的认识论、正确判断的指南。它被看作是属于哲学的，因为它最大部分的前提是从一门哲学科学，即心理学那里获得的。”[②]

由胡塞尔的老师们所讲授的这种对逻辑学的心理学奠基与他以前的那些数学老师们（K. 魏埃斯特拉斯所倡导的从心理学引入数学基本概念）的观点相接近。[③]

在其 1887 年的教授资格论文中，胡塞尔同意在“近代逻辑”中
XIX 所提出的观点，即：逻辑学的任务是“一门实践学科（一门正确判断的工艺论）”[④]的任务，以及心理学是一门奠基性的科学。

1891 年

胡塞尔的第一本书《算术哲学》在与弗雷格的争论中表达了一种对心理学与数学或逻辑学和认识论之间关系的批判性态度，这个态度一目了然地与施通普夫在同一年的一个出版物中所摆明的

---

① 付印于 F. 布伦塔诺：《真理与明见性》，O. 克劳斯编，莱比锡，1930 年，第 155 页及后页。

② C. 施通普夫：《逻辑学 - 记录》，1888 年：Q 13，第 1 页。对此参阅 1887 年逻辑学讲座中的阐述：Q 14，第 1 - 4 页。

③ 参阅 E. 胡塞尔《算术哲学》的“编者引论”，L. 埃莱（Eley）撰，《胡塞尔全集》，第二十三卷，第 XXIII 页及后页。

④ 《论数的概念》，哈勒/萨尔河畔，1887 年，第 4 页及后页。这篇教授资格论文作为在《胡塞尔全集》，第十二卷中（第 289 - 339 页）的补充文字而重新得到付印。——我们引用胡塞尔的著述始终按照各个原本页码。

中介心理主义和批判主义(即康德式的对先天的维护)的立场相合。[①] 胡塞尔对当时流行的这个哲学派别的心理主义趋向的追求决非毫无担心、毫无疑义。他所倡导的是一种仔细反思过的、具有确定范围的心理主义立场。对于弗雷格的观点,即心理学无法为数学的论证作任何贡献,以及对于弗雷格为一种纯粹逻辑学的奠基所做的辩护,即"将算术奠基于一种形式定义的结论上"的做法,胡塞尔写道:[②]

"但人们只能定义逻辑的复合物。一旦我们遭遇那些最 XX

① "心理学与认识论",载于:《皇家巴伐利亚科学院哲学－语言学类的论文》,第十九辑(1891年),第466－516页。关于胡塞尔对这篇文章的回溯(A/B 52)可以参阅第468页:"后面我们将用'批判主义'这个表达来标识那种试图把认识论从所有心理学基础中解放出来的认识论观点,用'心理主义'这个表达(可能是J. E. 埃德曼首先使用的)来标识那种把所有哲学研究,尤其是也把所有认识论研究回归为心理学的做法;……"W. R. 博伊斯·吉普松(Boyce Gibson)(参阅"从胡塞尔到海德格尔。W. R. 博伊斯·吉普松1928年弗莱堡日记选录",H. 施皮格伯格编,载于:《不列颠现象学学会评论》,第二辑,1971年,第70页)似乎从与胡塞尔的对话中得出这样一个印象,即胡塞尔从施通普夫那里收益"不是很多"。这个印象几乎经不起对原始资料的历史研究。

② 第130页及后页。对此参阅施通普夫,同上书,第501页:"如果我们现在将心理学的特别任务与认识论的特别任务相互对立,那么我们就只需对几个已经交织在一起的考察进行扩展。

对概念起源的研究,无论是对那种带有绝对内容的概念,还是对那种具有相对内容的概念的研究,都是心理学的一个古老任务。如果我们说,'一个概念不能自为地被设想,而只能在一个具体的表象中被把握到,只能是以仿佛被埋入到这个表象中的方式,或者,用一种比较有标识性的、类似通过体视术而显现出来的形象说法:只能通过通常的抽象途径而被把握到',而这种说法是正确的,那么,与那种任务相一致的就是对各个具体的表象进行规定,并且对这些使得相关概念的抽象得以可能的表象的各个因素或变化方式进行最为仔细的特征描述……

相反,寻找最普遍的、直接昭然的真理则是认识论的事情……"

终的基本概念，一切的定义活动就都结束了。没有人能够定义这样的概念，如质性、强度、地点、时间以及如此等等。同样的情况也适用于那些基本关系和建基于这些关系之上的概念……人们在这种情况中所能做的仅仅在于：指明它们从其中或从其上抽象出来的那些具体现象，并且清楚地揭示这种抽象过程的种类；……因此，人们在对这样一个概念（……）的语言阐释方面所能合理要求的仅仅是做出确定：这种阐释必须适合于将我们置入到一个正确的心境之中，使我们能够在外感知和内感知中自己取出那些被意指的抽象因素，或者说，使我们能够在我们心中再造那些为构成这个概念所必需的心理过程……。这样一种情况恰恰出现在数的概念那里，因此我们可以认为，如果数学家在其体系的顶点不去给出那些数的概念的逻辑定义，而是去'描述人们如何达到这种概念的方式'，那么就其自身而言，这是根本无可指责的；……"

与其他同时代的关于数的概念的理论不同，胡塞尔在《算术哲学》中明确坚持：并非所有"心理学的前提"（例如在时间中的延续）
XXI 都进入到概念的内容之中。[①]

通过对教授资格论文的副标题（《心理学的分析》）和《算术哲

① 第24页及后页。关于胡塞尔在这几年中的有限心理主义立场也可以参阅"论符号逻辑（符号论）"，1890年，载于：《胡塞尔全集》，第十二卷，第358页及后页，以及E. 施罗德（Schröder）的书评：《逻辑代数》，第一卷，莱比锡，1890年：《哥廷根学报》（1891年），第257页及后页。

学》的副标题(《心理学的和逻辑学的研究》[①])的选择,胡塞尔清楚地表达了他的立场。只要分析伸展到概念上,那么,在他当时看来,这些分析要想“达到确定的结果”,[②]就根本不可能不是心理学的。

除了“关于数学表象的起源问题”之外,胡塞尔在《逻辑研究》第一版的“前言”[③]中还提到“实践方法的形成”,将它称作这样一个领域,对于这个领域而言,心理学分析在他看来是明白清晰而且富于教益的,并且他如今在《导引》[④]中便把心理学的管辖权限制在这个领域上。《算术哲学》还倾向于把“算术作为数的关系的科学”还原为计算术,即“从被给予的数中导出被寻找的数的方法”,[⑤]而《逻辑研究》则已经明白无误地对方法论的体系地位做了限制。

一些评注者在给《算术哲学》打上“心理主义”的烙印时,通常

① 这个副标题在《胡塞尔全集》版的《算术哲学》中没有得到准确的再现。[胡塞尔的教授资格论文标题为:《论数的概念——心理学的分析》(1887 年);扩充后发表的著作标题为:《算术哲学——心理学的和逻辑学的研究》(1891 年)。1970 年出版的《胡塞尔全集》版(第十二卷)的《算术哲学》第一卷的副标题则是《逻辑学的和心理学的研究》。——中译注]

② 《论数的概念》,第 8 页。

③ A/B VII。

④ 即《逻辑研究》第一卷的标题“纯粹逻辑学导引”。以下均同。——中译注

⑤ 第十三章。——布伦塔诺于 1905 年 1 月 9 日致胡塞尔的一封信(付印于 F. 布伦塔诺:《真理与明见性》,同上书,第 154 页)泄露了这个倾向的来源。在这封信中,布伦塔诺为一种几乎可以疑为“操作主义的”还原辩护,即把数学还原为“计算术”:“尤其是微分计算的发明,难道它不也是一种方法操作的发明吗?而且,即使是那个比牛顿更胜一筹的莱布尼茨,他对某种标识方式的实证确立,也表明自身是一种巨大的进步。”

只是指明胡塞尔本人在其为《逻辑研究》第二版所写的序言或后记的各草稿中所说到的一点：由于受这样一个认识的引导，即一个集合并不是一个实事性的统一，不是建基于那些被合计在一起的实事之内容中的统一；并且由于同时受布伦塔诺这样一个学说的误导，即心理之物只能与物理之物相对立，而观念的存在无非是臆想，因此胡塞尔在《算术哲学》[①]中维护这样一个命题：各个集合体的概念仅仅通过对合计行为的反思才得以成立，而换言之，也就没有观念的客体性与它们相符合。然而，总数的概念是否并不同于合计的概念，这方面的疑虑按照胡塞尔1913年[②]的说法已经“从最初的开端起”就折磨着他，“并且一直伸展到所有——如我后来所指称的——范畴概念上，并且最终以另一种形式伸展到无论哪一种客体性的概念上”。

1894年

XXII 事实上，1893年秋撰写[③]、1894年发表[④]的“对基础逻辑学的心理学研究”，就已经开始与这种向抽象内容与具体内容之区分的“心理活动方式”的回溯保持距离。

> “我徒劳地在对抽象之物与具体之物的意识之间努力寻找最细微的区别。人们说，抽象就是自为地关注；但是，为了

① 第12页及以后各页，第76页及以后各页。

② “为《逻辑研究》所写的一个‘序言’的草稿”，同上书，第127页。

③ 手稿F III 1，第143页及后页。

④ 《哲学月刊》，第三十卷（1894年），第159－191页。

从一个总揽的背景中分割出一个抽象的具体并使它成为特殊研究的对象，不也需要这个‘抽象’吗？”[①]

在这篇文字的最后一节[②]，胡塞尔在依据《算术哲学》的同时主张，对直观的和代现的基本过程的心理学研究对“先天”科学具有重要意义。但他在这里同时也明确地承认了，没有心理学基础研究，也仍有可能增进对符号思维的逻辑理解。值得注意的是，胡塞尔在其“关于1894年德国逻辑学著述的报告”[③]的范围内所做的“关于基础逻辑学的心理学研究”一文的作者本人告示中（撰写于1896/1897年[④]，发表于1897年，亦即在弗雷格的1894年的《算术哲学》书评和在他自己1896年的心理主义问题讲座之后），仍然对他关于“认识心理学与逻辑学”的阐述做了毫无保留的介绍，并且还在这个报告中要求，用对直观现象和代现现象或统觉现象的“描述的和发生的研究”来“为任何一门判断学说奠基”。[⑤]

在1894这同一年，G. 弗雷格对《算术哲学》的书评发表。[⑥]除了其他以外，弗雷格批评了〔胡塞尔〕将概念与表象混为一谈的做法，以及通过注意力的转向和对表象的心理行为的反思来获得 XXIII

① 《哲学月刊》，第三十卷（1894年），第167页。

② 第187－191页。

③ 《系统哲学文库》，第三卷（1897年），第224－227页。

④ 参阅1897年1月16日致P. 纳托尔普的信，以及1896年12月22日致H. 封·阿尼姆的信。

⑤ 同上书，第226页及后页。

⑥ 《哲学与哲学批判杂志》，第103卷（1894年），第313－332页。

抽象概念的做法。[①]

> “胡塞尔谈到,弗雷格的批评是他真正唯一要感谢的。它切中了要害。”[②]

1894－1895 年

1894/1895 年冬,胡塞尔在“做了较长时间休息之后”重新转向“演绎科学的逻辑学研究(《算术哲学》第二卷)”。他希望能在1895 年初完成它。[③] 1895 年夏,他做了“关于演绎科学的较新研究”[④]的讲座。根据《逻辑研究》第一卷“前言”[⑤],正是在对演绎科学的研究中提出的问题,使他对逻辑之物建立在心理学基础上的可能性产生出原则性的怀疑。

1896 年

在 1896 年 12 月 22 日致 H. 封·阿尼姆的一封信中第一次记录了一个新的出版意图,它取代了出版《算术哲学》第二卷的计划:“我对逻辑研究的纯粹加工有了长足的进展。”关于“日期”,信中提到“下个夏季”。胡塞尔通常把《逻辑研究》的准备工作估算为

---

① 《哲学与哲学批判杂志》,第 103 卷(1894 年),第 316 页及后页。

② “W. R. 博伊斯·吉普松(Boyce Gibson)1928 年弗莱堡日记选录”,同上书,第 66 页。参阅后面 A/B 169。

③ 致 A. 迈农的一封信草稿,1894 年 11 月 20 日;致迈农的信,1894 年 11 月 22 日;后者付印于 A. 迈农:《哲学书信》,同上书,第 100 页。

④ 手稿:K I 25。

⑤ A/B V 及以后各页。

整整十年。因此他在一篇手稿[①]中谈到“十年的辛劳、孤独的工作”,《逻辑研究》在此期间“获得越来越新的、越来越确定的构形”。但这里所引书信提到的著书计划看起来却直接回溯到这一年的逻辑学讲座。

根据“第二版前言”[②],《导引》“就其基本内容来看仅仅是对1896年夏秋在哈勒所做的两个相互补充的讲座系列的加工”。在胡塞尔的遗稿中的确可以找到内容丰富的一批手稿“出自1896年逻辑学”,[③]它们的第一部分内容正是《导引》的问题域。 XXIV

这个第一部分的足足五分之四的篇幅都用来讨论对一门作为形式学科的纯粹逻辑学如何与一门作为实践科学和规范科学的逻辑学划界的理论问题,亦即一个在《导引》中被集中在前两章或前四章论述的课题。最后的五分之一涉及对逻辑学的心理主义论证的反驳,这个反驳以两种方式成为可能:其一是通过对背谬的结论的证明,其二是通过对成见的剖析。由于缺乏时间,胡塞尔仅限于对成见的反驳,同时他引述了在《导引》的核心部分,即第八章中所讨论的那三个成见。借助于J. St. 穆勒和海曼斯的主张而进行的对背谬结论的揭示,在《导引》中先行于对成见的处理(第25-

① F III,第137页b。

② B XII。

③ K I 20。在这个讲座的日期确定上,胡塞尔一再地动摇于1895年与1896年之间。在胡塞尔遗稿中还可以找到与《导引》的论题域相关的几份更为泛泛的、更多是残篇性质的手稿(K I 57、59、61等),对这几份手稿的评估(和日期确定)要以对1900年前的所有手稿的系统透彻研究为前提,必须留待给以后的编辑出版的意图去处理。也可以参阅胡塞尔在这几年中的“私人笔记”,W. 比梅尔(Biemel)编,载于:《哲学与现象学研究》,第十六辑(1956年),第294页及后页。

26 节和第 30 - 31 节),在这里则以紧凑的篇幅出现在与第二个成见的关联中。

在第一部分指明了纯粹逻辑学是作为方法论的逻辑学的基础之后,胡塞尔在内容上多出一倍的第二部分中过渡到对这门纯粹逻辑学的系统建构上。这些相关的阐述就其构架来看以及就其大部分内容来看既不与《导引》的最后一章相合——这一章扼要地设想了纯粹逻辑学的观念——,但也不与《逻辑研究》第二卷相合。它们更多地提供了纯粹逻辑学的一个轮廓,这个轮廓依据了传统纯粹逻辑学的三分:即关于概念、关于命题(判断)和关于推理的学说。

XXV 《导引》不仅仅是对 1896 年逻辑学讲座的一个风格上的加工。这样一种加工至多表现在第 4 - 8 节中。此后只还有一些零星的段落在语句上或多或少与 1896 年的手稿相合。另一方面,除了相对主义的论据(第七章)以外,赞成和反对心理主义的所有主要论据都已经可以在这份文档中找到。《导引》与讲座文字的区别,除了论述纯粹逻辑学观念的结尾一章、关于怀疑论的相对主义一章以及尤其是对第三个成见的扩展了的讨论(它在手稿中只是简要地被勾画出来)以外,主要就在于文献辨析的篇幅。在第一部分,即科学论部分,对康德和康德追随者(赫巴特)的辨析——胡塞尔责备他们将方法论和理论基础科学混为一谈——被大大缩短了。相反,在第二部分中对穆勒、斯宾塞和海曼斯的批评则不仅扩展为独立的一章,而且还有新的文献辨析补充进来:对西格瓦特(第 29 节、第 39 节)、埃德曼(第 40 节)——他的名字甚至没有在逻辑学讲座的以逻辑学中的心理主义为题的第一部分中被提到过——和对“思维经济学”(第九章)的拒绝性辨析,以及对莱布尼茨、康德和康德追随者赫巴特和朗格以及鲍尔查诺(第十章)的(至少是部分的)认同性辨析。

撇开被胡塞尔注明日期是1897年的最后两章以及一些零星的补充和加工不论,[①]不能排斥这样的可能性,即胡塞尔同样已经在1896年就完成了对补充部分的加工,[②]有可能是在同年的秋天紧接着第二个没有被保存下来的讲座中完成的。胡塞尔在《导引》中就说过在1896年夏秋有两个相互补充的讲座系列。另一方面, XXVI
在1900年7月8日致纳托尔普的一封信中,胡塞尔谈到,《导引》“完全可以在一年半前”就出版,也就是说,并不能早于1898年。

关于对这些补充的文献辨析的评判,应当提到胡塞尔自己所推荐的评判之一。

> “我还要说的是,在我的各个批判中,我对心理主义的批驳的意义最鲜明地表现在对B.埃德曼的极端主体主义的批判中(《导引》〔第40节〕)。”——致W. E.赫金(Hocking)的信,1903年1月25日。

在1896年讲座的与《导引》论题域相合的部分中,以及在被引

① 参阅对科内利乌斯的发表于1897年的《心理学》一书的引用,在第九章的正文中,虽然只是在第一段中。

② 在1897年3月14/15日致纳托尔普的一封信中,胡塞尔在对逻辑学和数学进行比较之前,以一种对《逻辑研究》的残篇式概论谈到了对穆勒和海曼斯的辨析。也可以参阅1900年7月8日的信;这两封信在后面第XXXII页及以后各页上得到引用。

用的施通普夫著述中，心理主义者与批判主义者，以及零星地还有心理主义与观念主义，作为敌对者被拉入到一场相互间的争斗中。但与《导引》不同，在讲座中从未引证过施通普夫的著述，并且在讲座的这个部分中，同样也没有指名道姓地引述过那些作者，即鲍尔查诺、洛采、弗雷格、纳托尔普，以及数学流形论的促进者们（康托尔），胡塞尔本人和评注者们通常把对心理主义立场的克服归之于他们的影响。

1897 年

胡塞尔于这一年的春季与纳托尔普有一段密切的书信往来。除了数学问题以外，这些通信还涉及胡塞尔的著书计划。1897 年 3 月 29 日，胡塞尔感谢纳托尔普“对我的哲学烦恼和工作有如此使我感到宽慰的兴趣”。他觉得，在纳托尔普这里，他找到了他“多年来”业已丢失了的“科学交往”。这段从 1 月延伸到 3 月的通信的出发点是胡塞尔“关于 1894 年德国逻辑学著述的报告”[①]以及关于 K. 特瓦尔多夫斯基《关于表象的内容和对象的学说》的一个
XXVII 书评[②]。由于纳托尔普本人已经为《系统哲学文库》撰写了一篇关于此书的评论，因此他建议胡塞尔将他的书评扩展为一个较大的批判性研究。胡塞尔不想从事此事。

---

① 《系统哲学文库》，第三卷（1897 年），第 216－244 页。

② 维也纳，1894 年。——胡塞尔未发表的这篇书评（参阅手稿：A I 7，第 22－28 页以及 N II 2）预计将发表在计划中的一卷《胡塞尔全集》中，这卷包含胡塞尔 1890 年至 1910 年期间的论文与书评。［该书已于 1979 年作为《胡塞尔全集》第二十二卷出版。——中译注］

"我现在没有时间撰写批判性的论文或一部关于内容与对象的著述。我正在写一部更大的著作，它是针对我们这个时代的主体主义-心理主义逻辑学的(即针对我作为布伦塔诺学生自己以前所持的立场)。在这里肯定不会缺乏一并处理这个相关区别的机会。"——致 P. 纳托尔普的明信片，1897 年 1 月 21 日。

1897 年 3 月 8 日，纳托尔普请胡塞尔——如果后者在他的书中想"讨论我的观点"的话——检验《心理学引论》[1]、"论心理学的前问题"[2]、"概念、判断和对象性认识中的量与质。超越论逻辑学的一章"[3]，"以及或许甚至更早的"论文"论对认识的主观论证和客观论证"[4]。尽管胡塞尔报告说，他"已经在几周前"仔细考虑了上述除"量与质"论文之外的著述，并且"在个别问题上不断受到启示"，[5]他的回答给人的印象仍然是：他是通过纳托尔普的信才注意到某些一致性。

"您的亲切告知给我带来愉快的惊喜：我曾不言自明地认为，您和所有反心理学的逻辑学家一样[6]，也坚持认为逻辑学

[1] 弗莱堡，1888 年。

[2] 《哲学月刊》，第 29 期(1893 年)，第 581－611 页。

[3] 同上书，第 27 期(1891 年)，第 1－32 页、第 129－160 页。

[4] 同上书，第 23 期(1887 年)，第 257－286 页。

[5] "尽管在个别问题上不断受到启示，我仍然不能获得对您立场的完全理解。"——致 P. 纳托尔普的信，1897 年 3 月 14/15 日。

[6] 在一封同样被保存下来的书信草稿中还紧跟："B〔博尔查诺〕除外"。

就其本质而言是规范性的,同时规范特征不应分离于(在确切的词义上的)逻辑规律。与此相反,我在您的那些论述中发现,您明确强调一种我在与此相关的(自去年 12 月中已经差不多可以付印的)撰述中已经完整(in extenso)展开了的观点。"——致 P. 纳托尔普的信,1897 年 3 月 14/15 日。

XXVIII 胡塞尔还提到他们的阐述的其他相合点:逻辑学与数学的平行,以及将矛盾律阐释为这样一个规律,这个规律所涉及的不是在一个意识中相互矛盾的表象的实在不相容性,而是它们的观念不相容性、它们的不共同为真。

在胡塞尔于拟就《逻辑研究》期间"密切地接近了"的[①]所有同时代作家中,唯有纳托尔普是能够为胡塞尔不仅在对纯粹逻辑学的先天理解方面,而且也在对其认识论的论证方面提供引导的人。纳托尔普和胡塞尔两人都将他们的关系评价为一种趋同关系。

"您的内容丰富的来函给我带来极大的快乐。在我们充满怀疑的研究中与他人在同一条道路上相遇,这是一种如此罕见,却又如此不可或缺的慰藉。由于我们是从完全不同的方面和无相互接触地得出相同的结论,这种一致性就更为奇特。"——P. 纳托尔普致胡塞尔的信,1897 年 3 月 20 日。

"我们的差异具有决定性的趋向,即趋向于减少。——但愿它们最终聚合为零。"——胡塞尔致 P. 纳托尔普的信,

① A/B VIII。

1901 年 7 月 9 日。

在与纳托尔普的通信后不久，胡塞尔撰写了《导引》的最后一章，很可能也撰写了倒数第二章。[①] 在最后几封书信中的一封信里，他写道，他现在正撰写“困难的中间部分：认识中的主观要素和客观要素”。[②] 一个月后他向 G. 阿尔布莱希特(Albrecht)抱怨，“我的研究停顿下来，我们曾对以一部巨著的形式出版这些研究寄予如此大的希望”。[③]

1898 年

1898 年 6 月 6 日，胡塞尔在哈勒做了一个“关于逻辑学任务的报告”。[④] 报告的内容是《导引》的命题。

根据《危机》[⑤]中的一个历史说明，“大约在 1898 年”，“经验对象与被给予方式的普全相关性先天”的“首次突破”便已进行。胡塞尔将它等同于“‘超越论现象学’的首次突破”。[⑥] 在《导引》中， XXIX

① 致 P. 纳托尔普的信，1900 年 7 月 8 日，后面在第 XXXIII 页及后页上被引用。

② 致 P. 纳托尔普的信，1897 年 3 月 14、15 日，后面在第 XXXII 页及后页上被详细论述和评注。

③ 1897 年 4 月 18 日。

④ 手稿：K I 29。与在 K I 29 中找到的打印邀请函不同，《皇家弗里德里希联合大学 1898 年 4 月 1 日至 1899 年 3 月 31 日年鉴》(哈勒/萨尔)第 22 页上所标明的这个报告的日期并不是在 6 月 6 日，而是在 5 月 27 日。

⑤ 《欧洲科学的危机与超越论的现象学》，《胡塞尔全集》，第六卷，海牙，第二版，1962 年，第 169 页，注 1。

⑥ 同上书，第 168 页。

这个突破只是在零散的几处并且主要是在最后的部分才能把捉到。[①] 所有这几处在1896年的讲座中都找不到记录。对于1896年的讲座以及对于《导引》的最早和最大的部分而言，处在注意力中心的是另一种相关性，不是那种导致将逻辑学作为形式学科和作为超越论学科双重地建构起来的相关性，而是那种对一方面是作为一门理论的（“纯粹的”）学科，另一方面是作为一门规范的-实践的学科（“工艺论”）的逻辑学之双重构建得以可能的相关性。

在《导引》中，对逻辑学的心理学论证这个争论问题，最初是与那个基本上是次要的[②]逻辑学双重性——即逻辑学作为一门理论学科和作为一门规范-实践学科——联结在一起出现的。作为理论科学，逻辑学不依赖于所有心理学和事实科学。但只要它还是工艺论、方法论，那么心理学，而且是经验心理学，就会一同参与对它的奠基。[③] 这个在《导引》中的主导性思路的特点就在于，对那些与逻辑规律相一致的明见性体验的研究，被看作是逻辑工艺论的任务，并且，就它们不是奠基于逻辑命题的内涵之中，而是奠基于心理学之中而论，它们也被看作是自然科学的心理学的任务！[④]

当在《导引》中谈及对纯粹逻辑的课题域进行改变（Umwendung）的可能时，这里所涉及的几乎全都是那种将纯粹逻辑规律改
xxx 造（Umformung）为规范规律的做法。由于逻辑规律性是这样一种规律性：它们一方面建基于其基本概念之中，并且自在地有效，

① 首先参阅A/B 110及后页、第212页（第211页注）、第237页及以后各页。

② A 240/B 239。

③ A/B 59/159/161等。

④ A/B 182、186。

另一方面却只是在意识体验本身之中被给予，因此它们具有双重性；而在这种双重性中所包含的另一种改变的可能性，只是在《逻辑研究》第二卷的“引论”中才以适当强调的方式得到表达。要想从历史上正确地理解《导引》，这样一个事实是非常重要的：改变逻辑规律的这两种形式都是可能的。而这个事实只是在《形式的和超越论的逻辑学》中才明确地成为探讨课题。[①]

1899 年

1899 年秋，胡塞尔决定付印《逻辑研究》。[②] 他在校样上仍做修改。六份平装的样书在 12 月交到哈勒的教席教授手中。这些样书或是不包含任何序言，或是包含一个不同于现有前言的序言。[③]

> “她〔胡塞尔太太马尔文娜〕以舍己的努力日复一日地阅读校样，或者为我做笔录，而时间有时会如此紧迫，以至于我半夜还要赶到火车站，以便印刷工第二天一早能够拿到已经完成的，且常带有很大改动的清样。印刷是从 10 月 15 日开始的，每周三个印张，每个印张校对三次。现在已经有十六个印张在排版中，并且会在约两天内通过最后一校。而后《导引》便结束了。接下来我会休息几天，以便再继续做下去。在此期间我收到了《导引》的六册平装本，是给几位这里的教席

① 参阅后面第 XLIX 页及以后各页。

② 致 P. 纳托尔普的信，1900 年 7 月 8 日。

③ 参阅“作者本人告示”，第 511 页（这里是第 261 页），以及第二版前言，B XIII。

教授们的。正在提出一个新的(第三个)动议:在〔教育〕部里建议,并且这次是最有力地建议:给我一个预算内的位置。这事是由里尔提出的,他竭力地说服我按原样出版我的这些研究。因此我让人把清样交给他,而在收到第一组的五个印张之后,他已经在同事面前表达了他的不遗余力的、几近夸张的赞赏。"——致G. 阿尔布莱希特的明信片,1899年11月21日。[①]

XXXI **1900年**

1900年5月2日,胡塞尔在哈勒的哲学学会做了一个"论对逻辑学的心理学论证"的报告。在唯一保存下来的、胡塞尔自己写的记录[②]上有两点引人注目:其一,心理学的问题局限在由《导引》所主张的立场上。在《逻辑研究》第二卷中所展开的视角始终未被提及。其二,在1896年讲座中明确地提到能够反驳心理主义的"两条途径",即通过追踪它的背谬结论以及分析它的成见。与1896年讲座一样,这次报告"偏好"的是后一条途径。

同样是在1900年,胡塞尔与出版商约定,"将自去年11月末除前言等等之外已被付印的《导引》另册出版"。[③] 胡塞尔前言上标明的日期是1900年5月21日。莱比锡的法伊特公司(Veit & Comp.)出版社将第一卷的出版和第二卷的印刷拖延至7月。由

① 也可参阅致P. 纳托尔普的信,1899年12月7日。

② E. 胡塞尔:"论对逻辑学的心理学论证"——关于胡塞尔所做的一个报告的未发表报道,由胡塞尔本人撰写、H. 莱纳(Rainer)编辑。引自哈勒"哲学学会"记录簿,1900年夏季学期;1900年5月2日第一场,载于:《哲学研究杂志》,第十三辑(1959年),第346-348页。

③ 致P. 纳托尔普的信,1900年7月8日。

此造成的结果是与法伊特的决裂，哈勒的马克斯·尼迈耶（Max Niemayer）承接了这两卷的出版。[①]

在对产生史做了编年的概述之后，还需要交代一下胡塞尔原初的出书计划。

从所有的迹象看，胡塞尔开始时考虑只写唯一的一卷，它应当包含三个部分：第一部分是批判性的，它反驳对逻辑学的心理主义论证，即是说，它与现在的《导引》的前九章或前十章相合；第二部分是系统性的和建构性的，它提供对纯粹逻辑学的一种认识论的或现象学的论证，就这个部分而言，现在的第二卷的各项个别研究 XXXII
或者是作为前工作，或者是作为首次的撰写而得以启动的；最后还有一个第三部分，它应当通过一种可能比《导论》现在的结尾一章更宽泛的论述来展开纯粹逻辑学的观念。主要是致纳托尔普的两封信和出自 1900 年的一个《逻辑研究》第二卷序言的残篇草稿，使得人们可以对这个计划有所估测。[②] 第一封信同时还提供了对作为胡塞尔出发点的问题状况的一种观察。但我们感兴趣的主要是最后一句关于"困难的中间部分"。"认识中的主观要素和客观要素"的表述使人回忆起纳托尔普的文章"论对认识的主观论证和客

① 致 P. 纳托尔普的信，1900 年 7 月 8 日，以及致 A. 迈农的信，1900 年 8 月 27 日；后者付印于：同上书，第 101 页及后页；也可以参阅同样被保存下来的致 A. 迈农的详细书信草稿，1900 年 8 月 26 日。

② 也可以参阅"为《逻辑研究》所写的一个'序言'的草稿（1913 年）"，同上书，第 125 页。——胡塞尔和他的妻子在被保存下来的 1896 年和 1899 年通信中从未谈到过两卷，而是始终只说到一本书，即便是一本"巨著"。

观论证”[①]，它的论题常常让人想到《逻辑研究》第二卷。

“在我的研究中，我从逻辑学的工艺论出发并对它的理论基础提出问题。这便引向在心理学的逻辑学和（传统意义上的）纯粹逻辑学之间的争论。前者提出，逻辑学是实践心理学的一个部分；但纯粹逻辑学却想成为一个独立的（尽管是一个被纳入到实践逻辑学中的），与所有心理学都无关的领域。两派提出的那些论据都被反驳。心理学家伪造了逻辑规律的意义——除了其他以外，我在这里也提出为您所触及的相反论据（主要与穆勒和海曼斯有关）——绝对的精确性变成了最为粗糙的、涉及完全不同客体的经验普遍性。此外，在这里还详细讨论了‘状况的’模糊性、与正常性的不可避免的关联（在正常思维状况中的正常人，以及如此等等），在它们后面常常隐藏着作为要素的真正逻辑规律。纯粹逻辑学所提出的命题是有力的，但却没有提供证明，因为它提出，纯粹逻辑规律的规范特征是本质性的，却没有让人理解，对判断和思维活动而言的规则怎么可能不建基于心理学之中；其他论据的特殊内涵
XXXIII 也为心理学家提供了一些反驳的把柄。

我详细论证了我自己的立场，首先是提供对逻辑命题和代数命题的对照——即重又令人喜悦地与您的学说相一致。我表明，这两种命题的规范形式都是一个理论内涵的重大改变……

但是，与数学的比较在我的位置上不只是一个比较：整个

① 《哲学月刊》，第23辑（1887年），第257－286页。

纯粹数学：纯粹总数论和纯粹序数论、纯粹量论、组合论、纯粹流形论(……)，我愿意相信，整个在莱布尼茨意义上的普全数学模式(mathesis universalis)都可以被纳入到纯粹逻辑学中。但我把几何学看作例外，这只是因为我(在与我自己斗争了很久之后)已经放弃了对它做不同于力学的评估……[①]

对基本概念和基本定律的指明、对相属的理论的系统展开——这些理论构成形式真理的无限领域，或者易言之，构成先天可能的演绎形式规律、理论规律的无限领域——，我会将这些视为纯粹逻辑学的任务。它分裂为一系列相对独立的理论，这些理论一部分在'数学学科'的标题下为人所知，并受到自己的专家的探讨，而哲学的任务在这里和以往一样，都在于：在将目光超越出技术性的东西……之上的同时，去认识那些合理的基础和联系。

对这个趋向的阐述会因为论证说明的广度而获得更大程度的说服力，这些阐述应当构成我的著述的结尾；现在我还在撰写困难的中间部分：认识中的主观要素和客观要素。"——致 P. 纳托尔普的信，1897 年 3 月 14/15 日。

"我的《导引》到得很迟，而且并不完全是以我在几年前就已经向您预告过的形式。那时候，我希望能够在粗略的主要特征中讨论最重要的、属于对一门纯粹逻辑学之阐明的认识论基本问题，同时又无须事先进行所有那些我已纠缠于其中

① 此后是几段关于几何学这个例外以及关于数学和逻辑学的亲缘性与关联的较长阐述。

多年的详尽的细节研究。我无法满足这个意向。遗留下的许多含糊之处、须待阐明之处太多了，而我草拟的东西无法让我感到满意。所以我不得不改变我的计划。今天我交给您的《导引》，除了最后两章以外，当时就已经全部完成。也就是说，我只是在主要问题上附加了对在我面前浮现的纯粹逻辑学观念的思索，并且（在我们通信之后不久）便想要导出一系列对根本性的、现象学的和认识论的个别研究的阐述。直至去年秋天我才决定付印，但随即又在这些可恶的个别研究的开端上停顿下来。最后还是把这些完全可以在一年半前出版的东西单独出版。”——致 P. 纳托尔普的信，1900 年 7 月 8 日。

XXXIV

“它们〔第二卷的各项研究〕在多年来集中的和完全针对问题的研究中被记录下来，起先只是为了给我自己提供一种在认识现象学的领域中的……细节描述和分析的清晰性。自撰写《导引》以来，即就主要部分而论是自 1896 年以来，我就特别在意对纯粹逻辑学进行阐明，并且我想，在对与此相关的现象学领域进行了透彻研究之后，以及在与《导引》本身的联结中，可以接下来对认识论的基本问题做一个仅限于那些贯穿性的主要特征方面的澄清。

可惜没有再做出这样一个在系统上完成了的阐述。在迈出每一步之后又重新堆积起来的种种困难使得我即便进行了长期的和最为紧张的工作，也不可能达到这整个领域的边缘，并且不可能使所有重要的现象学关系达到令人满意的清晰性。

由于外部情况的不利，继续和完成这些广泛全面的研究的可能性真正成为问题，因此我不得不把我的这些研究按其

> 现有的完成状况付诸出版，并且只对它们做那些为文献目的所要求的表达方式上的改善……”[①]

《逻辑研究》第一卷带有一个《纯粹逻辑学导引》的副标题，但后一卷却像1896年逻辑学讲座第二部分所做的一样，“并没有提供逻辑学的一个体系”，而同样只是一个“前工作”，但不再是批判性的前工作，而是在“从认识论上澄清以及在对逻辑学的未来建造”[②]方面建构性的前工作；胡塞尔在1921年还将它称之为“纯粹逻辑学基础工作”。[③] 胡塞尔所说的“下面第二卷的个别研究所要达到的”[④]对纯粹逻辑学的一个系统概述，更多是由第一卷的结尾 XXXV
一章提供的。《纯粹逻辑学导引》是一个标题，在这个标题下面，人们不仅可以将第一卷的前九章或前十章合拢在一起思考，而且可以将整个第二卷合拢在一起思考。事实上，根据前面所引的1900年7月8日致纳托尔普的信，人们完全可以提出这样一种猜测：胡塞尔原初就是打算把它用作全书的标题。[⑤]

如果按照原初的计划和对不同部分的原初安排，或许有些误解便会较难产生，而胡塞尔现在就不得不在那些书信和在为第二版所写的一个序言或后记的草稿[⑥]中与这些误解进行斗争，并且

① 写于1900年的一个第二卷序言的草稿：手稿：M III 2 II 6，第2页a和b。

② 第二卷“引论”，A 16。

③ 第二卷第二部分前言，B_2 IV。

④ A 228/B 227。

⑤ 在《形式的与超越论的逻辑学》第85页上，胡塞尔不再把第一卷介绍为《纯粹逻辑学导引》，而是介绍为“第二卷的现象学研究引论”。

⑥ 同上书，第115页。

为了克服这些误解而不得不一再指出，《导引》的问题域会通过第二卷，尤其是通过第六研究而得到补充和“阐明性的昭示”。[①] 这里所指的是，在逻辑规律的先天地位被把握到了之后，始终还需要阐明，“客观性的‘自在’为什么会被表象，就是说，为什么在某种程度上重又会成为主观的；对象是‘自在’的并且在认识中‘被给予’，这句话是什么意思，”[②]而且对这个问题的澄清需要展开一门新的心理学和认识论，这也正是胡塞尔很快便从名称上通过现象学的标题而想区别于旧有科学形式的那门科学。

在第六研究的尤其是第 44 节和第 65－66 节中，胡塞尔的心理主义－问题域的两个中心点受到探讨：观念的起源，它不再是在
XXXVI 对相应行为的反思中，而是在这些行为的对象中被找到，以及对实在规律、规范规律和观念规律的区分。胡塞尔在《导引》的结尾一章中指明了上述第 44 节。[③] 他在那里继续说，对于逻辑学来说，至关重要的并不是概念的心理学“起源”，而仅仅是——在概念史上富有启发意义[④]——这样一种“起源”，他在第一版将它称作概

① 致 W. E. 霍金的信，1903 年 1 月 25 日。

② 第二卷引论，A 9(参阅 B_1 8)。

③ B 244。

④ 关于胡塞尔对“逻辑学”和“认识论”或“认识批判”这些概念的使用(关于对《逻辑研究》这个概念的理解)可以参阅他 1905 年 1 月 3 日致 F. 布伦塔诺的信：“在论战性分析的基础上，我在结尾一章试图设想一种未来可以独立地建构起来的‘纯粹逻辑学’的观念，它本身可以或窄或宽地被理解，全看人们究竟只是想把它当作纯粹数学来建造，仅仅在与数学相同的精神中进行建造；还是将它与那种本真哲学的、与对它的认识批判理解相关的澄清联结在一起。后者就是我在《逻辑研究》中的态度。我现在觉得，把纯粹逻辑学与认识批判分离开来要更为实际一些。”也可以参阅《导引》，A 224。

念的“逻辑学”起源，在第一版自藏本的边注[1]上将它称作概念的“认识论”起源，而在第二版中则将它称作概念的“现象学”起源。

胡塞尔的反心理主义的态度并不仅仅建基于对其成见和对其背谬结论的批判性揭示上，而且同样并且真正“彻底地”建基于对意识的现象学分析上。这种分析在指明范畴直观之可能性的过程中达到极致，正是在这种直观中，那些对纯粹逻辑学来说基础性的范畴成为明见的被给予性。

关于出版史

1900 年

如前所述，在《导引》付印后和在普遍发表前发生了更换出版社的事情。取代莱比锡的法伊特公司出版社的是哈勒的马克斯·尼迈耶出版社。《导引》的第一版一共可以分出三个“版本”：第一，“六册平装本”，正如前面也已提到的那样，不带有现在的前言，于1899 年 12 月被寄到哈勒的各个教席教授那里；第二，一批于 1900
年 7 月寄发的样书（赠本、书评本？）[2]，它们标明的出版社是法伊 XXXVII
特公司，还有第三，在书籍业中流散的尼迈耶版本。

① 文库标号：K IX 4。

② 从书信资料中可以推导出，这些法伊特版本的样书送交给了 A. 迈农、P. 纳托尔普和 W. 舒佩等人。至此为止只找到了寄给纳托尔普的样书。参阅第 265 页及后页上的“文本考证附录”。

1905 年

一个因读大学而在欧洲滞留的美国人 W. 皮特金（Pitkin）向胡塞尔提出他的打算：完成一个《逻辑研究》的英译本。[①] 胡塞尔为此而考虑对第一版的文字做一个修订，但他想等这个计划确定后再着手此事。[②] 从现存的稀少文献中还无法看出，在胡塞尔的《逻辑研究》自藏本中是否会有某些批注可以回溯到这个打算上，以及胡塞尔在此考虑对《导引》究竟做多大程度的加工。

> “……是的，我甚至倾向于对原文本身做一个仔细的修订，并且[③]对那些已经引起误解的部分，或对那些通过偶尔的偏离和自身误解而被歪曲的部分进行修饰性的改造。英文的新版本或许可以享受一个优先，即作为真正改善了的新版本而胜出原版本……考虑到几处，我不能允准对这部著作按其现有状态做一个简单的翻译。”——致 W. 皮特金的一封信的草稿，1905 年 2 月 12 日（?）。
>
> “也许，正在运作中的我的《逻辑研究》的一个根本改善过的英译本也会有所助益。”——致 H. 贡佩尔茨（Gomperz）的一封信的草稿，1905 年 2 月 18 日。

这个方案因多个出版商的拒绝而失败，其中的一个出版商似

① W. 皮特金致胡塞尔的信，1905 年 2 月 8 日。

② 致 W. 皮特金的一封信的草稿，1905 年 2 月 12 日〔?〕。

③ 删除了下列文字：“对它通过补充以及通过缩减”。

乎还向 W. 詹姆斯索取了一份鉴定。

> “但我对其决定寄予最大期望的那个唯一出版商最终还是拒绝了这个筹划，并且是出于以下理由：根据所有的预测都无法卖出 100 册译本。在这个意见上他也受到詹姆斯的支持。”——W. 皮特金致胡塞尔的信，1905 年 8 月 20 日。

胡塞尔把为他所敬重的 W. 詹姆斯的拒绝态度归结为后者对 XXXVIII
《逻辑研究》的反心理主义的一种误解。

> “胡塞尔认为，詹姆斯只看过《导引》，并且很**不喜欢它的反心理主义**。”①
>
> “只是因为我的《逻辑研究》出世时所举的反心理主义旗帜被许多心理学家所误解并且这部著作被看作在心理学上无关紧要的，别人就不得不将我所做过的工作再做一遍，这对我来说终究不是一种舒适的意识。”——致 E. 迪尔(Dürr)一封信的草稿，1907 年 8 月 21 日。

1909 年

1909 年出版了《逻辑研究》第一卷的一个俄译本。著名的俄

① D. 凯恩斯:《与胡塞尔、芬克的交谈》，1931 年 8 月 13 日。——H. 施皮格伯格否认 W. 詹姆斯曾做过一个鉴定。参阅“W. 詹姆斯对埃德蒙德·胡塞尔究竟有哪些了解。关于皮特金的可信性”，载于:《生活世界与意识。阿隆·古尔维奇纪念文集》，L. E. 恩布雷(Embree)编，埃文斯顿，1972 年，第 407－422 页。

罗斯哲学家 S. L. 弗兰克(Frank)在前言中把胡塞尔的立场称之为“观念论的客体主义”[①]，并且描述了《导引》对不同哲学流派所具有的重要意义，这些流派在当时的俄国显然是当下的：康德哲学、经验批判主义[②]、实用主义和文化哲学的怀疑论：胡塞尔的态度与康德处在双重关联之中：康德一方面前无古人地探讨了观念的心理学起源与观念的逻辑含义之间的区别，另一方面却——通过他的矛盾的分析——对心理主义做了推进。经验批判主义所提出的思维经济原则被承认为是认识心理学的一个合理的目的论原理。然而，一旦有人提出能够用它来取代真正的认识论分析的要
XXXIX 求，就必须予以坚定的拒绝。胡塞尔对怀疑论相对主义的批判可以扩展到在《逻辑研究》出版后才兴起的实用主义上，并且连同它对科学真理的维护而最终“也具有一个广泛的文化哲学的意义”。[③]

无法找到胡塞尔本人对这个《逻辑研究》第一译本的表态。

1913 年

加工过的第二版。对第一卷的加工很大部分都只是一些微小

① 胡塞尔在 1905 年 2 月 12 日致 W. 皮特金的一封信的草稿中谈到一种“认识批判的客体主义”。

② 早在 1904 年，胡塞尔就报告过一个“非常有智慧和使人有好感的莫斯科私人讲师（维克托洛夫 Wiktoroff）”的来访，他在做“对阿芬那留斯－马赫实证主义的批判研究”。——致 J. 道伯特的信，1904 年 5 月。

③ 胡塞尔本人在两年之后也将“在相对主义方面更甚于”实证主义的“实用主义”以及文化哲学的或文化历史的怀疑主义纳入到他的批判范围之中，载于：《逻各斯》，第一辑（1911 年），第 289－341 页（以书的形式重新为 W. 斯基拉奇(Szilasi)编辑出版，法兰克福/美茵河畔，1965 年），参阅第 296 页、第 323 页及以后各页。

的风格改动和对已做陈述的清晰化。没有提出心理主义争论的新论据。就对在此期间进行的现象学构建的配合而言，它们几乎毫无例外地涉及本质现象学、对在观念直观中的本质分析的强调[1]、对意向活动－意向相关项的关系的突出[2]，以及对现象学与通常的心理学的区分[3]。即使是对第二卷的附加指明也是与本质的课题域有关。[4] 超出对意向活动－意向相关项之相关性的强调之外的唯有一个附录，它显示的是超越论的课题域，即客体性本质所具有的与思维本质的“奇特的亲和性”。[5] 所有这些内容上的进一步展开都是从第八章起才显示出来。

对第一卷的加工没有标明确切的时间点。在《逻辑研究》加工上的一个最初的、重又中断了的开端所给明的日期是 1911 年。[6] XL
如果根据其他说明来推断，那么对第一卷的确定处理可能是在 1913 年 4 月中至 5 月底进行的。按照第二版[7]的一个自藏本上的一个笔记的说法，这个排版是“1913 年 7 月 1 日”完成的。引人注目的是，在带有夹页的第一版自藏本中，胡塞尔做的批注一条也没有被接受到加工后的版本中去。[8]

① 参阅 A/B 171、A 245/B 244 及后页、A/B 254。

② 参阅 A/B 171、186 及后页、A 245/B 244。

③ 参阅 A/B 190、212。

④ B 244 及后页。

⑤ B 254。

⑥ 第二版前言，B XVII；致 J. 道伯特的信，1911 年 3 月 4 日。

⑦ 文库标号：K IX 5，第 XVII 页。

⑧ 参阅“文本考证附录”，后面第 267 页，以及前面第 XXXVI 页。

1922 年和 1928 年

第三版和第四版，除了对几个印刷错误的校正以外未作改动。

1929 年

由于奥尔特加·伊·加塞特（Ortega y Gasset）的倡议，1929 年出版了《逻辑研究》的西班牙译本。对于这个译本，胡塞尔的条件是以第二版为基础，这一版因而再次被证实为是最终意愿的文本。

> “鉴于您最友好地告知我，正在准备出版我的《逻辑研究》的一个学术上可靠的译本，因此我不想拒绝提供我的允准，前提是要把较新的版本作为基础（第二版或更后的版本）。”——致《西方评论》（*Revista de Occidente*）编辑部的信，马德里，1929 年 6 月 19 日。
>
> 奥尔特加·伊·加塞特“应当为我那三卷的西班牙译本而受到感谢，据说它们会产生巨大影响。事实上，已经有（我曾写信告诉过你）不少于四千五百册的书被卖出（比 1900 年出版后的前两年在德国卖出的多得多）。”——致 G. 阿尔布莱希特的信，1934 年 11 月 26 日。

1936 年

胡塞尔重又致力于“仍然不可或缺的《逻辑研究》”的英文翻译。

“刚才我给M. 法伯……写了信。我向他建议，将仍然不可或缺的《逻辑研究》翻译出来。”——致D. 凯恩斯的信，1936年8月20日。[①] XLI

关于书评史

在这个对书评和其他相关文献的概览中，被顾及到的只是那些在胡塞尔这方面重又做过表态的书评和相关文献。它们全都是一些在1913年以前对第一版所发表的讨论。

胡塞尔对《逻辑研究》的文献反响的第一个反应可以在1901年8月22日给他的朋友G. 阿尔布莱希特的一封信中找到。

“里尔曾以一种几乎比对第一部分还要夸张的方式谈论过第二部分。我更看重施通普夫、狄尔泰和利普斯的表述。”

“马赫在他的《力学》[②]第四版中(用两页半纸)详细地讨论了我的指责(《逻辑研究》第一部分)，并且非常敬重地对待我。”

“我还要对你说，至今为止发表的对第一部分的书评完全表明，我的著作被珍视为一个重要的出版物。舒佩和纳托尔普已经在几篇文章中对它做了辨析。”[③]

---

① 最终在1970年出版了一个英译本：*Logical Investigations*，J. N. 芬德莱(Findlay)译，两卷本，伦敦/纽约。

② 胡塞尔在这里所指的是马赫的《发展中的力学：对其历史－批判的阐述》(*Die Mechanik in ihrer Entwicklung, hinstorisch - kritisch dargestellt*)，1883年。——中译注

③ 参阅前面第XIII页上这封信的继续。

《逻辑研究》题献给了 C. 施通普夫。自该书出版以后,施通普夫便“孜孜不倦地”[①]致力于胡塞尔在职业上的进一步发展。他在其科学论的著述“科学引论”[②]中承认胡塞尔对一门本己的、不同于心理学的科学的分离,它被用来“研究思维内容本身的内部结构”,但他选择“本质论”(Eidologie)为其标题,而不是像胡塞尔那样选择“纯粹逻辑学”。同时他借着对其 1891 年“心理学与认识
XLII 论”论文的指明而反对那个从第三方提出的心理主义指责。[③] 施通普夫将判断行为的产生和接续的因果规律与内在于实事状况的结构规律对立起来。[④]

W. 狄尔泰曾于 1904/1905 年在柏林大学做过一个关于胡塞尔《逻辑研究》的讨论课。[⑤] 在他这方面还没有对第一卷的心理主义问题域的直接表态。狄尔泰似乎对在第二卷中所论述的认识论的描述奠基更感兴趣。[⑥]

Th. 利普斯在《导引》中曾作为一个心理主义的代表而遭到抨击。胡塞尔的论据使他觉得有必要对他的立场做一次审核。最初

① 致 G. 阿尔布莱希特的信,1901 年 8 月 22 日。

② 《皇家普鲁士科学院 1906 年论文集》,柏林,1907 年。在胡塞尔的自藏本中可以找到许多赞同的边注和下划线。

③ 第 33 页。

④ 第 28 页、第 33 页、第 61 页及以后各页。

⑤ 参阅 W. 沙普(Schapp),“回忆胡塞尔”,载于:《埃德蒙德·胡塞尔 1859-1959》,《现象学丛书》,第四卷,海牙,1959 年,第 13 页,以及 W. 皮特金致胡塞尔的信,1905 年 4 月 9 日。

⑥ 参阅“精神科学之奠基研究”(1905 年),载于:《狄尔泰全集》,第七卷,莱比锡/柏林,1927 年,第 10 页、第 14 页、第 39 页及以后各页;此外还可以参阅 E. 胡塞尔:《现象学的心理学》,《胡塞尔全集》,第九卷,第 5 页及以后各页。

的一个让步性表态可以在 1903 年的一篇文章[①]中找到。在 1903 年 12 月 8 日的一封信中，利普斯开玩笑地叙述说，他会督促他的学生去写一篇题为“胡塞尔的心理主义”的争论文章。当然，从这封信中可以看出，他并不理解，在证明了逻辑学的自主性之后，仍然会有一个合法的“心理学”问题留存下来，即超越论哲学的问题：逻辑的客观观念性如何能够成为思维者的认识财富。

在其《发展中的力学》第四版[②]中，E. 马赫在涉及胡塞尔《逻 XLIII
辑研究》第一卷时坚持认为，在区分逻辑过程时须要对心理学的和逻辑学的提问方式进行原则性的区分。在其回信中[③]，胡塞尔重又探讨起这个他本人在《导引》中特别就思维经济所谈及的区分，并且除此之外还做出表示，他的关于思维经济的一章“主要是针对阿芬那留斯学派，并且尤其是针对科内利乌斯的”。他之所以一并提到马赫的名字，乃是因为他当时认为，马赫的那些著述助长了将真正的认识批判澄清还原到认识实践问题域上的做法。

W.舒佩在他“论心理主义与逻辑学的规范特征。对胡塞尔

① “‘心理学争论点’的继续”，载于：《心理学与感官生理学杂志》，第三十一辑(1903 年)，第 78 页。对此参阅 A. 里尔(1903 年 6 月 8 日)致胡塞尔的信：“您或许可以对利普斯(一位极其认真的研究者)在‘心理学争论点’中所做的让步感到满意了……如果逻辑学不建基于心理学之上，即不依赖于心理学的方法，那么人们是否还在说，它属于心理学，就是完全次要的了……利普斯恰恰处在这个回撤的过程中——为此我们不必与他在语词上做纠缠。”关于利普斯的另一个明确的表态，A. 里尔在 1904 年 5 月 15 日写道：“您大概读到了利普斯所写的对您的论述：‘我认为胡塞尔是一个特别敏锐和深刻的思想者’，而且在前一句中他声明，从您那里学到了东西。”

② 莱比锡，1901 年，第 525 页及以后各页。

③ 1901 年 6 月 18 日，付印于 K. D. 黑勒(Heller)：《恩斯特・马赫》，维也纳，1964 年，第 61－64 页。

《逻辑研究》的一个补充"[①]的文章中所提供的与其说是一个《导引》的书评，不如说是一个从胡塞尔阐述出发对他自己新康德主义立场的介绍。从所有迹象看，他并没有注意到，由他所阐述的对逻辑学的规范特征的理解恰恰就是为胡塞尔所指责的那种理解。

最详尽和最仔细的书评出自 P. 纳托尔普之手。[②] 在对胡塞尔的各个论据做了多页篇幅的概括之后，纳托尔普在胡塞尔的进攻面前为康德和"今日的批判主义"辩护，并且表达了这样一种猜测：胡塞尔在继续进行逻辑研究的过程中最终会不得不走到与康德所走的相似道路上去。在 1901 年 9 月 7 日的信中，胡塞尔为其"深入而友好的书评"致谢。同时他对纳托尔普的两点不满做了简短的陈述。第一个不满在于，胡塞尔没有追问"客观之物与主观之物，或观念之物与实在之物的内部的、合乎认识的并因此而是逻辑的联结关系"，而只是"对它们做了截然的和纯然的区分"，以至于"一个恰恰是逻辑上的别扭（Mißbehagen）"得以留存下来。[③] 第
XLIV 二个不满涉及胡塞尔的一个注释："一大批新康德主义者都属于心理主义认识论的领域"，以及一个事实：他在这里只引述了朗格。[④] 此后还可以在 1913 年为《逻辑研究》所写的一个序言或后记的草稿中发现与纳托尔普书评的更新的关联。[⑤]

---

① 《系统哲学文库》，第七卷（1901 年），第 1－22 页。

② "论逻辑方法问题。涉及 Edm. 胡塞尔的《纯粹逻辑学导引》"，载于：《康德研究》，第六辑（1901 年），第 270－283 页。

③ 同上书，第 282 页。

④ 同上书，第 280 页；参阅 A/B 93（注 3）。

⑤ "为《逻辑研究》所写的一个'序言'的草稿"，同上书，第 111 页及以后各页、第 214 页。

"这个'逻辑别扭(Unbehagen)'在第二卷中或许还会常常出现,并且肯定会出现。在继续的进程中也正需要不断进行新的澄清,直至在各方面都达到绝对的准确和清晰,而且一切都统一协调。在这个从不同方面发出并向不同方面钻研的工作中,这个'别扭的'片面性会获得其自然的补充。——

难道拉斯维茨(Laßwitz)、克劳泽(Krause)、施奈德(Schneider)、文德尔班、或许还有利普曼等等不是'新康德主义者'吗?而他们都是心理主义者和相对主义者。"——胡塞尔致纳托尔普的信,1901年9月7日。

胡塞尔对M.帕拉基斯(Palágyis)在《现代逻辑学中心理主义者与形式主义者的争论》一书[①]中的论争所做的回答主要在于对误释的纠正。只有对他与鲍尔查诺与洛采的关系的具体说明是新的。[②] 对洛采的柏拉图诠释的领会为胡塞尔首次开启了对"在其现象学的素朴性中起初还无法理解的鲍尔查诺的设想"的理解。胡塞尔所说的"现象学的素朴性",是指缺少一种在观念性以及与它们相一致的意识之间的关系理论。

胡塞尔在其为第二版所写的一个序言或后记的草稿中更详细地论述了这个与鲍尔查诺的距离,并且将它也延展到洛采那里。只要鲍尔查诺和洛采涉及逻辑学的认识论奠基,他们都会以矛盾的方式对它们做心理主义的理解,鲍尔查诺的理解是经验主义的,

① 莱比锡,1902年。——胡塞尔的回答载于:《心理学与感官生理学杂志》,第三十一辑(1903年),第287-294页。

② 第290页。

XLV 洛采则是人类主义的。[1] 这个计划中的序言或后记应当对《逻辑研究》所遇到的“典型误解”进行辨析，[2]即是说，对那些“向心理主义的回落”[3]和柏拉图主义[4]以及与《逻辑研究》的产生史和历史地位相关的误解[5]进行辨析。

胡塞尔在这里还引用了多个书评。[6] 但他只是指名道姓地提及已说过的纳托尔普的论文，以及 W. 冯特的“长篇的，而且真正卓越的论文”：“心理主义与逻辑主义”。冯特从根本上承认在《导

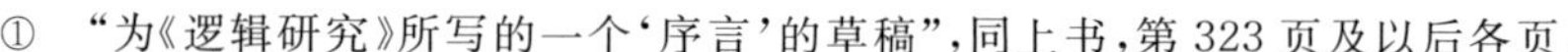

① “为《逻辑研究》所写的一个‘序言’的草稿”，同上书，第 323 页及以后各页。

② 第二版前言，B XVI 及后页。

③ “为《逻辑研究》所写的一个‘序言’的草稿”，同上书，第 115 页、第 329 页及以后各页。

④ 第 118 页及以后各页。

⑤ 第 124 页及以后各页、第 323 页及以后各页。

⑥ L. 布瑟(Busse)的书评，载于：《心理学与感官生理学杂志》，第三十三辑(1903 年)，第 153－157 页(“唯一一篇完整(包含两卷)的”书评)；A. 基(Ki)的书评，载于：《德国文学中心报》，第五十二辑(1901 年)，第 964－965 页；P. 纳托尔普的书评，载于：同上书；G.－H. 卢克维特(Luquet)的书评，载于：《法兰西与国外哲学评论》，第五十一辑(1901 年)，第 414－418 页；W. 冯特：“心理主义与逻辑主义”，载于：《短篇著述》，第一卷，莱比锡，1910 年，第 511－634 页。除了这些讨论和其他几个告示以外，在胡塞尔的遗稿中还可以找到 M. 海德格尔的一个表态：“关于逻辑学的较新研究”，载于：《天主教德国的文学评论》，第三十八辑(1912 年)，第 468－472 页。海德格尔在康德学派哲学的范围以内研究了心理主义的问题域，并且认为，这个问题“今天的决断有利于超越论－逻辑学的观点，这个观点自七十年代以来便为赫尔曼·柯亨及其学派以及为文德尔班和李凯尔特从根本上所倡导”。在涉及胡塞尔时，他接受了纳托尔普的判断(《康德与马堡学派》，柏林，1912 年，第 6 页)，“他们(马堡学者)只能愉快地赞同胡塞尔的出色论述(……)，但他们所能做的并非只是从这些论述中去学习”。但在海德格尔看来，“胡塞尔的深刻的和极为贴切地表述出来的研究”的意义在于，“它们实际上已经违反了心理学的禁令，并且推动了那些已被注意到的原则说明”(第 467 页)。海德格尔在他的博士论文《心理主义中的判断学说》中(莱比锡，1914 年，第 1 页及后页)几乎逐字逐句地重复了他的这个表态。

引》中的心理主义批判。他所反对的是对心理学的“逻辑主义”构想，亦即一种根据逻辑范畴来建构的心理学，他相信在《逻辑研究》的第二部分可以发现这样一种心理学。[①] 对《导引》的问题域而言，有趣的是那个胡塞尔在《观念》第一卷[②]中引用过的指责，按照这个指责，胡塞尔对逻辑学的奠基会穷尽于同语反复（Taotologie）之中。冯特在这里触及到一个心理主义者的“逻辑”论据，这 XLVI 是一个胡塞尔本人在《导引》中没有深入分析，但却为纳托尔普所引述过的论据：一种循环（idem per idem）说明的危险。[③] 这个循环论证的指责正好与在胡塞尔那里对心理主义文献中的倒逆（hysteron próteron）论证的指责[④]相对立。

在这个联系中还需要提及胡塞尔与 F. 布伦塔诺之间的通信，主要是在 1904－1906 年间的通信。[⑤] 胡塞尔试图在这些通信中根据他老师的询问而向他说明自己的观念的继续发展。讨论的主要是把逻辑学划分为一门工艺论和一门纯粹理论的做法、心理学与逻辑学的关系、逻辑真理的“实现”以及它们的经验主义相对化。胡塞尔保证说，《导引》并不是针对布伦塔诺及其学生的，因为布伦塔诺虽然提出对逻辑学的心理学奠基，却从未将逻辑学的规律加以人类主义的相对化。

① 参阅“为《逻辑研究》所写的一个‘序言’的草稿”，同上书，第 331 页及以后各页。

② 第 301 页（《胡塞尔全集》，第三卷）。

③ “论对认识的主观论证和客观论证”，同上书，第 261 页：“如果人们通过一个已经原初包含在认识内容中的关系来论证认识的对象性，那么这很容易被看作是一种循环（idem per idem）说明；那种更多地回溯到主体的说明似乎是更为根本的说明……”

④ A/B 206 及以后各页，也可以参阅 A/B 88 及后页。

⑤ 这个通信中的两封布伦塔诺的信（1905 年 1 月 9 日和 4 月 30 日）已经发表在 F. 布伦塔诺的《真理与明见性》中，由 O. 克劳斯编，莱比锡，1930 年，第 153－161 页。

> “此外，我的《导引》并不是针对您和您的学生的。其实(au fond)我相信，我们之间在这些一般问题上并不存在如此大的差异，我只是认为对一些个别区分的强调很重要，而您相信它们是可有可无的……”——1905 年 3 月 27 日。[①]

在《出自经验立场的心理学》的一个 1911 年的部分新版中，布伦塔诺在一个增补中在某些学生对他所做的心理主义指责面前为自己辩护。[②] 在 1911 年 11 月 17 日写给胡塞尔的一封信中，他说在这里所想到的并不是胡塞尔。尽管如此，胡塞尔在这里仍然为布伦塔诺的论战感到震惊，就像布伦塔诺当时必定也曾对胡塞尔
XLVII “远离开那些对我的学术培养最有影响的人与著作”[③]的做法感到震惊一样。

关于胡塞尔对《导引》论题域的继续展开

对心理学与逻辑学关系之新诠释的第一阶段在《逻辑研究》出版之后就立即开始了。它首次表现在“关于 1895－1899 年德国逻辑学著述的报告”(1903 年)中。此后它在纲领性的论文“哲学作为严格的科学”中得到表达。在《观念》第一卷(1913 年)中，它获得了其最终的形态。

---

① 与此相反的说法可以参阅前面第 XXVII 页上引用的致 P. 纳托尔普的信，1897 年 1 月 21 日。

② 《论心理现象的分类》，莱比锡，1911 年，第 165－167 页；参阅《出自经验立场的心理学》，第二卷，莱比锡，1925 年，第 179－182 页。

③ 第一版前言，A/B VII 及后页。

在第一卷的“作者本人告示”[①]中以及在第二卷的引论中[②]，胡塞尔接着布伦塔诺所提出的划分而将发生心理学和描述心理学加以相互对立。通过将心理事件还原到其他的、最终是生理的事件上，发生心理学对心理事件进行因果的说明。[③] 它的方法是归纳(Induktion)。在《导引》中，涉及对逻辑学的心理学奠基时唯一受到讨论的就是这种心理学。与此相反，描述心理学的任务则在于对“内经验的被给予性”的澄清。它的方法是直观(Intuition)。

胡塞尔在1903年就已经不再同意用描述心理学来标识他的认识体验的现象学分析。这个做法的原因在于，传统的描述心理学将它所研究的体验和体验类理解为人的体验和体验类，即是说，理解为在客观－时间上可规定的自然事实，而胡塞尔的纯粹现象
学分析则将任何关于心理体验的心理物理的和物理的依赖性的假 XLVIII
设连同对物理自然的实存设定都悬置起来。[④]

① 第512页(这里是第262页)。

② A 8、18、21。

③ 胡塞尔本人在其《逻辑研究》前的发生分析中仅仅局限于内心理的发生。与“发生的”和“静态的”概念相反，“发生的”和“描述的”这两个概念并不与“说明的”和“描述的”概念完全一致，并且与此相应地也不会完全相互排斥。

④ “关于1895－1899年德国逻辑学著述的报告”，“第一条项”，载于:《系统哲学文库》，第九卷(1903年)，第114页;“第三条项”，同上书，第397页及以后各页。对此参阅1903年1月25日致W. E. 霍金的信:“如果我反对‘心理主义’，即通过‘心理学’来论证纯粹逻辑学(＝普遍数理模式)与认识批判，那么这里所说的‘心理学’便是指发生心理学、作为自然科学的心理学，它们在形而上学和认识论方面与物理的自然科学一样素朴(naiv)。如果要对心理学的概念做更宽泛的理解，如此地宽泛，以至于可以谈得上通过心理学对认识批判的论证，那么就必须再加上作为先天心理学的先天规律的整个领域，而这门先天心理学就不再是人的或动物的心理学，更不是经验心理学;它含有对人的意识有效的规律，因为这些规律(正是作为先天的)对任何意识有效。”

而后，论述的重点开始从归纳说明的心理学的发生角度转向更为普遍的经验角度①，以及从将它当作一门“关于事实、关于实际的事情（matters of fact）的科学”——这是在《导引》中主宰的心理学，尽管当时谈到的是作为一门自然科学的心理学——来探讨转向将它当作一门“关于实在的科学”②来探讨。对这个批判的扩展最突出地表现在“哲学作为严格的科学”③一文中。与对心理主义的指责相并列的是对自然主义的指责，与对相对化的指责相并列的是对观念的自然化的指责。自然主义在与事物特性的类比中把心理体验的特殊规定理解为“实在特性”，它们在其变化中受物体世界作用的决定，并以心理物理相结合的方式与物体世界构成同一个实在－因果相关联的自然。与这种对经验心理学之为事实科学和实在科学的双重定义相对，《观念》第一卷④提出作为埃多斯科学或本质科学以及作为超越论科学或观念科学的现象学。如前所述，为第二版而作的《导引》的加工几乎完全局限于这一点：在将纯粹逻辑学还原为一门事实科学的做法面前，更为清晰地强调这门学科的本质特征。

XLIX 从超越论现象学的立场出发，在这个第一阶段上同样已经涉及逻辑心理主义的问题⑤，但这个问题在二十年代才得以广泛地

① 参阅第二卷引论，A 8：“一种……描述的（而非某种发生心理学的）理解”；B 6：“一种……描述的（而非一种经验心理学的）理解”。

② 参阅《观念》第一卷，第 3 页（《胡塞尔全集》，第三卷）。

③ 同上书，尤其是第 294 页及以后各页。

④ 第 3 页及后页，对此参阅第 116 页及后页。

⑤ 参阅“为《逻辑研究》所写的一个‘序言’的草稿”，同上书，第 115 页及后页。

展开，即在对《现象学的心理学》(1925 年)[①]讲座的一个简短引介中，以及详细地在《形式的与超越论的逻辑学》(1929 年)的著作中；后者用许多节的篇幅[②]来对《导引》的主要课题做一个深入的重审，同时并没有“在个别点上束缚于那些需要修改的论述”。[③]胡塞尔本人将这个重审评价为一种“对逻辑心理主义之反驳的一个不同寻常的扩展并且同时也是彻底化。”[④]

逻辑学作为一门纯粹的、理论的学科和作为一门规范－实践的学科所具有的两面性在《导引》中构成了处理心理主义问题的出发点和主线，而在《形式的与超越论的逻辑学》中，这个两面性被简称为“历史逻辑学的两性同体(Zwitterhaftigkeit)”。它“并不带来本质上新的内涵，而只带来不言自明的主观说法”。[⑤] 在这部后期著作中，这个问题域主宰着逻辑学所具有的这个在哲学上唯独被视为有意义的两面性，即作为一门形式科学和一门超越论科学的逻辑学的两面性。

形式逻辑学划定了一个含义单位的领域，这些含义单位在它们的意义内涵中并不包含与实在主体束缚于其上的那些主观体验的关系，同样，它们的观念规律性也不对实在的事实性做出陈述。即使它们并不隐含任何“实在的事实”，它们却还是与“可能的事

① 《胡塞尔全集》，第九卷，第 20 页及以后各页。也可以参阅在同一卷中的附录四，第 364 页及以后各页。

② 《形式的与超越论的逻辑学》，哈勒/萨尔河畔，1929 年，第 136 页(《胡塞尔全集》，第十七卷)。

③ 尤其是第 8－11 节、第 56－57 节、第 62－69 节、第 99－100 节。

④ 同上书，第 151 页。

⑤ 同上书，第 39 页及以后各页，参阅第 27 页及后页。

实"相关联。命题逻辑要求对命题的所有可想象的个案都有效。观念对象以类似的方式与可能的主体相关联，并且是与具有一种特定先天结构的主体相关联。正如对一个作为物质的、多面的对 L 象的事物的经验要依据于一个具有完全特定的结构的主体，即一个具有以动感方式被引发的感性感知的主体，这种感知可以根据一种特定的风格而被转移到回忆和其他的当下化中；与此完全相同，纯粹逻辑学的先天也依据于心理种类的相关性先天。超越论逻辑学所从事的便是那些为逻辑的对象性所本质要求的意识体验，这些对象性便是在这些体验中以主体的方式构成自身，并且成为明见的被给予性。必须将逻辑学的这种主观奠基严格地区分于在其范畴意义上的客观论证。[①]

在《形式的与超越论的逻辑学》中，心理主义的问题或对心理主义的指责得到了扩展，也就是说：从对逻辑学的非实在含义构成物的心理学化，亦即把意识体验的观念对象还原为体验本身[②]的指责，扩展到对把所有意向对象性（无论是物理事物还是观念）都还原为对它们来说是相关的和内在的心理素材的指责。这种还原的特征被描述为心理主义的实证主义变种或休谟变种。[③] 另一方面，心理主义的问题或对心理主义的指责也得到了一种阐明，因为这里明确指出了在自我朝向的近代哲学中对超越论的主体性与实在的、心理和心理物理地被统摄的主体性的混淆。澄清作为在意

---

① 《现象学的心理学》，第 22 页及以后各页，第 37 页及以后各页；《形式的与超越论的逻辑学》，第 154 页及后页、第 162 页、第 217 页及以后各页，如此等等。

② 对此参阅第二个成见：《导引》，A/B 167 及以后各页。

③ 《形式的与超越论的逻辑学》，第 148 页及后页，第 151 页及后页。

识中成为明见的自身被给予性的观念性的逻辑对象的构造，以及排斥客观世界的自然客体，这些做法的无前设的基础并不处在那个心理学的和心理物理地被统摄的、与应被排斥的自然以实在－因果的方式连接在一起的主体之中，而是仅仅处在超越论的主体之中，任何改造和统摄都以这个主体为出发点。对这两种主体被给予性的混淆是心理主义的认识论变种或笛卡尔变种的特征。[1] LI

在这些联系中，即在对自身有效的客体性和在种类一致的主体性的揭示中、在对心理主义指责的扩展和深化中，在《导引》中被一同牵扯到心理主义批判之中的传统超越论哲学——“超越论的心理学仍然是心理学”[2]——获得了一个更具差异性的评判。在涉及康德学派的认识批判时，对经验－心理学论证的拒绝与在《导引》中一样重又受到赞同，但现在却没有再去构建一门可以作为其基础的先天心理学[3]，以及没有再将形式逻辑学——它的有效性已经素朴地（“在超越论的素朴性中”）被预设——纳入到那种根据自然和自然科学而展开的超越论提问中。[4]

胡塞尔明确坚持：向超越论构造意识的回溯，“既不会对逻辑构成物的观念客体性，也不会对实在世界……产生任何改变”。[5]

“自在真理”的存有，并且以其方式也包括世界的实存，都是

① 《形式的与超越论的逻辑学》，第 136 页、第 199 页及以后各页、第 222 页及以后各页。

② 《导引》，A/B 93，参阅 A/B 123。

③ 《现象学的心理学》，第 41 页；《形式的与超越论的逻辑学》，第 226 页及以后各页；参阅第 151 页。

④ 《形式的与超越论的逻辑学》，第 228 页及以后各页。

⑤ 同上书，第 233 页。

“无疑的自明性”，它们“肯定具有明见性的地位”。[①] 但它们仍然是“素朴的明见性”，只有在坚持对相应对象性的直向目光朝向时，它们才能无限制地主张自己。在超越论观点中所实施的对这些明见性及其先天结构的课题反思，很快就促使“一种尴尬的，但却不可避免的相对性”显露出来。[②] 逻辑构成物的明见性并不比实在世界的明见性更少，而内在的心理体验的明见性是一种预设的明
LII 见性。[③] 逻辑规律充满了观念化，例如在向“如此继续下去(und so weiter)”的重复的无限性连同其主体相关项“可以一直继续下去(man kann immer weiter)”的回溯中——“这是一种显然的观念化，因为事实上没有人能够一再继续下去”[④]——，以及在对所有客观之物“一劳永逸地”和“对任何人”都有效的要求中。[⑤]

但是，这种“产生于自然明见性中的‘成见’”不可以被混同于“在通常的、坏的意义上的成见”，任何一个在时间上和以交互主体的方式一再被重新证实的明见性都不会带有后一种成见。[⑥] 这种“产生于自然明见性中的”成见所展示的不仅仅是一个对构造它们的意识体验的超越论研究而言的标签或主线。[⑦]。它们在任何超越论观点之前就已经标识着一个对恰恰是这些体验的进程而言的

① 《形式的与超越论的逻辑学》，第 176 页，参阅第 222 页。

② 同上书，第 157 页、第 230 页、第 239 页。

③ 同上书，第 222 页、第 249 页及以后各页。

④ 同上书，第 167 页。

⑤ 同上书，第 172 页及后页。

⑥ 同上书，第 244 页。

⑦ 《现象学的心理学》，第 47 页；《笛卡尔式的沉思》，《胡塞尔全集》，第一卷，第 87 页，等等。

“规则结构”[1]它们作为“规整性的观念”[2]起作用，并且本身就是一般认识之可能性的条件。

除了心理学和逻辑学的关系之外，《导引》结尾一章所提出的那些关于纯粹逻辑学的观念及其任务，连同对第二卷第三研究和第四研究的类似论述，在这些后期著述中重又得到了“揭示”，最深入地是在《形式的与超越论的逻辑学》中，这个揭示同时也应当是一个“补充和批判性的界定”。[3] 在这里所涉及的尤其是在《导引》中便作为第一任务而被提及的对纯粹含义范畴和纯粹对象性范畴（第 67 节[4]）的确定，以及被称为第三任务的对一种系统的理论学 LIII
或流形论（第 69－70 节[5]）的构建。自《观念》第一卷起，胡塞尔便说明，对纯粹对象性的强调，或者也可用现在的说法，对形式－本体范畴的强调，是在新的、非形而上学的形态中对“一种为康德主义和经验主义所唾弃的先天本体论之旧观念”[6]的恢复。对理论学的进一步发展首先关系到对在《形式的与超越论的逻辑学》中展开的逻辑学的三个层次的组合，即逻辑学作为判断的形式学、作为结论学和作为真理学的三个层次，即是说，将那些超出这些纯粹演绎的理论之上的实事先天组合为一个普全的数理模式（mathesis

---

① 《笛卡尔式的沉思》，第 90 页。

② 《形式的与超越论的逻辑学》，第 245 页、第 257 页，参阅第 221 页。

③ 同上书，第 91 页。

④ 参阅《观念》第一卷的回溯引证，第 23 页、第 40 页；《现象学的心理学》，第 41 页；《形式的与超越论的逻辑学》，第 73 页及以后各页。

⑤ 参阅《观念》第一卷的回溯引证，第 17 页、第 136 页；《形式的与超越论的逻辑学》，第 78 页及以后各页、第 88 页及以后各页。

⑥ 《形式的与超越论的逻辑学》，第 75 页。

universalis)，同时，对理论学的进一步发展还关系到用一门质料的本体论来对分析的－形式的本体论进行补充。[1]

当这一卷的主要文字已经付印时，胡塞尔文库的主任和《胡塞尔全集》的出版者海尔曼·列奥·梵·布雷达教授于 1974 年 3 月 3 日意外而过早地与世长辞。在他临终前不久，我还有机会将这个引论交给他讨论和核准，在此之前，他已经在文本评判和文本构形过程中用他丰富的历史经验和编辑经验向我提供了多方面的咨询和支持。同样应当感谢的还有 J. 帕托契卡(Patočka)教授翻译了 1909 年的“俄译本主编前言”，G. 马施克(Maschke)先生为《导引》的新版所做的各种准备工作；承担了第二卷出版的科隆胡塞尔文库的博士 U. 潘策尔(Panzer)女士在解决共同的文本校勘问题的过程中进行了合作；马堡大学文献馆的 U. 布雷德豪恩(Bredehorn)转让了胡塞尔文库所未知的那些胡塞尔致纳托尔普的信件；E. 阿弗－拉勒芒(Avé-Lallemant)博士、H. 霍尔茨海(Holzhey)博士以及 K. 舒曼(Schuhmann)教授提供了极有价值的对这个引论的前期稿本的补充材料；E. 巴罗弗(Baruffol)和
LIV R. 帕尔潘(Parpan)校对了校样，最后还有，鲁汶胡塞尔文库的所有工作人员营造了友好的工作氛围。

埃尔玛·霍伦斯坦

[1] 《形式的与超越论的逻辑学》，第 89 页及以后各页、第 134 页。

逻辑研究

第一卷

纯粹逻辑学导引

怀着敬意与友谊

谨将此书献给

卡尔·施通普夫

前　言

各项逻辑研究的发表以这部《导引》[①]为始。这些研究的产生与一系列无法避免的问题有关，它们不断地阻碍并最终中断了我多年来为从哲学上澄清纯粹数学所做努力的进程。除了有关数学基本概念和基本明察的起源问题之外，我所做的努力主要与数学理论和方法方面的难题有关。那些根据传统逻辑学或无论做了多少改革之后的逻辑学的阐述来说必定是显而易见的东西，即：演绎科学的合理本质及其形式统一与符号方法，在我对实际现有的演绎科学所做的研究中却显得模糊可疑。我分析得越是深入，便越是意识到：负有阐明现时科学之使命的当今逻辑学甚至尚未达到现时科学的水准。

我在对形式算术和流形论（Mannigfaltigkeitslehre）[②]——它

---

① 即这部《纯粹逻辑学导引》的简称，以下均同。——中译注

② “流形”概念在德文日常用语中是指杂多、多样、纷繁复杂。自1854年德国数学家G. F. B. 黎曼将其作为几何学概念提出后便成为几何学的专业术语，在数学上泛指欧几里得三维空间的面积概念，“流形论”是关于流形的数学理论。该数学概念的中译名出自文天祥诗：“天地有正气，杂然赋流形。”

胡塞尔关于流形论的思考与他在哈勒时期的亲密朋友、集合论的创始人、数学家格奥尔格·康托尔（Georg Cantor，1845－1918年）有关。后者于1883年便在莱比锡出版了《一门普遍流形论的基础》（*Grundlagen einer allgemeinen Mannigfaltigkeitslehre*）。他对胡塞尔的最大影响很可能是在其流形论方面的思考与表述。胡塞尔本人在是一种凌驾于特别的数的形式（Zahlenformen）和广延形式（Ausdehnungsformen）的所有特殊性之上的学科和方法——的逻辑探究中遭遇了特别的困难。它迫使我进行极为宽泛的思考，这种思考超出较为狭窄的数学领域而朝向一门关于形式演绎系统的一般理论。这里只须较为确定地标示出当时涌向我的各个问题系列中
A VI 的一个问题系列。

B VI 将形式算术普遍化，或者说，对形式算术进行改动，使它在基本不改变其理论特征和计算方法的同时扩展到量的领域以外，这种可能性是显而易见的；它必定会唤起这样一种明察，即量这种东西根本不属于数学之物的或"形式之物"的以及建基于它们之中的计算方法的最普遍本质。我在"数学化的逻辑学"中接触到一种确实是无量的（quantitätslos）数学，而且是一门无可争议的关于数学形式和方法的学科，这门学科所探讨的一部分是古典的三段论，一部分是新的、对传统而言始终陌生的推理形式；在与这门学科接触的过程中，许多重要的问题在我脑海中形成：关于数学一般的普遍本质问题，关于量的数学系统和无量的数学系统之间的自然联系或可能界限的问题，尤其是例如关于算术的形式与逻辑的形式之间的关系问题。我很自然地必须从这里出发去继续探询关于那些有别于认识**质料**的认识**形式**之本质的问题，关于形式的（纯粹的）

1891/92 年前后曾专门在"集合与流形"的题目下探讨过康托尔的相关问题（参见胡塞尔：《算术与几何研究（选自 1886－1901 年遗稿）》，《胡塞尔全集》，第二十一卷，海牙：马尔梯努斯·奈伊霍夫出版社，1983 年，第 11 号文本，第 92－105 页，尤其是第 95 页）。即使康托尔后来不再使用"流形论"这个概念，而是用意义更为宽泛的"集合论"的术语来取而代之，胡塞尔在他自己的相关论著中仍然在自己的意义上维持使用"流形"与"流形论"这些概念。——中译注

和质料的规定、真理、规律之间区别之意义的问题。

但我还在一个完全不同的方向上纠缠于普遍逻辑学和认识论的问题。我以那时流行的信念为出发点，即坚信：无论是演绎科学的逻辑学还是逻辑学一般，对它们的哲学启蒙都必须寄希望于心理学。据此，在我《算术哲学》的第一卷（也是唯一发表的一卷）中，心理学的研究占了极大的篇幅。我对这种心理学的奠基从未感到过完全满意。在论及数学表象的起源问题，或者在论及确实是由 A VII B VII
心理因素所决定的实践方法的特定形成时，我感到心理学分析的成就是清晰而富于教益的。然而，思维的心理联系如何过渡到思维内容的逻辑统一（理论的统一）上去，在这个问题上我却无法获得足够的连贯性和清晰性。此外，数学的客观性以及所有科学一般的客观性如何去俯就心理学对逻辑的论证，这个原则性的怀疑就更使我感到不安了。由于我的建立在流行心理学信念——用心理学分析来逻辑地启蒙现有的科学——之上的全部方法以此方式发生了动摇，我便越来越迫切地感到需要对逻辑学的本质，尤其是对认识活动的主观性和认识内容的客观性之间的关系做出普遍批判的反思。每当我对逻辑学提出一定的问题并期望从它那里得到解答时，它总是让我感到失望，以至于我最后被迫决定：完全中断我的哲学－数学研究，直到我能够在认识论的基本问题上以及在对作为科学的逻辑学的批判理解上达到更可靠的明晰性为止。

在顾及那些曾经引导过我的严肃而实际的动机的同时，我独立地做出了与流行的逻辑学派别分道扬镳的决定；在这些多年劳作的成果、这些对**纯粹逻辑学和认识论的新论证**的尝试发表之际，我相信我所说的这种独立性不会遭到误解。确切地说，我自身的

发展进程引导我，一方面在逻辑学的基本信念上远离开那些对我的学术培养最有影响的人与著作，另一方面则很大程度上接近了
A VIII 其他一些研究者，以往我未能充分地估价他们的著述，因而在工作
B VIII 中也未曾从这些著述中得到足够的启迪。遗憾的是这里必须放弃对这类研究的文献上和校勘上的补充说明。至于我对心理主义逻辑学和认识论所做的坦率批评，这里可以用得上歌德的一句话：“没有什么能比对已犯过的错误的批评更严厉了。”

1900 年 5 月 21 日于哈勒/萨尔河畔[1]

[1] 在 A 版中还紧跟：E. G. 胡塞尔博士、教授。

第二版前言

这部已脱销多年的著作以哪种形式再版，这个问题给我带来不少烦恼。对我来说，《逻辑研究》是一部突破性著作，因而它不是一个结尾，而是一个开端。在完成付印之后我便立即继续我的研究。我试图完整地把握住现象学的意义、方法和它在哲学方面的可能影响，试图继续全面地考察已提出的各种问题，同时我也试图在所有本体的和现象学的领域内寻找并把握与之类似的问题。可以理解，随着研究领域的扩展，随着对错综复杂的意向“变异”(Modifikation)以及对相互交织的意识结构认识的深入，有些在第一次进入这个新领域时所得出的见解会产生某些出入。而遗留的含糊性则得以澄清，多义性得以消除；一些孤立的说明以往无法受到特别的重视，现在则在向大的联系的过渡中获得了基础性的
意义。——简言之，原初的研究所获得的不仅仅是大量的补充，而 B IX
且还有重新的评价；从扩展和深入后的认识角度来看，甚至连原初的阐述顺序也不再显得十分妥当。这种进步以及这种在研究领域上的扩展究竟具有何种意义及达至何种程度，这已经在我最新出版的《纯粹现象学与现象学哲学的观念》第一卷——付印于《哲学与现象学研究年鉴》(1913 年)的第一卷——中得以表明，并会在即将出版的后两卷中更清楚地得到表明。

起初我曾希望，我有可能在发现并探究了纯粹现象学和现象学哲学的根本问题之后再进行一系列系统的论述；只要这些论述把这部旧著所含的不可缺少的内容加以筛选和合理的整理，纳入这些新的论述，使这些内容在其中也一起发挥效用，那么这部旧著的再版便是可有可无的。在实施这个想法的过程中我却产生了重重顾虑：诸项研究虽已具体实施，但尚须在文字上加以统一；对大部分内容要做新的阐述；对疑难之处或许还要做修改；就这些工作的范围与难度来看，要实现这个计划还得花费多年的时间。因而我决定首先起草《观念》。[①] 它应当提供关于新现象学的（由于它完全建立在实际研究的基础上）普遍而又丰富的介绍：关于现象学的方法，它的体系问题，它使哲学成为严格的科学以及使经验心理
B X 学合理地理论化的能力。尔后，《逻辑研究》应当再版，并且是以一个新的形式再版，它尽可能与《观念》的立场相符合而且能有助于引导读者进入到真正现象学和认识论的**工作**方式中。因为，这些研究如果能使对现象学感兴趣的人感到有所帮助，那是因为它不仅仅提供一个纲领（更不是那种高高在上的纲领，哲学总是被视为这样一种纲领），而是提供了现实进行着的、对直接直观到和把握到的实事的基础研究尝试；这种研究是批判地进行的，它自己并没有在对立场的阐释中丧失自身，而是保留了对实事本身和对关于实事的研究的最后发言权。在效果上，《观念》应当依据《逻辑研究》的已有效果：如果读者通过《逻辑研究》而精密地探讨了一组基本问题的话，那么《观念》便能够以它自己的方式帮助读者独

① 即前面提到的《纯粹现象学与现象学哲学的观念》，以下均同。——中译注

立地进一步发展，这种方式便是：从最终的根源上进行阐明；描述纯粹意识的主要结构并系统地指明在纯粹意识中尚待研究的问题。

对我计划中的第一部分的论述相对来说比较容易，尽管一鼓作气完成的《观念》前两卷（对我来说它们是根本性的）由于篇幅过大而须分开出版，说到底，仅仅第一卷也就可以使我暂时满足了。而完成我的第二个打算的困难则要大得多。内行会一眼看出，要想把这部旧著完全提高到《观念》的水准是不可能的。这将意味着重新撰写这部著作——意味着一种永无兑现的拖延（eine Verschiebung ad kalendas graecas）。相反，完全放弃修改，仅仅机械地重印，这对我来说虽然舒适，却缺乏认真，它与我出《逻辑研究》新版的目标相距太远。我能允许所有那些疏忽、彷徨、自身误解（尽管它们在第一版中难以避免而且可以原谅）再次去迷惑读者，B XI
给他在对本质的明确把握过程中增加不必要的困难吗？

现在只能试一试中间道路，显然这是要做出某种自我牺牲的。因为这意味着我得保留某些属于这部著作的统一风格的模糊性甚至谬误。对于旧著的修改，以下准则是起决定作用的：

1. 新版中不允许保留任何我无法完全坚信值得进行仔细研究的东西。从这点上看，可以允许有个别的错误留存下来，只要它们能够作为真理的自然基底、作为重新评价真理的好的动机而发挥作用。我在这里也可以说，出自当代一般哲学流派——它们基本上还是这部著作形成的那十年里的那些流派——的读者会像本书作者所经历过的一样，首先只是发现通向某个现象学或逻辑学的基底的通道。只有在可靠地掌握了现象学的研究方式之后，他们才会认识到，某些在他们以往看来是无关紧要的细微差异的区分，实际上却具有根本性的意义。

2.修改所有可修改之处，同时却不从根本上改变旧著的进程和风格；最主要的是：始终以最坚定的方式表达出那些在这部书中达到突破的思想动机；而在第一版中，当时还在迟疑和动摇的作者对这些思想动机的阐述是时而清晰、时而模糊的。

3.在阐述的进程中将读者逐渐地提高到一个相对上升着的明察总体水平上，并能在其中跟随这部著作的原初特征。这里须提
B XII 醒的是：这部著作具有一条系统**联结各项研究的纽带**，但它不是文献意义上的**一部**书或著作。在这部书中，人们会经历一种从低水平到高水平的不断提升，会在这种上升性的工作中获得愈来愈新的，然而又与已有的认识不无关联的逻辑学的和现象学的明察。新的现象学层次不断出现并且规定着对原有层次的理解。旧著的这一风格使得我有可能对它进行加工，让它有意识地引导读者在最后一项研究中基本达到《观念》所处的那个阶段，并且，这项研究中原先所容忍的那种模糊性和不彻底性将得到明晰的澄清。

在这些准则的意义上我开始工作。首先对于两个交付出版的部分（《导引》和第二卷的第一部分）而言，我的印象是：付出的巨大辛劳没有白费。当然，我必须时而补充，时而删除，时而重写个别句子，时而重写整节或整章。思想内容变得更为稠密并且在各方面都变得更为丰富；尽管已经放弃了任何校勘性的补充附录，这部著作的——尤其是第二卷的——整个篇幅还是不可避免地扩大了，这就是第二卷为何被分成两部分的原因。

关于各个研究以及这些研究的新构形还有以下几点说明：《纯

粹逻辑学导引》就其基本内容来看仅仅是对 1896 年夏秋在哈勒所做的两个相互补充的讲座系列的加工，因而其中的阐述较为生动，有助于效果。这篇文字在思想上一气呵成，所以我相信可以不必对它做彻底的改动。另一方面我认为有可能从中间开始对这些阐述做许多重要修改，删除疏忽，最明确地说明要点。当然，还有几个欠缺，包括某些根本性的欠缺——例如“自在真理”的概念过于片面地偏向于“理性真理”（vérités de raison）——则不得不保留 B XIII
下来，因为它们属于此书的统一水准。第六项研究（现在是第二卷的第二部分）在这方面提供了必要的阐释。

我觉得再用新的批评，甚至用反批评来加重有关心理主义的争论是不太合适的，这些批评和反批评不可能再提出丝毫新的思想了。需要明确强调的是这部产生于 1899 年[①]的著作与那个时代的关系。自这部著作发表以来，有几位我视作（逻辑）心理主义代表人物的著述者从根本上改变了他们的立场。例如，Th. 利普斯自 1902 年以来在他那些极为重要和独创的著述中所表述的观点便完全不同于他在这里被引用的著作所具有的观点。此外，不可忽略的是，还有一些著述者在此期间试图重新论证他们的心理主义立场，而我当时的阐述无法顾及到这些。

至于新版的**第二卷**，其中的“引论”得到了彻底的修改，原先的“引论”动摇不定，与这里实际阐述的各项研究所具有的意义和方法相距甚远。在第二卷出版之后我就立即发现了它的缺陷，并也

① 《导引》（无“前言”部分）在 1899 年 11 月便完成了付印。参阅我自己在《科学哲学季刊》，1900 年，第 521 页及后页上做的“作者本人告示”。

很快便有机会（在《系统哲学文库》1903 年第九卷[①]发表的一篇书评上，第 397－399 页）对我将现象学标示为描述心理学的误导做法提出异议。几个原则性的要点已经在那里得到了言简意赅的刻画：在内经验中进行的心理学描述显得与外在进行的对外部自然的描述相等同；另一方面它与现象学的描述相对立，现象学的描述
B XIV 排除任何对内在被给予性的超越解释，也排除那种作为实体自我的"心理行为和状态"的超越解释。这篇评论指明（第 399 页）：现象学的描述"不涉及经验个人的体验或体验层次；因为它对个人、对我的和其他人的体验既一无所知，也一无所测；它不提这类问题，它不做这类规定，它不设这类假说"。在这些年和随后的几年中，我对现象学的本质获得了完整的反思明晰性，它逐渐地将我引向关于"现象学还原"的系统学说（参阅《观念》第一卷，第二篇）；这种明晰性不仅在对"引论"的重新加工中，而且对后面的整个研究文字都发挥了效用，可以说，整个著作因此而达到了一个本质上更高的明晰性阶段。

在第二卷第一部分的五项研究中，第一项研究——"表达与含义"——在新版中也保留了其"纯准备工作"的特征。它引起人们思考，它将现象学初学者的目光引向含义意识所含的最初的，然而却已十分困难的问题上，但它并不已经能够充分胜任对这些问题的处理。它对待那些机遇性（okkasionell）含义（确切地说，所有经

① 这里原先为胡塞尔所标明的"第十一卷"有误。原文为："XI. Band"，即"第十一卷"，但实际上应当是"第九卷"，即"IX. Band"的误写。《逻辑研究》的所有版本，包括目前的全集校勘版仍然保留了这个错误。——中译注

验的直言判断都属于这些含义)的方式是强制性的。——这是由于《导引》无法完全把握"自在真理"的本质而带来的必然结果。

这里必须指出这项研究所含的另一个缺陷,它在这一卷的结尾处才能得以自明并受到纠正:它未能顾及到"意向活动"(Noetischen)与"意向相关项"(Noematischen)之间的区别与相应(这种区别与相应在所有意识领域中所具有的基础作用在《观念》中才得到完全的揭示,但在这部旧著最后一项研究的许多个别阐述中,有关这些作用的说明已经达到了突破)。因此,"含义"作为观念所 B XV
具有的根本性的双重意义未能得以突出。作者只是片面地强调了意向活动方面的含义概念,而在某些重要的地方实际上应当优先考虑意向相关项方面的含义概念。

第二项关于"种类的观念统一与现代抽象理论"的研究具有某种封闭性,这是指其风格而言,但也指其局限性而言;这一点使作者觉得无法期望对它做彻底的改造,即便它也得到大量的个别修缮。"观念"的类型在这里仍然未得到阐释,需要对它们做出基本本质性的区分,与它们相应的"观念直观"(Ideation)当然也要得到基本本质性的区分。这项研究的目的仅在于:使人们学会在一个类型,如由"红"的观念所代表的类型中,看到观念,并学会说明这种"看"的本质。

第三项"关于整体与部分的学说"的研究得到了彻底的改进,尽管在这里无须做出任何令人不满的妥协,无须进行任何补加的纠正或深化。这里须做的是:更好地帮助发挥这项研究的真正意义以及在我看来它所获得的重要结果的效用,消除这里的阐述所含有的多方面的不完善性。我有这个印象:这项研究被读得太少。

对我自己来说，它曾提供过极大的帮助，而且它是充分理解以后各项研究的一个根本前提。

第四项“**关于独立和不独立的含义的区别以及纯粹语法的观念**”的研究与第三项研究相似。我的立场在这里也没有变化。我对这项研究的文字不仅做了修改，而且还在内容上做了某些充实，这些充实实际上暗示了我即将发表的逻辑学讲座的内容。

B XVI 第五项“**关于意向体验及其‘内容’**”的研究必须受到深入的修改。在这里，现象学的主要问题（尤其是现象学判断学说的主要问题）得到了探讨；在未改变这项研究的结构和基本内容的情况下，对这些问题的认识能够上升至一个更高的清楚和明晰的阶段。我不再同意对纯粹自我的否定；但我仍然在缩减和修改后保留了与此有关的论述，以此作为与 P. 纳托尔普的有趣争论的基质（参阅他的新著《普通心理学》，第二卷，1913 年版）。第七节“心理学与自然科学的相互分界”被我全部删除，它经常被引用，却不够明晰并且在整个上下文的联系中是可有可无的。我过于保守的地方也许仅仅在于，我害怕触动这部书中的旧术语，因而保留了“称谓表象”（nominale Vorstellung）这个根本不合适的用语。

重新加工后现在正在付印的第六项研究，也是现象学关系中最重要的一项研究，构成本书第二卷的第二部分。我很快便坚信，仅仅根据原先的阐述对旧内容做逐节的修改是不够的。虽然这里的问题组成也应当始终是唯一决定性的东西，但我已对这些问题有了进一步的认识，而且又不愿放弃那些“准则”进行妥协。因此，我便完全放手地进行工作并加进了许多新的章节，以便将那些在第一版中未得到充分探讨的重大课题科学地贯彻下去，这就使得

这项研究的篇幅得以大幅地增长。

与在《导引》中一样，我在第二卷中（第四项研究中有个小小的例外）也没有去分析那些对我的批评，我不得不遗憾地确认，这些批评几乎完全建立在对我阐述意义之误解的基础上。因此，我认为更为有益的是以一般形式去讨论对我的哲学追求及其历史归类的典型误解，这个讨论被我安排在第二卷的结尾，亦可说是一个后记。读者在读完《导引》之后就可以读一读这个附录，这样可以及时避免这些看似不言自明的误解。

这部著作附加了一个由哲学博士生鲁道夫·克莱门斯先生仔细制定的详细索引。我在这里要衷心感谢一些友好的帮助。首先应感谢私人讲师阿道夫·莱纳赫博士；两年前，当我刚开始深入考虑重新修改的可能性时，他就热情而又懂行地站在我一边。校对的辛苦则由于汉斯·利普斯先生和哲学博士生简·海林先生的帮助而从根本上得到减轻。

E. 胡塞尔

1913 年 10 月于哥廷根

A 3

B 3

引　论

第 1 节　有关逻辑学的定义和有关各种逻辑学学说的本质内容的争论

“无论是在逻辑学的定义上还是在对这门科学本身的探讨上，都存在着巨大的意见分歧。这自然是可想而知的，因为这里涉及的是这样一个对象：大多数著述者在涉及它时往往只是为了表达他们的不同思想才采用了同样的语言。”[①]自从 J. St. 穆勒用上面这些话引出他那极有价值的逻辑研究工作以来，已经有几十年过去了，海峡[②]这边与对岸的重要思想家们为逻辑学付诸了最大的努力，并不断用新的阐述丰富着逻辑学的文献；但直至今日，这两句话仍然可以被看作是逻辑科学的恰当写照，我们至今仍然远远未能达到在逻辑学的定义上和在各种逻辑学本质学说的内涵方面的全面统一性。但这并不是说当代逻辑学给人的印象与本世纪中期的逻辑学完全一样。尤其是在这位杰出的思想家的影响下，我

---

① J. St. 穆勒：《逻辑学》（翻译：贡沛尔茨），“引论”，第 1 节。

② 指英吉利海峡。——中译注

们在逻辑学中所发现的三大流派中，即心理学的、形式的和形而上
学的流派中，第一个流派所拥有的代表人物已经在数量上和在重
要性方面大大超过了其他两个流派。但其他两个流派也始终在成 A 4
长着。在对逻辑学的各种定义中所反映出来的有争议的原则问题 B 4
仍然是有争议的；而穆勒对各种系统论点的学说内涵的概括则仍然有效甚至更加有效，即各个著述者只是为了表达不同的思想才采用同样的语言。这种状况并不仅仅是针对那些产生于不同阵营的论述而言。我们所说的最活跃的一派，即心理学的逻辑学这一派，也仅仅是在其学科划界方面以及在其根本目的和方法方面表现出信念上的统一；然而，如果我们用“所有人对所有人的战争”(bellum omnium contra omnes)这句话来形容那些被倡导的学说，尤其是形容那些对传统公式和学说所做的相互对立的解释，那么人们几乎无法指责这是夸张。如果有人想要划分出一批含有实事的命题和理论，从而使我们能够在其中看到我们这个时代逻辑科学的坚实组成以及它留给未来的遗产，那么这个尝试一定是徒劳的。

第2节　对原则问题做新说明的必要性

科学的现状在于，它不同意将个体的信念与普遍有效的真理区分开来，在这种状况下，向原则问题的回溯便始终是一项需要一再重新着手解决的任务。这一点尤其适用于那些在各个流派的争论中和在对逻辑学的确切划界的争论中起着关键作用的问题。诚然，在最近几十年中，恰恰是对这些问题的兴趣淡漠了下来。在穆

勒对汉密尔顿的逻辑学做了出色的抨击，以及在特伦德伦堡进行
A 5 了那些虽然不是同样富有成果，却同样著名的逻辑研究后，这些原
B 5 则问题看上去已经得到了解决。随着心理学研究的蓬勃兴起，逻辑学中的心理主义流派占据了上风，于是，这时所有的努力都仅仅集中在一个目标上，即：根据那些被视为有效的原则的尺度去全面地建造逻辑学这门学科。然而，在此期间，众多的重要思想家们所做的使逻辑学科学地循序渐进的尝试却并没有获得彻底的成效，这种状况令人产生如下的揣度：一项有效的研究必须具备明确的目标，而上述尝试所追循的目标是否已得到足够的澄清？

但对一门科学的目标的理解是表现在对这门科学的定义之中的。当然，我们不可能认为，对一门科学之领域的相即概念定义必须先行于对这门学科的成功研究。对一门科学的定义反映着这门科学的发展阶段，随这门科学一同前行的是对其对象的概念特征以及对其领域的界定和地位的认识。与此同时，定义的适当程度，或者说，在这些定义中表现出来的对领域的理解的适当程度也反作用于科学本身的进程，这种反作用根据这个定义偏离真理的方向的不同而或大或小地影响着科学的发展进程。一门科学的领域是客观封闭的统一；我们无法随意地规定，我们在何处以及我们如何给真理领域划界。真理的王国客观地划分为各个区域；各种研究必须根据这些客观的统一来进行，并将自身组合成各门科学。我们具有关于数的科学、关于空间构成的科学、关于动物生物的科学等等，但却没有关于质数、关于梯形、关于狮子，甚至关于所有这
A 6 一切的特有科学。只要有一组共属地涌现出来的认识和问题导致
B 6 一门科学的构成，那么划界上的不合适就只可能在于：在被给予之

物方面的领域概念起先被理解得过于狭窄，论证关系的串接超出了被考察的领域，并在一个更宽泛的领域中集合为一个系统封闭的统一。这种区域上的局限性并不一定会对科学的蓬勃发展产生不利的影响。在这种情况下，也许理论的兴趣恰恰可以首先在一个较小的范围内得到满足；也许这种工作实际上正是在没有进行更深和更广的逻辑分化之前首先必须做的事情。

然而，在对领域划界工作中的另一种不完善性则要危险得
多，这就是**对领域的混淆**，即：将诸多的异质混合为一个被误认
的领域统一；尤其是当这种不完善性建立在对客体的完全错误
的解释上，而人们又把对这些客体的研究当作这门科学的根本目
标时，这种危险就更大了。这种不被人注意的“向另一个维度的超
越(μετάβαδις εἰςἄλλο γένος)”有可能带来最有害的结果：确定不
恰当的目标；运用与学科的客体不一致，因而根本错误的方法；扰
乱逻辑层次，以至于那些真正基础性的命题和理论常常在最奇特
的伪装下作为次要的成分和顺带的结论被塞入完全陌生的思想系
列中间，如此等等。这种危险在哲学的科学中尤为显著；因此，范 A 7
围与界线的问题对于哲学科学的富有成效的发展来说所具有的意
义，远比对于那些极受偏爱的关于外部自然的科学而言的意义更
大，在后者那里，我们经验的进程迫使我们做出对领域的划分，在
这些领域划分的范围内还有可能暂时进行成功的研究。我们可以
在这里引用康德在专门涉及逻辑学时说过的一句名言：“如果人们 B 7
允许各门科学的界线相互交织，那将不会使科学增多，而只会使科
学畸形。”实际上，下面的研究就是希望能指明：至今为止的，尤其
是奠基于心理学之中的当代逻辑学几乎毫无例外地处于上述危险

之中,而逻辑认识的进展所受到的阻碍在根本上是来自对理论基础的误解,以及由此而产生的对领域的混淆。

第3节　争论的问题。须走的道路

传统的以及与逻辑学划界有关的争论问题有以下这些:

1. 逻辑学究竟是一门理论学科还是一门实践学科(一门“工艺论”(Kunstlehre))。
2. 它是否是一门独立于其他科学,尤其是独立于心理学或形而上学的科学。
3. 它是否是一门形式学科,或者像人们习惯于说的,它是否仅仅关系“认识的形式”,它是否也须顾及认识的“质料”。
4. 它究竟是具有先天的和演证的(demonstraktiv)学科的特征,还是具有经验的和归纳的(induktiv)学科的特征。

所有这些问题都紧密相关,以至于对一个问题的态度至少在某种程度上一同制约着或实际影响着对其他问题的态度。事实上只存在着两个派别。一个派别的判断是:逻辑学是一门理论的、独
A 8 立于心理学的并同时是形式的和演证的学科。在另一个派别看来,逻辑学却是一门依赖于心理学的工艺论,这样,它本身便不可能具有那种形式的和演证的特征,即它不可能具有算术——前一派将它看作是形式的和演证的学科的范例——所具备的那些特征。

我们的目的实际上并不在于参与这些传统的争论,而是在于澄清在这些争执中起作用的原则差异,并且最终澄清一门纯粹逻

辑学的根本目的。因此，我们必须走这样一条道路：我们以当前几乎受到公认的对逻辑学的规定为出发点，即以工艺论的规定为出 B 8
发点，并且确定这个规定的意义和对它的证义。而后我们很自然地要提出关于这门学科的理论基础的问题，尤其是它与心理学的关系问题。从根本上看，这个问题与认识论的主要问题，即与认识的客观性有关的问题，即便不是完全相合，也可说是在一个主要部分上相合。我们与此有关的研究所得出的结果是划分出一门新的、纯粹理论的科学，它构成任何一门关于科学认识的工艺论的最重要基础，并具有一门先天的和纯粹演证的科学的特征。它就是康德以及其他“形式的”和“纯粹的”逻辑学的代表人物所企图建立的科学，但他们没有正确地把握和规定这门科学的内涵与范围。这里的思考所得出的最后一个成就在于获得了关于这门有争议的学科的本质内涵的一个清楚而明晰的观念，随着这个观念的得出，我们对上述争论的立场也就自然而然地得以明了。

A 9 第一章　作为规范学科，
B 9 特别是作为实践学科的逻辑学

第 4 节　具体科学的理论不完善性

一个艺术家出色地加工他的材料，判断地评价他的艺术作品，而这种出色的加工和这种关键性的、通常是可靠的判断几乎不依赖于他对规律的理论认识，这些规律规定了实践活动进程的方向和顺序，并且同时决定了判断已完成的作品是否完善的评价标准。以上这些情况是我们日常可以经验到的。从事艺术活动的艺术家通常无法确切地阐释他的艺术原则。他不是根据原则来创作，也不是根据原则来评价。在创作时他听命于他那和谐地构造起来的力量的内在冲动，在评价时他听命于他那出色地培养起来的艺术敏悟和情感。而这种情况并不仅仅表现在美的艺术中（这是人们首先想到的艺术），而且还表现在最宽泛词义上的艺术一般之中①。即是

① 后面所说最宽泛词义上的“艺术”(Kunst)已经是指“工艺”了，即一些与人为的方法和技巧有关的东西。我们可以在这个意义上理解胡塞尔在第 3 节开始时所提到的争论问题：逻辑学是一门理论科学还是一门实践科学（一门“工艺论”(Kunstlehre)）。——中译注

说，这也适用于科学创作的活动以及对其结果的理论评价，对事 A 10
实、规律、理论之科学论证的理论评价。即使是数学家、物理学家 B 10
和天文学家，为了实施其最重要的科学成就也不须要明察他行动的最终根据，而且即使已获得的成果对于他和其他人具有理性信念的力量，他也不会去要求他的推理的最终前提已经得到证明，以及要求那些作为他的方法之基础的原则已经得到探讨。然而，所有科学的不完善状态都恰恰与此有关。我们这里所说的不完善性并不是指这些科学在研究它们各自领域的真理时所隐含的不完整性，而是指它们在从事这些研究时缺乏内在的明晰性与合理性，这种明晰与合理恰恰是我们必须在独立于科学传播的情况下所要求的东西。从这点上看，数学这门在所有科学中最先进的学科也不能被看作例外。现在它在许多方面都被看作是所有科学一般的理想；但是，古老的和始终未彻底解决的关于几何学基础的争论问题以及有关虚数方法的合理性问题告诉我们，数学实际上还远远不是一门理想的科学。那些以无比熟练的技巧运用着数学方法并不断更新和充实着这些方法的研究者们，常常显得全然没有能力来充分论证这些方法的逻辑确切性（Triftigkeit）以及对这些方法的合理运用的界限。虽然科学带着这些缺陷仍得到了发展并且帮助我们成为以前从未预料到的自然之主宰者，它们在理论上却仍然无法使我们感到满意。它们不是那样一种清晰透彻的理论，在这种理论中，所有概念和命题都应当是完全可理解的，所有前提都应当受到过精准的分析，因而整个理论都应当凌驾于任何理论性的怀疑之上。

A 11 B 11 第5节　形而上学与科学论对具体科学的理论补充

为了达到这个理论目标，首先需要像一般所公认的那样进行一种属于形而上学王国的研究。

形而上学的任务在于，对那些未经考察，甚至往往未被注意，然而却至关重要的形而上学类型的前提进行确定和验证，这些前提至少是所有那些探讨实在现实的科学的基础。例如有这样一些前提：存在着一个外在世界，它在空间和时间上伸展，同时空间具有欧几里得三维流形的数学特征，时间具有直向（orthoiden）一维流形的数学特征；所有生成（Werden）都服从因果规律，如此等等。目前，这些完全属于亚里士多德第一哲学范围的前提通常被不恰当地称作认识论的前提。

然而，这个形而上学的奠基并不足以达到具体科学所期望的理论完善；它反正也只涉及那些与实在现实有关的科学，而并非所有科学都与实在现实有关，纯粹的数学科学便是如此，它们的对象是数字、流形等等，它们独立于实在的有或无，并且仅仅被看作是纯粹观念规定的载者。与数学不同的是第二类的研究；对这类研究的理论完成同样构成我们认识追求的一个不可或缺的假定；这类研究以同样的方式涉及所有科学，因为，简言之，它们的目的就在于研究那些使科学成为科学的东西。这里已经表明了一个崭新的学术领域，但它很快会表明自己是一个复杂的学术领域，这门学

科的特点在于，它是一门关于科学的科学，因此它可以在最确切的 A 12
意义上被称作科学。 B 12

第6节　一门作为科学论的逻辑学的可能性以及对它的证义

下面的思考可以论证这门学科——作为一门隶属于科学这个观念的、规范性的和实践性的学科——的可能性以及对它的证义。

如其名所说，“科学”与知识有关。[①] 这并不意味着它本身是一批或一组知识行为。科学只是在它的文献中才具有其客观存在，它只是以著述的形式才具有其特有的、与人及其智性活动有密切关联的此在(Dasein)；它以这种形式持续生长了几千年，其生命远远长于各个个体、各个世代和民族的寿命。它体现了一批外在的活动，这些活动产生于许多个体的知识行为之中，又能够以一种易于理解，但不加以展开就无法精确描述的方式向无数个体的知识行为过渡。我们在这里只须确定这一点就够了：科学为知识行为的产生提供，或者说，应当提供某些更进一步的前提条件，即提供知识的实在可能性，这些可能性由那种“正常的”人或那种“有相应才能的”人在已知的、“正常的”状态中加以实现，它们的实现可以被看作是这些人的意愿所能达到的一个目的。因而在此意义上，科学的目的在于知识。

① “科学”(Wissenschaft)一词在德文中与“知识”同义。——中译注

然而，在知识中我们拥有真理。在我们最终所依据的现时知识中，我们拥有的真理是一个正确判断的客体。但仅仅如此还不够；因为，不是每个正确的判断、每个与真理相一致的对一个事态的设定或拒绝就是一个关于这个事态的存在（Sein）或不存在
A 13 （Nichtsein）的**知识**。毋宁说为此还需要——如果我们谈的是在
B 13 最狭窄、最严格意义上的知识——明见性（Evidenz），即这样一种明亮的确定性：我们所认定的东西**存在**（ist），我们所摒弃的东西则**不存在**（nicht ist）；我们必须用已知的方式将这种确定性与那些盲目的信仰、那些虽然决断但却模糊的意见区分开来，以免我们在极端怀疑主义那里触礁失败。但在这个严格的知识概念中已经不再含有习常的用语。例如，当一个所做的判断与下列清晰的回忆相联结时：我们以前曾对同一内涵做过一个伴有明见的判断，尤其是当这个回忆是与这个明见性产生于其中的证明的思路有关时，并且当我们确然地信任自己可以再次用这种明见性进行判断时，我们也会将此称作知识行为。（“我知道，毕达戈拉斯定律是真实的——我可以证明这个定律”；后一句话当然也可能是这样的：——“但我忘了如何证明它”。）

这样，我们所把握的知识概念便具有一个较广的，但却又并不完全松散的意义；我们将它与无根据的意见区分开来，使它成为对被设定的事态之存有（Bestehen）[1]的“标志”，或者说，使它成为对所做判断之正确性的“标志”。正确性的最完善标志是明见性，我们将它视作对真理本身的直接觉知（Innewerden）。在绝大多数

[1] 在A版中为：真理。

的情况中，我们缺乏这种对真理的绝对认识；相反，我们往往只是（只要考虑一下上述例子中回忆的作用便可）将明见性作为某个事态的或大或小的或然性①来运用，在或然性程度相应“高”的情况 A 14
下，人们通常会依据这种或然性来作出一个决然的判断。一个事 B 14
态 A 的或然明见性虽然并不论证这个事态的真理明见性，但它却论证那种比较的和明见的价值评估，借助于这种价值评估，我们能够根据肯定的或否定的或然性价值的不同而将理性的假设、意见、猜测与非理性的假设、意见、猜测区分开来，将得到较好论证的假设、意见、猜测与得到较差的论证的假设、意见、猜测区分开来。任何真正的认识，尤其是任何科学的认识最终都建立在明见性的基础上，明见性伸展得有多远，知识的概念伸展得也就有多远。

尽管如此，在“知识”（或者，对我们来说是同义的：“认识”）概念中仍然存在着一个双重含义。最狭窄词义上的知识是关于某个事态的存有或不存有[2]的明见性；例如，“S 是 P 或不是 P”；因此，关于某个事态在这种程度上，还是在那种程度上或然存在的明见性，以及与此相关，关于它是如此状况的明见性，也就是一个最狭窄意义上的知识；与此相反，在较为宽泛的、已经改变了的意义上的知识则与此事态本身的（而非与它的或然性的）存有[3]有关。在后一种意义上，人们随或然性程度的不同来谈论知识的或大或小

① “或然性”（Wahrscheinlichkeit）在数学中又被称之为“概率”，下面的翻译将根据情况而进行不同的选择。——中译注

[2] 在 A 版中为：有效或无效。

[3] 在 A 版中为：有效性。

的范围，而较为确切意义上的知识——即关于“S 是 P”的明见性——则必须是一种绝对确定的、观念的界限，“S 的 P 状态”(P-Sein des S)这种或然性就是在上升的序列中无穷地接近这个界限。

但在科学的概念和科学的任务中所包含的还不仅仅是知识。如果我们以个别的或群组的方式体验内感知，并且承认它们是此在的，那么我们便拥有知识，但还远未拥有科学。各种相互无关联的知识行为群组的情况也与此并无二致。尽管科学想要为我们提供知识的多样性，但却不**单纯**是多样性。即使是知识之间的实际亲缘关系也并不构成科学所特有的那种在知识的杂多性中的统一性。一组分散的化学认识肯定还不能合理地被称作是一门化学的科学。科学所要求的东西显然要更多，即要求**在理论意义上的系统联系**，其中包括对知识的论证以及在论证顺序上的相关联结与

A 15 秩序。

B 15 因此，科学的本质中包含着论证关系的统一，在这种关系中，随个别的认识一同，各个论证本身也获得了一个系统的统一，而随各个论证一起，那种被我们称为理论的更高论证复合体也获得了一个系统的统一。科学的目的并不在于提供绝然知识，而是在于，以与我们的最高理论目标最可能完美相符合的程度与形式来提供知识。

系统形式在我们看来是知识观念的最纯粹的体现，我们在实践中追求这种系统形式；在上述状况中表露出来并不是我们本性中的一个单纯审美特征。科学不愿而且也不能成为建筑学的游戏场。科学，这里当然是指真正的、正当的科学，它所拥有的系统性

并不是由我们发明的，而只是为我们在实事中找到、发现而已。科学想要成为一种使我们的知识能在最大可能范围内占领真理之王国的手段；但真理的王国并不是一个无序的混乱，在它之中主宰着的是统一性和规律性；因此对真理的研究与论述也必须是系统的，它们必须反映真理的系统联系，并且同时将这些联系当作进步的向导来利用，以便能够从那些已被给予我们的或已被我们获得的知识出发，不断挺进到真理王国的更高区域。

对于这些研究与阐述来说，这个极为有助的向导是不可或缺 A 16
的。作为一切真理之最终基础的明见性不是一种无须经过任何方 B 16
法－工艺的安排就会随着对事态的单纯表象一同出现的自然附加物。否则人永远也不会想到去建立科学。在用意向便可以获得成效的地方，繁琐的方法便丧失其意义。既然可以在直接的觉知(Innewerden)中分有真理，那么为何还要去研究各种论证关系以及去构建各种证明呢？然而，被表象事态*存有*[4]的明见性，或者说，被表象事态*不存有*[5]的荒谬性（或然性与非或然性的情况与此类似）事实上只能在一组相对而言极其有限的原始事态中直接地表现出来；无数真实的定律只是在得到方法上的“论证”后才被我们把握为真理，即是说，仅就定律思想而言，即便在这些情况中出现了判断决定，也并未出现明见性；而在正常情况下，一旦我们从某些认识出发，走上一条通向这个被考察的定律的道路，判断决定与明见性两者便会同时出现。对同一个定律完全可以有多种论证

[4] 在A版中为：为真。
[5] 在A版中为：为假。

的途径，它们可以从这些或那些认识出发来展开，然而特征性的和本质性的东西还是在于这样一个状况：有无限杂多的真理，它们如果没有这类方法上的工序就不可能转变为一种知识。

我们需要论证，以便能够在认识、知识中超出直接的明见性，从而超越平凡——这样一种情况不仅使得科学成为可能并且成为必要，而且随之还使一门**科学论**、一门**逻辑学**成为可能并且成为必要。倘若所有科学在方法上都遵循真理来运行；倘若所有科学都或多或少地使用某些人为的手段，以便去认识那些通常始终隐蔽着的真理或或然性，以便利用那些不言自明的或业已确证的东西去获得另一些冷僻的、只能间接获取的东西，那么，只要比较性地考察一下这些将无数代研究者之见解和经验积累于其中的方法，
A 17 人们便可以获得一定的手段，从而可以为这些操作方式制定普遍
B 17 的标准，并且同样也可以随各种不同情况而为这些操作方式的发明构成制定不同的规则。

第7节 续论：论证所具有的三个重要特性

为了使我们的考察更为深入，我们现在来考虑一下被我们称作“论证”的思想操作所具有的最重要特性。

需要指出的**第一个**特性是，论证就其内涵而言具有稳定构架的特征。即使须论证的定律确实具有明见性，就是说，即使论证是真实的论证，我们也不能为了想达到某个认识，例如对毕达戈拉斯定律的认识，而完全随意地从那些直接被给予的认识中选择出发点，我们也不能在进一步的操作中加入或排除随意的思想成分。

我们很快就会留意到**第二个特性**。从一开始,也就是说,在我们对这里大量涌现给我们的各种论证案例进行比较观察之前,我们便可以设想,每个论证在内涵和形式方面都是独特的。大自然的一个情绪之作——我们可以先把它当作是一个可能的想法——有可能会将我们的精神状况构造得如此特别,以至于我们现在如此熟悉的关于杂多论证**形式**的说法缺乏任何意义,而且在比较各种论证的过程中只有这一个东西可确定为是共同的东西,即:命题 S 本身是不明见的,但如果它连同一些不按理性规律而划归
给它的认识 P_1P_2……一起出现,它便会获得明见性的特征。然 A 18
而实际状况却并非如此。并非有一个盲目的随意性把一堆真理 B 18
P_1P_2……与 S 堆放在一起,然后又如此地设制了人类的精神,以至于它必须无可抗拒地(或者说,在"通常"情况下)将对 S 的认识与对 P_1P_2……的认识结合在一起。这种状况在任何情况下都从未出现过。在论证关系中主宰着的不是随意和偶然,而是理性与秩序,即:支配性的规律。几乎不需要举例便可以说明这一点。如果我们在一项有关某个 ABC 三角形的数学运算中运用"等边三角形的各角相等"这个定律,那么我们便进行了一次论证,它可以明确地表述为:任何一个等边三角形的各角都相等,ABC 这个三角形是等边的,因此它是等角的。我们还可以再做一个算术论证:任何一个尾数为偶数的十进位数都是偶数,364 是一个尾数为偶数的十进位数,因此它是一个偶数。我们立即发现,这些论证具有共同之处,它们具有同类的内部构造,我们将这种构造明确表达为"推理形式":任何一个 A 都是 B,X 是 A,因此 X 是 B。但不只是这两个论证,而且有无数个其他的论证都具有这种相同的形式。

还有更多的：推理形式体现了一个类概念，在这个概念之中包含了它的明显的构造所具有的、在定律结合上的无限多样性。但同时又存在着一条先天的**规律**：任何一个与此规律相符的**号称的**论证，只要它从正确的前提出发，就确实是一个**正确的**论证。

而这是普遍有效的。只要我们通过论证从已有的认识上升到
A 19 新的认识，在这个论证的途径中便会含有某种形式，它对于它和无
B 19 数其他论证来说是共同的，而且这个形式与一个普遍的规律有关，这个规律可以一举证明所有这些个别论证的合理性。没有一个论证是孤立存在的，这是一个极为令人惊异的事实。所有的论证在将认识与认识连结在一起时——无论这是一种以外在方式进行的连结，还是一种既以外在方式，同时又在个别定律的内在结构中进行的连结——，都会明确地显示出一定的类型，一旦这个类型在普遍概念中被把握到，它就很快会引导到普遍的、与可能论证的无限性相关的规律之上。

最后还要强调十分奇特的**第三个**特征。从一开始，即在对**各种**科学的论证进行比较之前，人们便认为这种想法是可能的，即论证形式受认识领域的束缚。尽管客体种类的变化并不会导致相应论证的变化，但却有这样的可能存在，即按照某些极为普遍的类概念——例如那些规定着各个科学区域的概念——来明确地划分各种论证。难道确实不存在一种适用于两门科学，例如数学和化学的论证形式吗？现在很清楚，前面所举的数学和化学的例子恰恰说明这种形式是存在的。在任何一门科学中，人们都可以将规律运用于个案，也就是说，在任何一门科学中，数学和化学这种形式的推理都会常常出现。这一点也适用于许多其他的推理方式。我

们甚至可以说，所有其他的推理方式都可以得到普遍化，得到如此“纯粹的”把握，以至于它们可以完全摆脱与一个具体有限的认识领域的任何本质联系。

第8节　这些特征与科学和科学论的可能性的关系

我们往往不会注意到论证特性的奇异之处，因为我们很少把 A 20
司空见惯的东西当作问题，而论证的这些特性恰恰与**一门科学的** B 20
可能性以及进一步还与**一门科学论的可能性**有明显的关系。

在这个关系中仅有论证是不够的。倘若论证无形式、无规律；倘若下述基本真理不存在，即：所有论证中都寓居着某种不是此时此地的(hic et nunc)(或简单或复杂的)推理所特有的，而是对于推理的整个类来说都是典型的“形式”，而且所有这类推理的正确性都要靠它们的形式来保证；——那么也就不存在任何科学了。倘若情况确是如此，那么谈论一种方法，谈论一种从认识到认识的系统有序的进步也就毫无意义了，任何进步都将是一种偶然。倘若情况的确如此，那么定律 $P_1 P_2$……都仅仅是偶然地在我们的意识中聚合，并赋予定律 S 以真正的明见性。倘若情况的确如此，那么我们也就无法从一个已经成立的论证那里学到对未来的新质料做新论证的丝毫知识，因为没有一个论证能够对任何其他论证具有样板作用，没有一个论证自身能体现出一个类型，因而任何一个类似前提系统的判断组自身都不会具有某种类型之物(Typisches)，即那种在新情况中、在接触完全不同的“质料”时(在没有概念强调，没有依据已被说明的“推理形式”的情况下）能够涌现给我们，从而使我们容易获得新的认识的类型之物。倘若情况的确如此，那么根据对现有命题的证明来进行研究也就毫无意义。这种研究怎么可能进行得下去呢？难道我们去把所有可能的命题组都彻底考察一遍，然后再确定其中哪些可以作为前提使用？这样的话，最聪明的人在这里也不会比最愚笨的人更占先，甚至可以提出这样的问题：最聪明的人究竟还有什么会比最愚笨的人本质上更
A 21 占先的地方？丰富的想象、广博的记忆、专心致志的能力，以及其
B 21 他等等，这些东西固然美好，但它们只有在一个思维生物，即在一个其论证和发明服从于有规律的形式的**思维**生物那里才能获得智性的意义。

因为这是一个普遍有效的事实：在任何一个心理复合体中，不仅有许多因素，而且还有许多相互连结的形式在发挥着联想的、再造的作用。所以，我们的理论思想和思想关联的形式可以能够自己是有所裨益的。例如，某些推理的形式使得我们尤为方便地得出一个所属的推理定律，因为我们以往曾成功地进行了同一形式的有效判断，与此相同，一个有待证明的定律形式也能够使我们回忆起某些类似的论证形式，它们以往曾产生过类似形式的推理定律。即使这不是一种清楚和本真的回忆，它也是一种类似回忆的东西，在某种程度上是一种潜隐的回忆，它是一种（在 B. 埃德曼的意义上的）“无意识的引发”；无论如何，这种东西表明，它能够——不仅仅是在那些由形式证明（argumenta in forma）占主导地位的学科中，如在数学中，而且还在其他领域中——使证明比较容易成功，从而是极有裨益的。一位熟练的思想家会比一位不熟

练的思想家更容易找到证明，这是为什么呢？这是因为证明的类型通过多次反复的经验必然会越来越深地埋在他的脑中，因而必定也就越来越容易在他那里发生效用并规定他的思维方向。在一定的范围中，任何一种科学思维都是在为科学思维一般进行训练；与此同时，在特殊的程度上和在特殊的范围中，数学思维又特别是为数学预先安排的，物理学思维又特别是为物理学所预先安排的，如此等等。数学思维依据的是典型的、对所有科学都共同的形式的存在，物理学思维依据的是另一些与个别科学的特殊性有特别关系的形式的存在（可以把这种形式看作是前一种形式的特定集
合）。科学的技巧、前瞻性的直觉与预感所具有的特性都与此有 A 22
关。我们谈论一种语言学的分寸和眼光，一种数学的分寸和眼光 B 22
等等。谁会具有这种分寸和眼光呢？是那些通过多年训练而培养出来的语言学家或数学家。在各个领域客体的普遍本性中根植着实际关系的一定形式，而这些形式又规定了恰恰在这些领域中起主导作用的论证形式的类型特性。前探性的科学推测的基础便在于此。所有验证、发明与发现都如此这般地建立在形式的合规律性之上。

据此，如果**有规则的形式**使**诸科学**的存在得以可能，那么另一方面，大范围存在的**形式相对于知识领域而言的独立性**则使**一门科学论**的存在得以可能。若是这种独立性无效，那么一般逻辑学也就不复存在；存在的就仅仅是一些相互并列的、与各门个别科学个别地相应的逻辑学。但实际上这两者对我们来说都是必需的：其一是科学理论方面的各种研究，它们在同样程度上涉及所有科学；其二是作为前者之补充的各种特殊研究，它们涉及个别科学的

理论和方法，并研究这些理论和方法所具有的特性。

因此，应当强调在对论证的比较性考察中得出的那些论证的特性，它会有助于我们对我们的学科本身、对科学论意义上的逻辑学的认识。

第9节 各门科学中的方法操作方式 一部分是论证，一部分是对论证的辅助

A 23

但这里还须做几个补充。首先要补充的是，我们以上所做的讨论始终限制在论证上，而论证并不能穷尽方法操作这个概念。然而，论证在方法操作中具有中心意义，这样，我们所做的暂时的限制便是合理的。

B 23 可以说，所有那些本身不具有（无论是简单还是复杂的）真正论证特征的科学方法都可以分为两类：一类是对论证的思维经济的简化和替代，这些简化和替代本身首先通过论证而获得其永久性的意义和价值，尔后它们在实际运用的过程中尽管会获得论证的成就，但自身却不会包含论证所具有的那种明晰的思想内涵；另一类则代表着那些或多或少复杂的辅助手段，它们或是被用来为未来的论证做准备，或是被用来使未来的论证变得简单，或是被用来为未来的论证做保证，或是被用来使未来的论证成为可能，但这些辅助手段却不具有与这个科学基本过程相等价的和独立平行的意义。

我们接着第二类方法继续讨论。例如，要想保证论证一般的进行，一个重要的前提条件在于，思想要以恰当的方式借助于明确

可区分的、单义的符号得到表达。语言为思想家提供了一个可以在大范围内使用的符号系统，使他可以用此来表达他的思想，但是，尽管这个系统对每个人都是不可或缺的，但它仍然只是严格的研究的一种极不完善的辅助手段。模棱两可的含义会对结论的确切性造成有害的影响，这是众所周知的。因而一个谨慎的研究者不可以毫无工艺准备地去使用语言，他必须对他运用的术语进行定义，如果这些术语不明确并缺乏清楚的含义的话。因此，我们把**名称定义**看作是一种方法上的辅助操作，它的作用在于保证论证这个第一性的、真正的理论工序得以进行。

术语辞典的状况也与之相似。仅举一例：一些较为重要的和 A 24
常常重返的概念用原初储存的那些定义过的表达往往只能十分繁琐地被表述出来，这时人们就必须用简短扼要的符号来标志它们；
因为繁琐的、多重相互套接的表达会增加论证操作的困难，甚或使 B 24
它们无法进行。

我们也可以从类似的角度来考察**分类**的方法，以及如此等等。

在上述**第一类**方法中，极有成效的**各种算法**便是一个例子。它的特有功能在于：用感性符号所做的机械运算进行人为的调整，从而尽可能多地为我们省略真正演绎方面的精神工作。但无论这些方法所做的工作有多么出色，它们也只有从论证思维的本质中才能获得其意义和证明。只要想一下那些机械运算的器具、计算器等等即可，此外还包括我们在对客观有效的经验判断做确定时所运用的方法操作方式，如：在确定某个星球的位置、某个电阻、某个惯性质量、某个折射率以及地球引力的常数等等时所采用的多种方法。这种方法中的任何一个都体现了一系列的预防措施，而对这些措施的选择和调整是通过一个论证关系来决定的，这个论证关系普遍地证明，即便这个过程是盲目进行的，它也必定会以必然的方式提供一个客观有效的个别判断。

但这些例子已经足够了。很明显，每一个真正的认识进步都是在论证中进行的；因而所有方法的预防措施和工艺手段都与论证有关联，而逻辑学对它们的探讨则要超出论证的范围以外。正
A 25 是因为这种关联，论证才具有其典型的，甚至本质上属于方法观念的特征。此外，正是因为论证是这种类型的，它们也一同被纳入前一节的考察范围。

B 25

第 10 节　理论与科学的观念作为科学论的问题

但这里还需要做一个进一步的补充。我们在这里已经看到，科学论所从事的当然不只是对个别论证（以及隶属于它的辅助手段）的形式与规律的研究。我们在科学之外也可以找到个别论证，所以很明显，个别论证——以及罗列在一起的一堆论证——还不能构成科学。如前所述，要构成一门科学还需要有在论证关系上的某种统一，某种论证层次顺序上的统一；而要达到所有科学都在追求的最高目标，这个统一形式本身具有崇高的目的论意义：在我们对真理的研究中——但这不是指对个别真理的研究，而是指对真理的王国、对这个王国的各个自然省份的研究——，为我们带来可能的促进。

科学论的任务因而也将在于：探讨**作为这种或那种系统统**

一**的科学**，易言之，它要探讨在形式上将这些统一刻画为科学的东西是什么，决定着科学内在地划分为各个区域、各个相对封闭的理论的东西是什么，科学的根本不同的种类和形式是什么，如此等等。

我们同样可以把论证的这种系统组织纳入方法的概念之下，这样，我们为科学论所安排的任务就不仅仅只是探讨在科学中出现的知识方法，而且还包括对那些本身也叫作科学的知识方法的 A 26
探讨。科学论不仅要区分有效和无效的论证，而且还应当区分有 B 26
效和无效的理论与科学。显然，科学论由此而获得的任务显然并不独立于前一个任务，后一个〔探讨科学本身的〕任务在很大程度上取决于对前一个〔探讨论证方法的〕任务的解决；因为，在对论证进行研究之前，要想研究作为系统统一的科学是不可能的。无论如何，这两种研究都包含在关于科学本身的科学这个概念之中。

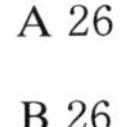

第 11 节　逻辑学或科学论作为规范学科和作为工艺论

如前所述，逻辑学——在这里所说的科学论意义上的逻辑学——应当是一门**规范学科**。科学是带有某种目的的精神创造，因而也是依据这些目的而受到评判的。这一点同样也适用于理论、论证以及所有被称之为方法的东西。一门科学是否真的是科学，一种方法是否真的是方法，这要取决于它是否与它所追求的目标相符。逻辑学想要研究的是，真实有效的科学本身包含着什么，换言之，是什么构成了科学的观念，通过这种研究，我们便可以确定，目前的经验科学是否符合科学的观念，或者，它们在何种程度上接近于这些观念，以及在何种程度上违背这些观念。这样，逻辑学便可以将自己称之为规范科学，并将自己区别于历史科学的比较性考察方式——后者试图将科学看作各个时代的具体文化产物，根据它们的**类型**特征与共性来把握它们，并从时代状况出发去说明它们。因为，规范科学的本质在于，它论证这样一些普遍定
A 27 律：在这些普遍定律中给明了与规范性的基本尺度——例如一个
B 27 观念或一个最高目的——相关的特定标记，一旦拥有这些标记，就意味着或者可以保证与这个尺度相适当，或者反过来为这种适当性提供不可或缺的条件；同样，规范科学还论证与上述定律相似的定律：这些定律或者顾及到与基本尺度不适当的状况，或者说明这种状况不存在。但这并不意味着，规范科学必须给出普遍记号，用它们来说明，一个客体的状态究竟应当如何才能符合基本规范；就像治疗术无法说明普遍病症一样，也没有一门规范学科能提供普遍标准。科学论特别能够以及唯独能够为我们提供的东西乃是各种特殊标准（Spezialkriterien）。科学论确定，在科学的最高目的方面、在人的精神的实际构造方面以及在其他被考察的东西方面形成了这些和那些方法，如 M_1 M_2……，通过这种确定，它表述着各种形式命题：任何一组精神活动，如 α β ……，只要它们是在复合形式 M_1（或者说 M_2……）中展开的，就会提供一个正确方法的案例；或者与此等值的说法是：任何一个以 M_1（或 M_2……）形式进行的（所谓）方法运作都将是一个正确的运作。如果我们真的能够成功地提出所有这种类型或相近类型的自身可能而有效的定

律，那么规范学科便可以包含衡量任何一个所谓方法一般的规则，但即使这时也仍然只是以特殊标准的形式。

只要基本规范是一种目的或能够成为一种目的，那么通过对
规范学科之任务的容易理解的扩展，一门工艺论便可从规范学科
中产生出来。这里的情况恰恰便是如此。如果科学论为自己提出
一项深入的任务，即：研究那些作为我们的支配力之基础、作为实
现有效的方法之前提的各种条件，而且提出如下的规则：我们如何
用机敏的方法去获得真理，如何确切地为科学划界并建立科学，尤 A 28
其是如何发明或使用各种在这些科学中有用的方法，以及我们应 B 28
当如何在所有这些方面避免犯错误，——那么，科学论就成为一门
关于科学的工艺论。显然，规范的科学论自身便完全包含了这些
任务，因此，鉴于规范的科学论所具有的无疑价值，我们完全可以
对逻辑学的概念做相应的扩展，并在这种工艺论的意义上来定义
逻辑学。

第 12 节　对逻辑学的有关定义

自古以来人们就乐于将逻辑学定义为工艺论，然而更进一步的规定通常会让人不尽满意。像判断的工艺论、推理的工艺论、认识的工艺论、思维的工艺论（l'art de penser）这类定义常常会令人误解并且至少是过于狭窄。例如，如果我们在最终提到的而且至今还在使用的思维的工艺论这个定义中把“思维”这个术语的模糊含义局限在“正确的判断”这个概念上，那么这个定义就叫作：关于正确判断的工艺论。这个定义之所以过于狭窄，乃是因为从它之

中无法引申出科学认识的目的。如果说，思维的目的只有在科学中才能得以完全实现，那么这无疑是正确的；但随之也就应当承认，思维或认识实际上并不是这种所说的工艺论所要达到的目的，思维本身只是为达到这个目的而采用的手段。

其他的定义会引起类似的顾虑。这些定义也遭到最近又由贝格曼所提出的指责：对于一种行动的——例如绘画、唱歌、骑马的——工艺论，我们必定首先会期待它“指明，人们必须做什么，以便使有关的行动能够正确地进行，例如，在绘画时必须如何握笔和用笔，在唱歌时必须如何用胸、用嗓和用嘴，在骑马时必须
A 29 如何收缰、放缰和夹腿”。所以，在逻辑学的领域中出现的是与工艺论完全异类的学说。[①]

B 29 施莱尔马赫把逻辑学定义为关于科学认识的工艺论，这个定义显然要更接近真理一些。因为不言而喻，在如此被划定的学科中，人们只会去关注科学认识的特殊性以及去研究科学认识所带来的促进；而有利于认识一般之形成的各种遥远的前提条件则留给教育学、保健学等等去探讨了。尽管如此，在施莱尔马赫的定义中有一点没有得到完全清楚的表达：这门工艺论有义务提出界定科学和建立科学的规则，而反过来，在这个目的中也包含着科学认识的目的。关于我们这门学科划界的出色想法可以在鲍尔查诺的《科学论》中找到，但更多地是在其批判性的前研究中，而不是在他

① 贝格曼：《逻辑学的基本问题》，第二版，1895 年，第 78 页。——也可参阅 B. 鲍尔查诺博士的《科学论》，苏尔茨巴赫，1837 年，第一卷，第 24 页。“例如，芫荽是否是一种加深记忆力的药，这个问题属于逻辑学吗？如果逻辑学的确是一门在语词的整个范围内的形式艺术论（ars rationis formandae），那么这个问题就应当属于逻辑学了。”

自己所偏好的定义中。这个定义听起来十分怪异:科学论(或逻辑学)是“这样一门科学,它为我们指明,我们应当如何在合理的教科书中阐述科学”。①

① 鲍尔查诺:《科学论》,第一卷,第7页。诚然,《科学论》第四卷的特别任务才是对定义所做的说明。但尤其令人揣测的是,此书前三卷所探讨的那些无比重要的学科可能仅仅被作者描述为是一种用来辅助一门关于科学教科书的工艺论的手段。这部一直未受到重视、几乎未被引用过的著作的伟大性当然也正在于这前几卷的研究。

A 30
B 30

第二章　理论学科作为规范学科的基础

第13节　关于逻辑学的实践性质的争论

从以上最后几项考察中如此不言自明地完成了逻辑学是一门工艺论的证明，以至于人们必定会惊讶，以往怎么可能会在这一点上发生过争论。一门有实践指向的逻辑学是所有科学无可置疑的先决条件，与此相应，逻辑学也正是出于科学活动的实践动机而历史地形成的。如所周知，逻辑学形成的时代是一个值得纪念的时代：当时，新兴的希腊科学在怀疑论者和主观论者的进攻下面临失败的危险，科学的所有进一步发展都取决于能否找到客观的真理标准，只有用它们才能够粉碎诡辩论之辩证方法的骗人假象。

如果人们，尤其是近代在康德的影响下，虽然一再地否定逻辑学的工艺论特征，然而在另一方面却又继续肯定工艺论作为逻辑学之定义的价值，那么，争论就不可能仅仅是围绕这样一个问题进行，即：是否有可能为逻辑学规定实践的目的并据此而将它看作是一种工艺论。康德自己便曾谈到过这样一门实用的逻辑学：这门逻辑学的作用在于规整对知性的使用，这种规整是“根据主体所处的、有助于或有碍于知性使用的各种偶然条件的不同来进行的”[①]；并且我们可以从这门逻辑学中学到：“哪些东西会促进对知 A 31
性的正确使用，哪些是正确使用知性的辅助手段，哪些是治疗逻辑 B 31
错误和缺陷的良药。”[②]尽管康德并不愿承认它是一门像纯粹逻辑学那样的科学，[③]他甚至认为，它“根本不应被称为逻辑学”，[④]人们却仍然可以把逻辑学的目的加以扩展，使逻辑学自身也包括实用的，即实践的逻辑学。[⑤] 至多可以争论——而且也已经有过充分的争论——这样的问题：能否期望通过作为实践科学论的逻辑学来促进人类认识而获得重大的收益；能否期望如所周知像莱布尼茨所相信的那种变革与进步，即：通过对那种只能被用来验证现有认识的旧逻辑学的扩展来建立起一门发现术（ars inventiva）、一门“发现的逻辑学”，如此等等。然而，这种争论并未涉及原则性的

① 康德：《纯粹理性批判》，“超越论逻辑学引论”，第 1 部分，最后一个段落。

② 康德：《逻辑学》，“引论”，第二部分；载于：由哈滕斯坦主编的《康德全集》，1867 年，第八卷，第 18 页。

③ 康德：《纯粹理性批判》，同上。（《康德全集》，第三卷，第 83 页。）

④ 康德：《逻辑学》，同上。

⑤ 康德将那种带有实践部分的普遍逻辑学看作是一种语词矛盾（contradictio in adjecto），并因此而指责那种将逻辑学分为理论逻辑学和实践逻辑学的做法（《逻辑学》，“引论”，第二部分，3），但这根本不妨碍我们把他所说的实用逻辑学理解为实践逻辑学。一门在他所指的意义上的“实践逻辑学”所需的必要前提并不在于：当人们将它运用于某些对象上时，它必须具备关于那些对象的知识；而是在于：当人们用它来促进精神对认识的追求时，它必须具备对此精神的知识。这种实践逻辑学可以在两个方面得到运用：逻辑规则会有助于我们进入一个特殊的认识领域——这个领域属于特殊科学以及与其有关的方法论。另一方面，也可以想象，如果存在着一些独立于人类精神之特殊性的纯粹逻辑学的观念规律，那么我们便可以借助这些观念规律而推导出一些与人类（作为特定的种属（in specie））的特殊本性有关的实践规则。这样，我们也就拥有一门普遍的，但又是实践的逻辑学。

A 32 问题，简单明了的一句箴言便可以解决这种争论：只要承认科学在
B 32 未来的发展是极为可能的，那么也就承认了，建立一门以此为目的
的规范学科是合理的；姑且不论被推导出的实践规则本身也在极
有价值地丰富着认识。

可惜争论的任何一方都没有能将真正的、原则性的争论问题明晰准确地表述出来，它实际上完全处在另一个方向上；这个原则性的争论问题在于：逻辑学是工艺论这个定义是否切中逻辑学的**本质特征**？换言之，是否**只有**实践的观点才论证了逻辑学作为一门本己的科学学科的权利；而从理论的立场出发，逻辑学所收集的所有认识，一方面在于纯粹理论的定律，这些定律必须从其他已知的理论科学中，但主要是从心理学中要求其原初的出生地权利，另一方面则在于建基于这些理论定律上的规则。

实际上，康德观点的本质并不在于他否认逻辑学的实践特征，而是在于，他认为对逻辑学的某种划界或限制是可能的，而且从认识论上看是根本性的，根据这种划界或限制，逻辑学被看作是一门完全独立的。相对于人们所熟悉的其他科学而言的新科学，即纯粹理论科学，这门科学和数学一样，不考虑自己实际运用的可能性，并且它也和数学一样，是一门先天的、纯粹演证的（demonstrativ）学科。

与康德相对立的学说的流行派别则认为，将逻辑学限制在其理论科学内涵范围内的做法会导致将逻辑学限制在心理学的定律上，也有可能是限制在语法的定律和其他的定律上；即是说，将逻辑学限制在某些从其他学说以及经验学说中分隔出来的细小片断上；而在康德看来，我们反而还会遭遇一个自身封闭的、独立的、此

外还是先天的理论真理的领域，遭遇纯粹逻辑学。

可以看出，在这些学说中还有另一些重要的对立在一同起作 A 33
用，即：逻辑学应当是一门先天科学，还是一门经验科学；是一门独 B 33
立的科学，还是一门不独立的科学；是一门演证的科学，还是一门非演证的科学。如果我们撇开这些离我们的兴趣相距甚远的各种对立不论，那么剩下的便只是前面所提到的那个争论问题；我们从这一方抽象出这样一个主张：任何一门被理解为工艺论的逻辑学都以一门**固有的**理论科学、一门纯粹逻辑学为基础；而争论的另一方则相信，在逻辑的工艺论中得到确认的所有理论学说，都可以被纳入到另一些已知的理论科学中去。

后一种立场在贝内克那里已经得到生动的体现；[①]J. St. 穆勒则将此立场加以清晰的说明，他的逻辑学从而也在这方面产生了很大的影响。[②] 德国当今逻辑学运动的代表作、西格瓦特的《逻辑学》也是立足于同一个基地之上，它明确而坚定地说："逻辑学的最高任务以及构成逻辑学真正本质的任务[就是]成为工艺论。"[③]

我们看到，站在前一个立场上的除了康德之外，尤其还有赫巴特以及一大批他的学生。

此外，我们在拜因的《逻辑学》中可以看到，极端的经验主义与

① 贝内克在他对逻辑学所做的阐述之标题中——《作为思维工艺论的逻辑学教程》，1832年版，《作为思维工艺论的逻辑学体系》，1842年版——就想暗示他对逻辑学的本质性实践特征所抱有的信念。有关具体论述可以参阅《作为思维工艺论的逻辑学体系》中"前言"、"引论"，尤其是与赫巴特的论战，I，第21、22页。

② 与此有关问题的讨论可以参阅穆勒的逻辑学代表作以及他反驳汉密尔顿的文章。下面将会给出所需的出处。

③ 西格瓦特：《逻辑学》，第三版，第10页。

康德的观点在这个方面究竟能相互容忍到什么程度:拜因的《逻辑学》虽然是作为工艺论而建立起来的,但它却被明确地看作是一门
A 34 独一无二的、理论的和抽象的科学——甚至是一门与数学类似的
B 34 科学,它自己也要求将理论的和抽象的科学包含在自身之中。按拜因的说法,这门理论学科是建立在心理学的基础上,因而它并不像康德所意愿的那样,作为一门绝对独立的科学而先行于所有其他科学;但它却又是一门特有的科学,它并不像穆勒所说的那样,只是一种由于对认识的实践支配的意图才提供的对各个心理学章节的单纯汇集。[①]

逻辑学在本世纪经历了各种各样的加工,然而对这里所提到的分歧,人们却几乎从未做过明确的强调和仔细的思考。当一些人看到,对逻辑学的实践处理可以为两种立场所容忍并且通常被两方面都看作是有利的,他们便觉得,逻辑学究竟具有(本质上的)实践特征,还是具有(本质上的)理论的特征,这种争论是毫无意义的。他们恰恰从未弄清过这两种立场的区别所在。

我们的目的并不在于对较早的逻辑学家们的争论——逻辑学是一种工艺,还是一种科学,或者两者都是,或者两者都不是;如果逻辑学是一门科学,那么它是一门实践的,还是一门思辨的科学,或是一门既实践,又思辨的科学——做深入的批判。对这些争论以及对这些问题的价值,威廉·汉密尔顿爵士曾作过如下的评价:“这个争论……也许是思辨史上最无用的争论之一。就逻辑学而言,对这个问题的解决不会带来任何意义。这个问题的产生并非

① 参阅:拜因:《逻辑学》,第一卷,1879年版,第50节,第34页及后页。

是因为人们对这门学说的范围和性质有意见上的分歧，那些哲学家们所争论的是：这门学说应当叫什么名字。实际上，争论是围绕这样一个问题进行的：真正的工艺是什么，真正的科学又是什么；
如果人们赋予这两个概念以不同的意义，那么逻辑学就可以是一 A 35
门工艺，也可以是一门科学，也可以两者都是，也可以两者都不 B 35
是。”[①]但须要说明的是，汉密尔顿本人也没有对他在这里所提到的分歧和争议的内涵及价值做深入的研究。倘若在逻辑学的处理方式方面以及在被视为逻辑学的那些学说的内容方面确实存在着适当的一致性，那么，工艺和科学的概念是否以及如何属于逻辑学的定义，这个问题便不是很重要，尽管它远远不只是一个贴上标签的问题。但有关定义的争论（如前所述）实际上是一场关于这门科学本身的争论，而且，这门科学并不是一门已经完成了的科学，而是一门正在形成之中、暂时只是被人们所宣称的科学，在这门科学中，问题、方法、学说，简言之，一切的一切都还充满着疑问。在汉密尔顿的时代，甚至早在此之前，在逻辑学的本质内涵方面，在它的范围方面，在对待逻辑学的方式上便有过很大的分歧。这只要比较一下汉密尔顿、鲍尔查诺、穆勒、贝内克的著作便可以得知。在此以后这些分歧还不断地扩大。如果我们把埃德曼和德罗比施、冯特和贝格曼、舒佩和布伦塔诺、西格瓦特和于贝韦格放在一起，我们会问：他们所谈的真的是同一门科学而不只是同一个名称吗？要不是这里与那里有更多共同的论题存在，我们几乎便要这

① 威廉·汉密尔顿爵士：《逻辑学讲座》，第三版，第一册，（《形而上学和逻辑学讲座》，第三册）1884 年，第 9－10 页。

样来做出决定了；然而即便在这些学说的内容而言，甚至在各自提问的内容方面，这些逻辑学家中的任何两个显然都无法做出令彼此能够忍受的说明。如果将这种情况与我们在“引论”中所强调的东西——定义仅仅明确地表现出人们对逻辑学的本质任务和方法特征所抱有的信念；对于一门如此落后的科学来说，与其本质任务和方法特征相关的偏见和谬误将会把研究从一开始就引向歧途——联系起来，人们便肯定不会赞同汉密尔顿所说的话：“对这个问题的解决不会带来任何意义。”①

A 36 导致这种迷惘的原因之一还在于：一些为维护**纯粹**逻辑学
B 36 的独特领域而战的出色斗士，如德罗比施和贝格曼，也认为在逻辑学概念中本质地包含着这门学科的规范特征。他们的对手已经发现这里存在着明显的不一贯性，甚至存在着矛盾。在规范化的概念中不正含有与一个主导的目的以及分派给它的行动的关联吗？因而规范科学不恰恰意味着一种与工艺论完全相同的东西吗？

德罗比施引入他的定义的方式恰好可以证明这一点。在他的仍然富有价值的《逻辑学》中，我们读到：“思维可以在双重关系上成为研究的对象：一方面，思维是精神的一种活动，由此看来，我们可以研究这种活动的条件和规律；而另一方面，思维是获取间接认识的工具，并且这工具不仅可以得到正确的运用，而且也可以得到错误的运用，由此看来，思维可以在前一种情况中导致正确的结果，在后一种情况中导致错误的结果。因此，既存在着思维的**自然**

① 这里引用的是汉密尔顿的英文原文。——中译注

规律，也存在着对思维而言的规范规律、规定（规范），思维必须依据它们才能导致真实的（wahren）结果。对思维的自然规律的研究是心理学的任务，而确定思维的规范规律则是逻辑学的任务。”①他对此附加的说明可以说是有些多余：“规范规律总是根据一定的目的来调整一个活动。”

对立的一方会说，贝内克或穆勒可以为这里的每一句话签名并将它们取为己用。但是，只要人们承认“规范学科”和“工艺论”这两个概念的同一性，那么显而易见，与其他工艺论的情况一样，将逻辑真理结合成为一门学科的纽带便不是逻辑真理的实际的共属性，而是其主导的目的。在这种情况下，如果人们仍像传统的、亚里士多德式的逻辑学所做的那样——因为“纯粹”逻辑学就是由 A 37
此而产生的——给逻辑学划定那么狭窄的界限，那就显然错了。 B 37
给逻辑学设定一个目的，而后却又把属于这个目的的各种规范和规范性研究排除在逻辑学之外，这种做法是背谬的。纯粹逻辑学的代表人物仍然还处在传统的束缚之中；要了几千年奇异魔术的经院逻辑学的繁文缛节仍然还在影响着他们。

这一连串可以理解的指责所造成的结果是使现代人失去了兴趣——不再去仔细地斟酌那些由伟大而独立的思想家们所谈论过的、现今仍须受到认真考察的实际动机，即：建立一门作为特有科学的纯粹逻辑学。卓越的德罗比施尽管对定义的选择不当，但这并不证明，他的立场、他的导师赫巴特的立场以及这个观点的最初

① 德罗比施：《逻辑学新论》，第四版，第2节，第3页。

倡导者康德的立场[①]就在根本上是错误的。甚至都不能排除这样一种可能，即：在这个不完善的定义后面隐藏着极有价值的，但却
A 38 未能得到清晰表述的思想。我们需要注意：纯粹逻辑学的代表人
B 38 物喜欢将逻辑学与纯粹数学并列在一起。而数学学科也在论证着工艺论。与算术相应的是实践的计算工艺，与几何相应的是实践的土地丈量工艺。与各门理论的、抽象的自然科学——尽管是以不同的方式——相衔接的又有各种工艺学，与物理学相衔接的是各种物理工艺学，与化学相衔接的是各种化学工艺学。一旦考虑到这些情况，我们便很容易产生这样一个猜测：这门被倡导的纯粹逻辑学的真正意义是否在于：它是一门抽象的、理论性的学科，这门学科用与上述情况相同的方式论证着一门技术学，即在通常的、实践的意义上的逻辑学。工艺论有时以一门、有时以几门理论学科为依据推导出它的规范，与此相同，在工艺论意义上的逻辑学也可以依赖于这些理论学科中的大多数，就是说，它把纯粹逻辑学仅仅当作是自己的一个基础，即便也许是主要的基础。一旦人们除此之外还看到：确切意义上的逻辑规律和公式从属于一个在理论上封闭的抽象真理的范围，而这个范围无法被纳入至此已经得到

① 康德把心理学规律与逻辑学规律对立起来，前者表明："知性是怎样的以及它如何思维"，后者则是"必然性规则"，它表明："知性在思维中应当如何操作"（参阅《逻辑学》，载于哈滕斯坦主编的《康德全集》，第八卷，第14页），尽管如此，康德自己最后并不打算把逻辑学理解成一门（以某个隐蔽的目的为尺度的）规范学科。这一点尤其表现在，康德将"情感的两个基本源泉"，即：逻辑学和感性学相互并列；后者是"关于一般感性规则的"（科学理性的）"科学"，前者是与之相关的"一般知性规则的科学"。这样，与康德这个意义上的感性论相同，逻辑学也不应被看作是一门根据目的来进行规定的科学。（参阅《纯粹理性批判》，"超越论逻辑学引论"，第一部分，第2段结尾。）

界定的各种理论学科之中，因而本身只能被当作是一门相关的纯粹逻辑学，那么这时便会产生出进一步的**猜测**：这门理论学科在概念规定上的不完善性、在阐明其纯粹性时和在揭示它与作为工艺论的逻辑学的关系时所表现出的无能为力——是否正是这些状况导致了人们将纯粹逻辑学与工艺论混为一谈；是否正是这些状况才使得有关逻辑学本质上是理论学科还是实践学科的争论得以可能。争论的这一派的眼睛只盯在那些纯粹理论的、**确切意义上的逻辑命题**上，而争论的另一派却抓住这门被宣称的理论科学的那些可被攻击的**定义**以及对这门科学的实际实施不放。

但是，指责纯粹逻辑学的指责是经院 - 亚里士多德逻辑学的 A 39
翻版，而经院 - 亚里士多德逻辑学已被历史证明是庸劣的，这种指 B 39
责并不应该使我们感到不安。也许，以后人们会发现，这门学科并不像人们所批评的那样，只拥有很小的范围，很少提出深刻的问题。也许，旧逻辑学只是一种对那种纯粹逻辑学观念的极不完善的、模糊的实现而已，但它作为第一个开端和第一次进取却仍然是优异卓越和值得关注的。这里甚至可以提出这样的问题：对传统逻辑学的蔑视是否是文艺复兴情绪所遗留下来的一种莫名其妙的后作用，而文艺复兴所具有的那些动机今天已无法感动我们。可以理解经院科学、主要是作为其方法论的逻辑学所受到的那种从历史上看合理，从实事上看则常常不清楚的批判。但是，形式逻辑学在经院哲学手中（尤其是在经院哲学的颓败时期）接受了一门错误的方法学的特征，这个事实也许仅仅证明：当时人们还不能恰当地从哲学上理解逻辑理论（就这门理论当时的发展程度而言），从而对逻辑理论的实践利用也就误入歧途，逻辑理论当时在本质上并不能胜任人们在方法成就方面对它的过分要求。与此相同，数字神秘论丝毫也不证明算术有什么过失。众所周知，文艺复兴时期的逻辑学论战在实事上是空乏而无结果的；在这场论战中得到表述的是激情，而非明察。我们为何仍要让它们的那些蔑视性的判断来引导我们呢？像莱布尼茨这种具有理论独创性的天才便无论如何也不想去参与对经院哲学的围剿，在他那里，文艺复兴时期的过激改革热忱与近代的科学冷静结合为一体。他对遭受诽谤的亚里士多德逻辑学用词温和，尽管他觉得这门逻辑学亟须得到扩展和修缮。不管怎样，我们可以把纯粹逻辑学是“经院逻辑学的繁文缛节”之翻版这种指责先搁在一边，直到我们明确地把握住这门相关学科的意义和内涵为止，或者说，直到这些被强加于我们的揣测得到证实为止。

为了验证这些揣测，我们并不打算收集历史上各种逻辑观点所提出的所有论据并对它们加以批判分析。这不会是一条从旧争
A 40 论中获得新兴趣的途径；然而，那些在旧争论中未被明确区分的原
B 40 则性对立则具有其特有的、超越出争论双方的经验有限性之上的
兴趣，我们所要追随的正是这方面的兴趣。

第 14 节　规范科学的概念。它作为一门统一的科学所具有的基本尺度或原则

我们一开始便要确定一个命题，它对进一步的研究具有至关重要的意义：任何一门规范学科，同样还有任何一门实践学科，都建立在一门或几门理论学科的基础上，这是因为在规范学科和实

践学科的规则中必定包含着某些可以与规范化的（“应当的”[①]）思想相分离的理论内涵，对这些理论内涵的科学研究恰恰是那些理论学科的任务。

为了澄清这一点，我们首先考虑一下规范科学的概念与理论科学概念之间的关系。一般说来，规范科学的规律意味着：应当是什么，尽管它现在也许还不是，或者在现有的状况下还不能是；而理论科学的规律则始终意味着：是什么。现在要问，相对于单纯的“是”（Sein）而言，“应是”（Seinsollen）具有什么含义。

原初意义上的“应当”和某种愿望或意愿[②]、某种要求和命令 A 41
有关，例如：你应当服从我；X 应当到我这儿来；这个原初的意义 B 41
显然过于狭窄。正如我们可以在广义上谈某种要求同时却没有要求者和被要求者在场一样，我们也可以独立于任何人的愿望或意愿的情况下谈论某种“应当”。如果我们说，“一个战士应当勇敢”，那么这并不意味着，我们或者其他人有这种期望或意愿，有这种命令或要求。人们毋宁可以这样认为：一般地说，即在涉及任一个战士时，这样一种相应的期望和要求都会有其合理性；即使这样说也并不完全确切，因为恰恰在这里并不需要我们对一个意愿或要求真实地做出评价。“一个战士应当勇敢”，这句话毋宁说是意味着：只有勇敢的战士才是“好”战士；就是说，“好”和“坏”这两个谓语一同被包含在战士这个概念的范围内，一个不勇敢的战士是一个

① “应当”（Sollen）一词的德文是情态动词“sollen”（应该、应当）的名词化，含有义务、责任的意思。详细说明可参阅下面胡塞尔自己对它下的定义。——中译注

② “意愿”（Wollen）一词的德文是情态动词“wollen”（愿意、意欲）的名词化，含有意志、志愿的意思。——中译注

"坏"战士。因为这个价值判断有效,所以每个要求一个战士勇敢的人都是合理的;出于同一个原因,一个战士的勇敢也就是值得期望的、值得夸赞的,如此等等。我们还可以举其他的例子:"一个人应当博爱",就是说,谁不这样做,谁就不再是"好"人,从而当然也就是一个(在这个方面的)"坏"人;"一部戏剧不应当是一些小故事的杂凑"——否则它便不是一个"好"戏剧,不是一个"真正的"艺术作品。在所有这些情况中,我们都做了一个肯定性的价值评估,承认了一个肯定的价值谓语,而这种做法依赖于一个有待满足的条件,如这个条件得不到满足,相应的否定谓语便会出现。我们可以将这个事实与下列形式等同看待,或至少等价看待:"一个A应当是B"与"一个不是B的A是一个坏A";或者,"只有一个是B的A才是一个好A"。

A 42 B 42 我们在这里当然是在有价值之物的最宽泛意义上使用"好"这个术语;在各个具体的、隶属于我们上述公式的定律中,这个术语可以随那些作为定律之基础的各种特殊价值认定(Werthaltung)的不同而分别被理解为有用的、美的、伦常的,如此等等。有多少"应当"说法的种类,就有多少价值认定的种类,因而也就有多少(真正的或被臆指的)价值的种类。

"应当"的否定性陈述不能被解释成对相应的肯定性陈述的否定,正如在通常意义上对一个要求的拒绝并不具有某种禁令的价值一样。一个战士不应当怯懦,这并不意味着:一个战士应当怯懦是错误的,而是意味着:一个怯懦的战士是一个坏战士。下列形式因而是等值的:"一个A不应当是B"与"一个是B的A一般来说是一个坏A",或者,"只有一个不是B的A才是一个好A"。

“应当”与“不应当”（Nichtsollen）相互排斥，这是诠释性的陈述在形式逻辑上的前后一致性，而这同样也适用于下述命题，即：在关于一个“应当”的判断中不包含对一个相应的“是”的主张。

除了刚才阐明的规范形式的判断之外，显然可以认定有其它的相同判断存在，即使在表述中并未使用“应当”这个小词。如果我们不说“A 应当（或不应当）是 B”，而说“A 必须（或不可以）是B”，那么这不是根本性的东西。更为实质性的东西在于这里指出了两个新的形式：“A 不必须是 B”和“A 可以是 B”，它们构成了与上述形式的矛盾对立。就是说，“不必须”是对“应当”或“必须”的否定；“可以”是对“不应当”或“不可以”的否定；这在解释性的价值判断中很容易便可以看出：“一个 A 不必须是 B”=“一个不是 B 的 A 并不因此而是个坏 A”。“一个 A 可以是 B”=“一个是 B 的 A 并不因此而是一个坏 A”。

但我们在这里还要考虑其他的命题。例如，“要想使 A 成为 A 43
一个好 A，那么 A 只要是 B 便够了（或者说，那么 A 仅仅是 B 还 B 43
不够）。”前面的命题涉及对肯定的或否定的价值谓语的承认或否认的**必要**条件，而后面的命题却与**充分**条件有关。另外还有一些命题则又想同时表述必要条件**与**充分条件。

这样，普遍规范命题的本质形式便差不多得到了穷尽；与它们相应的当然还有一些单独的和个体的价值判断，它们并不会为我们的分析增添意义，而且它们之中的个体判断对于我们的目的而言也不属于考察的范围；这些价值判断与某些规范的普遍性之间始终具有或近或远的关系，而且它们在抽象的、规范的学科中只能依据那些支配着它们的普遍性而作为例子出现。这样一种学科完全处在任何个体的存在的彼岸，它们的普遍性是那种“纯粹概念性的”普遍性，它们具有真正词义上的规律的特征。

我们从这些分析中看出，每一个规范命题都预设了某种价值认定（认可、估量），通过这种价值认定，在一定意义上就某种客体而言的“好”（有价值）或“坏”（无价值）的概念便产生出来；这些客体从而也按这个价值认定分成好的和坏的客体。为了做出“一个战士应当勇敢”这个判断，我必须要拥有“好战士”的概念，这个概念不能建立在随意的规范定义的基础上，而只能建立在普遍的价值认定的基础上，这个价值认定根据这些或那些属性允许人们将战士时而估量为好的，时而估量为坏的。至于这种估量是否在某种意义上“客观有效”，至于在主观的和客观的“好”之间究竟有无

A 44 区别，这些问题就不是我们这里考察的对象了；这里的目的仅仅在

B 44 于确定“应当”定律（Sollensätze）的意义。某物被认定为是有价值的，一个具有以下内容的**意向**得以进行：某物是有价值的或好的[1]，这就够了。

反之，如果我们已经在某个普遍价值认定的基础上确定了相关种类的一对价值谓语，那么也就形成了进行规范判断的可能性；规范定律的所有形式都具有其特定的意义。例如，“好”A的每个基本特征B都提供了一个形式定律：“一个A应当是B”；“好”A所带有的某个与B不相容的特征B′则提供了这样一个定律：“一个A不可以（不应当）是B”，如此等等。

最后，关于**规范判断的概念**，我们可以根据以上的分析这样来

[1] 在A版中为：被认定为有价值，就好像某物确实是有价值的或好的。

描述它：在涉及一个基础性的普遍价值认定以及由此而被规定的一对相关价值谓语之内容的情况下，任何一个命题，只要它陈述了为拥有此谓语而须具备的必然或充分的条件，或者，必然和充分的条件，它就叫作一个规范定律。一旦我们在一定的意义上，从而也在一定的范围内以价值估量的方式划分出“好”和“坏”，我们自然就会有兴趣做出这样一些决断：在哪些状况下、通过哪些内外属性，这个意义上的好或坏得到或没有得到保证；要为这个领域的一个客体赋予好的价值，哪些属性是不可或缺的，如此等等。

每当谈及“好”和“坏”，我们也常常会在比较性的价值评估中区分**较好的**和最好的，或者说，**较坏的**和最坏的。如果快乐是好的，那么两个快乐中较为强烈的、延续较长的那个快乐便是较好的快乐。尽管认识对我们来说是好的，我们也并不会把所有的认识看作“同样好”。我们对有关规律认识的评价要比对有关单个事实的评价要高；对有关普遍认识——例如，“每个 n 次方的方程式都具有 n 个根”——的评价要比对有关服从于这些普遍规律的特殊规律——“每个 4 次方的方程式都具有 4 个根”——的评价要高。A 45
同样，类似的规范问题不仅在相对价值谓语那里，而且也在绝对价 B 45
值谓语那里凸现出来。一旦那些须被评价为好——或被评价为坏——的东西的基本内容已经得到确定，那么问题首先就在于，哪些东西在比较性的评价中基本上应当被看作是较好的或较坏的；进一步的问题是：什么是对于这些相对谓语而言的较近的和较远的、必然的和充分的条件，这些相对谓语在根本上规定着较好——或较坏——的东西的内容，最终还规定着相对最好的东西的内容。可以说，肯定的和相对的价值谓语的基本内容是测量的单位，我们根据它们来衡量相关领域的客体。

这些规范的总和显然构成了一个受此基本价值认定规定的、自身封闭的群组。如果一个规范定律对这个领域的客体提出一个普遍要求,即要求它们在最大程度上符合肯定性价值谓语的基本特征,那么这个定律就会在每一组共属的规范中获得显要的地位,并且可以被称作**基本规范**。例如,在构成康德伦理学的那组规范定律中,绝然律令便起着基本规范的作用;同样,在功利主义者的伦理学中,基本规范是“最大多数人的最大幸福”原则。

基本规范是在相关意义上的“好”和“较好”的定义的相关项;基本规范表明,规范化的过程可以根据何种**基本尺度**(**基本价值**)来进行,因而基本规范在真正的意义上并不表示一个规范命题。

基本规范与真正的规范命题的关系类似于算术中对数字之极数的
A 46 定义和关于数量关系的定律——后者总要不断地回溯到前者——

B 46 之间的关系。我们也可以把基本规范标识为关于“好”——例如伦常方面的“好”——这个标准概念的“定义”;随之当然也就已经离开了通常逻辑学的定义概念了。

如果我们在涉及这样一种“定义”时,亦即在涉及一个基本的、普遍的评价时为自己设定这样的目标:科学地研究共属的规范定律的总体,那么一门**规范学科**的观念就形成了。任何一门这样的学科因而都通过各自的基本规范而得到刻画,或者说,都通过被它所看作“好”的东西的定义而得到刻画。例如,如果我们把快乐的产生和保留、增加和提高看作好,那么我们就要问,哪些客体会引起快乐,或者说,这些客体在哪种主观和客观的状况中会引起快乐;快乐的出现、保留、增加等等所需的必然和充分条件是什么。

当这些问题成为一门科学学科的目标时，一门享乐学便得以形成；这是一门在享乐主义者意义上的规范伦理学。对快乐之引发的评价在这里提供了一个基本规范，这个基本规范规定着这门学科的统一，并使它区别于任何其他的规范学科。这样，每一门规范学科都拥有自己所特有的基本规范，这个基本规范代表了这些学科各自的统一原则。而在**诸理论学科**中的情况则相反，所有研究都不具有这种与作为规范化主导兴趣之源泉的基本价值认定的核心关联；理论学科的研究统一以及对它们认识的统理（Zusammenordnung）仅仅受理论兴趣的规定，这种理论兴趣在于，研究实事上（亦即理论的，因为实事具有内在规律）共属的东西，并因此研究在这种共属性中也有待一并研究的东西。

第 15 节 规范学科与工艺论 A 47 B 47

尤其是在作为**实践**评价客体的实在客体方面，我们自然而然地受到我们的规范兴趣的主宰；因而我们明显地偏向于把规范学科的概念与实践学科、**工艺论**的概念等同起来。但很容易看出，这种等同的做法是不合理的。叔本华从他关于天生性格的学说所得出的结论出发，在原则上否定所有实践的道德化的做法；对于他来说，不存在一门工艺论意义上的伦理学，但却存在着作为规范科学的伦理学，这也正是他自己所从事的伦理学。因为，他决不会放弃道德的价值区分。——工艺论体现了规范学科的一个特例，在此特例中，基本规范就在于达到一个普遍的实践目的。显然，每门工艺论自身因此都完全地包含着一门规范的，但本身却非实践性的学科。因为，工艺论所提出的任务预设了对以下这个较为狭窄的任务的解决：撇开所有与实践获取相关的东西不论，首先确定各种规范，根据这些规范便能够评判，这个须待实现的目标的普遍概念是否恰当，以及对那些刻画着相关价值种类的标记的拥有是否恰当。反之，任何一门规范学科，只要它的基本价值认定已转变成为一个相应的目的设定，那么它也就已经扩展成为一门工艺论了。

第16节　理论学科作为规范学科的基础

显而易见，任何一门规范学科，遑论（a fortiori）任何一门实践学科，都预设了作为基础的一门或几门理论学科，即是说，任何一门规范学科都必定拥有某种可以从所有规范化做法中分离出来的
A 48 理论内涵，这种理论内涵本身的自然立足点是在一门理论学科之

中，无论这是一门业已界定了的理论学科，还是一门尚待建立的理论学科。

B 48 如我们所见，基本规范（或者说，基本价值、最终目的）规定着学科的统一性；这个基本规范也把规范化的思想纳入这门学科的所有规范命题之中。但是除了这个用基本规范来衡量的共同思想之外，这些规范命题各自还具有其特有的、区别于其他命题的理论内涵。每一个规范命题都表述着在规范和被规范物之间的衡量关系的思想；但这种关系本身——如果我们撇开价值估量的兴趣不谈——客观地表现为一种在条件和受此条件制约之物之间的关系，它在相关的规范命题中或是被看作存有的，或是被看作不存有的。例如，每个“一个A应当是B”这种形式的规范命题都包含着

一个理论命题:“只有一个是B的A才具有C的状态”,而我们通
过C又暗示了关键性的谓语“好”所具有的基本内容(例如快乐、
认识,简言之,那些在现有范围内恰恰被基本的价值认定标志为
“好”的东西)。新的命题是一个纯粹理论的命题,它不带有任何规
范化的思想。而反过来,如果某个具有这种理论形式的命题**有效**,
而且作为新东西而产生出对一个C本身的价值认定,它使得一个
规范化的关系成为必需,那么这个理论命题便要采纳下列规范形
式:“只有一个是B的A才是一个好A”,即:“一个A应当是B”。
因此,即便是在理论性的思想关系中也会出现规范命题:在这种关
系中,理论的兴趣往往在于关注一个M类的事态是否存在(例如,
一个须定义的三角形的等边性是否存在),并用它来衡量其他的事
态(例如,等角性:如果这个三角形应当是等边的,那么它必定就是 A 49
等角的);但这种兴趣在理论科学中只是暂时的、次要的,因为这里 B 49
的最终意向还是在于实事之间的特有理论联系;因而恒久的结果
并非被固定在规范的形式中,而是被固定在各种客观联系的诸形
式中,在这里是被固定在总体命题的诸形式中。

现在很明显,规范科学命题中所包含的理论关系的逻辑场所如上所述必定是在某些理论科学之中。如果规范科学应当与自己的名称相符,如果它应当科学地研究在必须受到规范化的事态与基本规范两者之间的关系,那么它就必须探讨这种关系的理论核心内涵,并因此而进入有关理论科学的领域。易言之,每一门规范学科都要求有对一定的非规范性真理的认识;它或者是从一定的理论科学那里获取这种认识,或者它将那些从理论科学中获得的命题运用在各种受规范兴趣规定的境况(Konstellationen)上,以

此来获取这种认识。这同样也适用于工艺论的较为特殊的情况，而且显然还适用于更大的范围。这里加入的理论认识必须为目的和手段的圆满实现提供基础。

考虑到下面的研究，这里还有一点须加以说明：这些理论科学当然可以在不同程度上参与相关规范学科的科学论证与构建；它们对于规范学科的意义也是可大可小的。我们有可能看到，为了满足一门规范学科的兴趣，**首先**要求有某些种类的关于理论联系的认识，因而若想使这门规范学科成为可能，关键恰恰就在于构建和培养这些理论认识所属的知识领域。但另一方面也可能是这种
A 50 情况：对于建立这门规范学科来说，某些理论认识尽管是有用的，
B 50 甚至可能是非常重要的，但却只具有次要的意义，因为一旦缺少这些认识，这门学科虽然会受到限制，却还不会因此而被取消。我们只要考虑一下例如单纯的规范伦理学与实践伦理学之间的关系便可以了。[①] 所有那些事关实践实施得以可能的命题都不会触及伦理评价的单纯规范的范围。如果这些伦理评价的规范消逝了，或者说，如果那些为这种规范奠基的理论认识消逝了，那么任何伦理学的可能性也就都不复存在了；如果失去了那些事关实践实施得以可能的命题，那么也就不可能进行伦理实践，或者说，一门关于道德行为的工艺论的可能性也就不复存在了。

现在应当联系上面这些区别来理解关于一门规范科学的**本质**理论基础的说法。我们以此所指的是那种对于规范科学的建立来说具有根本意义的理论科学，但也可以是指各种有关的理论命题组，它们对于规范学科的可能性而言具有决定性的意义。

① 参阅本书前面第 15 节。

第三章　心理主义、它的论据以及它对通常的反对论据的表态

第 17 节　争论问题：规范逻辑学的本质理论基础是否是在心理学之中

如果我们将前一章所得出的普遍结论运用在作为规范学科的逻辑学上，那么这里会凸现出第一个和最重要的问题：哪些理论科学提供了科学论的根本基础？紧接着的问题是：在传统逻辑学和近代逻辑学框架中所探讨的那些理论真理，主要是那些属于逻辑学本质基础的真理，它们在那些已界定了的和独立发展着的科学 A 51
以内具有其理论位置，这种说法是正确的吗？ B 51

我们在这里遭遇的是关于心理学和逻辑学之间关系的争论问题；因为对于上述问题，有一个在我们这个时代占统治地位的流派已提供了回答：根本的理论基础是在心理学之中；根据心理学的理论内涵，那些赋予逻辑学以特征标志的定律是属于心理学的领域的。逻辑学与心理学的关系类似于化学技术学的某个分支与化学的关系，土地丈量术与几何学的关系，如此等等。在这个流派看来，没有理由对一门新的理论科学，尤其是一门可以在更狭窄和更

精确的意义上配得上逻辑学这个名称的科学做出划界。甚至有许多人会这样说，就好像心理学为逻辑的工艺论提供了唯一的和充分的理论根据。所以我们在穆勒撰写的反驳汉密尔顿的争论文章中读到："逻辑学不是一门与心理学相区别并与之相并立的科学。如果逻辑学是一门科学，那么它就是心理学的一个部分或一个分支，它与心理学的区别一方面类似于部分与整体的区别，另一方面则类似于工艺论与科学的区别。逻辑学的所有理论基础都归功于心理学，而且，心理学自身包含了逻辑学对工艺规则的所有必要论证。"[①]在利普斯看来，逻辑学甚至只能作为一个组成部分被纳入心理学之中；因为他认为："逻辑学是心理学的一个特殊学科，正是这一点才将两者足够明确地区分开来。"[②]

A 52 B 52

第 18 节　心理主义者们的举证[③]

如果我们询问这些看法的合理性证明，那么我们可以获得一个极为可靠的举证，这个举证似乎从一开始便断绝了进一步争论的可能。无论人们如何定义逻辑的工艺论——哪怕是定义为关于思维、判断、推理、认识、论证、知识的工艺论，定义为关于在探索真理的过程中、在评估论证根据的过程中知性朝向的工艺论，如此等等——我们总是发现心理活动或心理产物都被标志为实践调整的

---

① J. St. 穆勒：《对威廉·汉弥尔顿爵士的哲学的考察》，第五版，第 461 页。

② 利普斯：《逻辑学的基本特征》，1893 年版，第 3 节。

③ 与 C. 施通普夫在他的著作《心理学和认识论》中的做法不同，我对"心理主义者"、"心理主义"这些表达的运用并不带有任何蔑视的"色彩"。

客体。正如对一个材料的工艺加工要以对材料属性的认识为前提一样，在特别涉及对心理学材料的工艺加工时情况也是如此。对此材料的加工规则的科学研究无疑要回溯到对材料性质的科学研究上去：因而建造一门逻辑工艺论的理论基础是由心理学提供的，更进一步说，是由认识的心理学提供的。①

只要随时看一眼逻辑学文献的内涵，上述说法就可以得到证实。这些文献所讨论的始终是些什么呢？讨论的是概念、判断、推理、演绎、归纳、定义、分类等等——所有这些都是心理学，只是根据规范的和实践的观点进行了选择和整理而已。无论对纯粹逻辑学做如何狭窄的划界，人们都无法把心理学的东西从它之中排除出去。这些心理学的东西已经藏在例如像真理与谬误、肯定与否定、普遍与特殊、根据与结论等等这样一些对逻辑规律来说建构性的概念之中。

第 19 节　反对派的通常论据以及对这些论据的心理主义解答 A 53 B 53

与心理主义相对立的一派非常奇怪地相信，恰恰从逻辑学的规范特征入手便可以论证逻辑学和心理学这两门学科的明确区别。他们认为，心理学对思维的考察在于研究：思维是怎样的；而逻辑学对思维的考察则在于研究：思维应当怎样。所以，心理学所

---

① “逻辑学是一门心理学的学科，同样确定的是：认识只出现在心理中，并且，在认识中得到完善的思维是一个心理的发生”（利普斯：《逻辑学的基本特征》，第 3 节）。

研究的是思维的自然规律，逻辑学所研究的是思维的规范规律。在耶舍所整理的康德关于逻辑学的讲座中，康德正是这样说的：“一些逻辑学家尽管在逻辑学中以**心理学**原则为前提，然而将这些原则引入逻辑学就像从生活中获取伦理一样荒唐。如果我们从心理学中，即从对我们知性的观察中获取原则，那么我们只会看到，思维本身是如何进行的，它如何处于某些主观的障碍和条件中；但这些只能导致对**偶然性**规律的认识。然而逻辑学的问题并不在于**偶然性**的规则，而是在于**必然性**的规则——问题不在于我们是如何思维的，而在于我们应当如何思维。因此，逻辑学的规律必定不是从对理性的**偶然**使用中，而是从对理性的**必然**使用中获取的。人们不借助心理学也可以在自身发现这种对理性的必然使用。我们在逻辑学中不是要知道：知性是怎样的以及知性如何思维，它迄今为止在思维中是如何进行的；而是要知道：它在思维中应当如何进行。逻辑学应当教会我们如何正确地运用知性，即与知性自身相一致地运用知性。”[①]赫巴特的立场与此相似，因为他指责他那个时代的逻辑学以及它所提出的“据说是心理学的有关知性和理
A 54 性的叙事”。他认为，这个错误就像一门道德学说想以人类的爱
B 54 好、欲望和弱点的自然史为开端的做法一样荒唐；他还在论证逻辑学与心理学之区别的过程中指出了逻辑学与伦理学相同的规范特征。[②]

这样一些论证并没有使心理主义的逻辑学家们陷入窘境。他

---

① 康德：《逻辑学》，“引论”，第 1 部分，“逻辑学的概念”，载于：哈滕斯坦所编的《康德全集》，1867 年版，第八卷，第 15 页。

② 赫巴特：《作为科学的心理学》，第二卷，第 119 节（原版第二卷，第 173 页）。

们回答说：对知性的必然性使用也是一种对知性的使用并连同知性本身一起属于心理学。思维应当怎样，这仅仅只是思维是怎样的一个特例。当然，心理学要研究思维的自然规律，即所有判断一般的规律，无论它们是正确的还是错误的；但如果人们这样来解释上述命题，就好像心理学只拥有在全面的普遍性中与判断一般有关的规律，而判断的特殊规律，如正确判断的规律则必须排除出心理学的领域，那么这种解释就是荒谬的。[①] 或许，反心理主义者的观点并非如此？他们会否认规范规律具有这种心理学特殊规律的性质？但这也无济于事。心理主义者会说，思维的规范规律只想表明，人们应当怎样进行思维，其前提是，人们想要正确地思维。“当我们对事物的思维与事物相一致时，我们的思维在质料的意义上就是正确的。但是，事物是这样的或那样的，是确定的和无疑的，我们嘴上便是这样说的。我们精神的本性使得我们只能以这种方式来思维事物。因为这里无须再重复那些已多次表述过的东西，即：任何事物本身显然都不能撇开我们对此事物的必然思维方式而为我们所思维或成为我们的认识对象，因此，谁如果将他关于 A 55
事物的思想与事物本身相比较，那么他的偶然的、受习惯、传统和 B 55
好恶所影响的思维便只能用这样一种思维来衡量，这种思维摆脱了这些影响，除本身的规律性之外，它不听从任何声音。”

“但这样一来，人们为了正确地进行思维所必须遵循的那些规则便无非是这样一些规则而已，即：人们只有根据这些规则，才能

① 例如可以参阅穆勒的《对威廉·汉弥尔顿爵士的哲学的考察》，第五版，第 459 页、第 460 页。

像思维的特征、像它特征的规律性所要求的那样进行思维。简言之，这些规则与思维本身的自然规律是同一的。逻辑学要么就是思维的物理学，要么就什么也不是。”①

也许反心理主义这方面会说②：诚然，表象、判断、推理等等这些不同的种属作为心理现象和素质同样也包含在心理学之中；但是，就这些现象和素质而论，心理学具有与逻辑学不同的任务。两门科学都探讨这些活动的规律；但“规律”对于两者来说意味着完全不同的东西。心理学的任务在于规律性地探索意识过程之间的实在联系，以及意识过程与有关的心理素质和身体组织中对应的过程之间的实在联系。规律在这里意味着一种关于必然的和无例外的、以并存与持续方式进行的联结的概括性公式。这是一种因果性的关系。而逻辑学的任务则完全不同。它不询问智力活动的因果性起源和结果；而是询问它们的真理内涵；它询问：这样一些
A 56 活动应当具有什么样的性质并且应当如何进行，才能使因果性的
B 56 判断为真。正确的与错误的判断、明晰的与盲目的判断根据自然规律产生和消失，它们与所有心理现象一样具有其因果性的前后环节；但逻辑学家对这些自然的联系不感兴趣，他寻求观念的联系，他并不是总能找到这种联系，而是只能例外地在思维的事实进程中发现它们已实在化了。他的目的不在于思维的物理学，而在

① 利普斯：“认识论的任务”，载于：《哲学月刊》，第十六期，1880 年，第 530、531 页。

② 例如可以参阅汉弥尔顿：《逻辑学讲座》，第一卷，第三版，第 78 页(引自穆勒：《对威廉・汉弥尔顿爵士的哲学的考察》，第 460 页)；德罗比施：《逻辑学新论》，第四版，第 2 节(参阅前面第二章，第 13 节中的引文)。也可参阅 B.埃德曼：《逻辑学》，第一卷，第 18 页。

于思维的伦理学。因此，西格瓦特合理地强调说：在对思维的心理学考察中，“正确与错误的对立几乎不起作用……就像在人的行为中，善与恶的对立几乎不是心理学的对象一样。”①

心理主义者们会回答说，我们不能满足于这样一些浅学末见。逻辑学当然具有与心理学完全不同的任务，谁会否认这一点呢？它正是认识的技术学；但它怎么能够撇开因果联系的问题不谈呢，它怎么能够不研究自然的联系就去寻求观念的联系呢？“就好像并非每个‘应当’〔应然〕(Sollen)都建立在‘是’〔实然〕(Sein)之上，就好像并非每门伦理学都必须同时证明自己是物理学一样。”②“人们应当做什么的问题始终可以被回溯到人们为达到某个目的必须做什么的问题上去；而这后一个问题与另一个问题又是一致的，即：这个目的事实上是如何达到的。”③心理学与逻辑学不同，它不考察真与假的对立，“但这并不表明，心理学将这两个相互区别的心理实际组成视为相同；而是仅仅表明，心理学以同样的方式来说明这两者。”④因此，在理论关系中，逻辑学与心理学的关系相 A 57
当于部分与整体的关系。同时，逻辑学的目的主要在于提出形式 B 57
的定律：智力活动恰恰必须这样而非那样地——普遍地或在特定的特征状况下——被赋予形式、被排列、被结合在一起，据此得出的判断于是便能够获得明见性的特征，能够获得在确切词义上的

① 西格瓦特：《逻辑学》，第一卷，第二版，第10页。当然，西格瓦特本人的探讨方式(如我们在第七章中将会看到的那样)完全是朝向心理主义的。

② 利普斯：“认识论的任务”，《哲学月刊》，第十六期，1880年，第529页。

③ 利普斯：《逻辑学的基本特征》，第1节。

④ 同上书，第3节，第2页。

认识的特征。因果关系在这里是可以被把握到的。明见性的心理学特征是由某些前因所造成的后果。是何种性质的前因呢？对这个问题的研究恰恰是任务所在。[①]

下面一些常被重复的论据也未能动摇心理主义派别：人们说，逻辑学建立在心理学基础上的可能性就和逻辑学建立在其他科学基础上的可能性一样小，因为每门科学都只有通过与逻辑规则相和谐才能存在，每门科学都已经设定了这些规则的有效性。因此，将逻辑学建立在心理学之上的愿望是一种循环。[②]

心理主义方面会回答：从这个论据中可以推出逻辑学是不可能的结论，从这一点便可以说明这个论据不可能是正确的。因为逻辑学作为科学本身也必须逻辑地操作，这样它自己便也陷入同一个循环之中；它必须同时论证它所设定的那些规则的确切性。

A 58 但让我们来进一步观察一下，这个循环究竟在哪里。它在于
B 58 心理学将逻辑规律预设为有效的吗？但请注意预设（Voraussetzung）这个概念的含糊性。一门科学预设某些规则的有效性，这可能是指：这些规则是它的论证的前提；但它也可能是指：它们是科学为了成为科学而在操作中所必须遵循的规则。这个论据将两者混为一谈；它把根据逻辑规则进行推理与对逻辑规则进行推理

① 这种观点愈来愈明显地表现在穆勒、西格瓦特、冯特、赫夫勒和迈农的著作中。对此可参阅第八章，第49节中的引文和批判。

② 参阅H. 洛采：《逻辑学》，第二版，第332节，第543、544页；P. 纳托尔普："关于对认识的主观和客观论证"，载于：《哲学月刊》，第二十三期，第264页；埃德曼：《逻辑学》，第一卷，第18页。与此相对立的观点可参阅C. 施通普夫：《心理学和认识论》，第5页（《巴伐利亚皇家科学院哲学语言学组论文集》，第十九卷，第二册，第469页。施通普夫所谈的是认识论而非心理学，但这并不构成本质差异）。

看作是一回事；因为它认为，只要对逻辑规则进行推理就会产生循环。但正如一些艺术家在对美学一无所知的情况下也能创作优美的作品一样，一个研究者也可以在不回溯到逻辑学上去的情况下建造自己的证明；所以逻辑规律也可以不是这些证明的前提。而对个别证明有效的东西，必然也对全体科学有效。

第20节　心理主义论证中的一个破绽

不可否认，反心理主义者们带着这些和类似的论据〔在与心理主义的对抗中〕显得处于下风。有不少人认为这场争论无疑已见分晓，他们认为心理主义学派的反驳是强有力的。毕竟这里有一点还会引起哲学的惊异：这样的争论居然会存在过并且居然还在延续着，同一类论据会一再被重复，而对这些论据的反驳却没有被看作是具有约束力的。如果一切都的确像心理主义学派所保证的那样一目了然，那么这种事态的存在确实会令人迷惑不解，尤其是在对立的阵营中还有一些无成见的、严肃的和敏锐的思想家存在着。是否真理又一次处于两者之间，是否两派中的任何一方都只认识到了真理的一个部分并且表明自己无力用明确的概念对这一部分进行划界，无力将它领会为总体的一个部分？是否在反心理主义者们的论据中——尽管它们含有一些在反驳的操作中所表现出来的不正确性和不明确性[1]——还留存着一些未化解的残余，是否在这些论据中还寓居着一种真实的力量，那种从无成见的思

〔1〕　在A版中为：尽管它们含有一些个别的、通过反驳而得以明朗的错误。

索中不断涌现出来的力量？就我自己而言，我想对这个问题做肯
A 59 定的回答；我甚至觉得，真理的更重要方面是在反心理主义的一
B 59 方，只是它的关键性的思想没有得到适当的表述并且被某些不确
切的东西所模糊了。

现在我们回到前面所提出的关于规范逻辑学的本质理论基础问题上去。心理主义者们的论证确实解决了这个问题吗？我们在这里立即便发现了一个弱点。这些论据仅仅说明：心理学参与了对逻辑学的奠基，但它们并没有说明：心理学单独参与了，甚或主要参与了奠基；它们没有说明：心理学为逻辑学提供在我们所规定的(第16节)意义上的本质基础。始终存在着这样一种可能性：另一门科学而且也许是以无比重要的方式为逻辑学的奠基做出了贡献。而那门"纯粹逻辑学"的位置或许就在于此，在反心理主义派别看来，它作为一门自然划界的、自身封闭的科学应当具有其独立于所有心理学的此在。我们很乐意承认，康德和赫巴特的追随者们在逻辑学标题下所整理和加工的东西与逻辑学按其原先的猜想所必须拥有的特征不完全相符。如果他们所谈论的总是思维的规范规律，主要是概念的构成、判断的构成等等，那么人们就会说，这些证据足以证明，这些材料既不是理论的材料，也不是对心理学来说陌生的材料。但是，这种考虑会丧失其说服力，只要在进一步的研究中那个曾涌入我们脑中的猜测得到证实，这个猜测是指：那些
A 60 逻辑学派尽管在对纯粹逻辑学的定义和构造方面不很成功，但是，
B 60 它们在这样一点上却接近了纯粹逻辑学，即：它们注意到了在传统
逻辑学中理论上相互联系的真理的丰富性，这些真理既不能被归入心理学，也不能被归入其他具体科学，因此这些真理使人们猜想

到一个特有的真理领域。而如果它们恰恰就是那些所有逻辑规则最终与之相联系的真理，并且因而就是那种在谈到逻辑真理时首先必须考虑的真理，那么人们就会把它们看作是整个逻辑学的本质并把它们的理论统一称之为“纯粹逻辑学”。事实上我希望能够证明，据此而得到标示的是真实的事态。

第四章　心理主义的经验主义结论

第21节　对心理主义立场的两个经验主义结论的概述和反驳

我们暂且立足于心理主义逻辑学的立场上，即是说，我们暂且承认，逻辑准则的本质理论基础是在心理学之中。无论人们怎样定义心理学这门学科——无论它是被定义为关于心理现象的科学，还是被定义为关于意识事实的科学，是被定义为关于内经验的科学，还是被定义为关于那些依赖体验个体的体验的科学，以及诸如此类——，在这样一点上都存在着全面的一致性：心理学是一门事实科学，从而是一门作为经验的科学。我们还可以并与此不矛
A 61 盾地补充说：心理学至今还不能提出真正的，从而也是精确的规
B 61 律，它敬称为规律的那些定律尽管极具价值，但却只是一种对经验的模糊的[①]普遍化，只是对一些有关并存或延续的大致合规则性

① 我用“模糊”(vage)这个术语来表述与“精确”(exakt)相对的意思。它绝不表示任何对心理学的轻视，我丝毫也没有打算在这里与心理学寻衅。自然科学在某些学科中，尤其是在那些具体学科中，也只具有模糊的“规律”。同样，气象学的规律虽然模糊，却仍有很大价值。

的陈述，它们还远远无法做到，以绝对可靠的、单义的规定性确定：在精确说明的状况下，哪些东西必定共同存在，或者，哪些东西必定会接着产生。我们可以举观念联想的规律为例，联想心理学想要赋予它们以心理学基本规律的地位和意义。每当人们极力想把这些规律在经验上得到证实的意义恰当地表述出来时，它们马上便失去作为规律所应有的规律特征。在此前提下便会产生出令心理主义逻辑学家十分担忧的结论：

第一个结论。在模糊的理论基础上只能建立起模糊的规则。如果心理学规律缺乏精确性，那么逻辑学的准则便也必定如此。无可置疑，有些逻辑学准则的确带有经验的模糊性。但确切意义上的逻辑规律，即那些作为论证规律构成逻辑学真正核心的逻辑规律：逻辑的“原则”、三段论规律、杂多的其他推理方式的规律，例如相等性推理、从 n 到 n + 1 的伯努利[①]推理（Bernoullischer Schluß）、或然性推理原则等等，恰恰是这些逻辑规律所具有的绝对精确性；谁要是把这种规律与经验的不确定性相混淆，使它 A 62
们的有效性依赖于模糊的“状况”，谁就从根本上改变了这些规 B 62
律的真正意义。显然，这些逻辑规律才是真正的规律，而不“只是经验的规律”，即大致的规则而已。

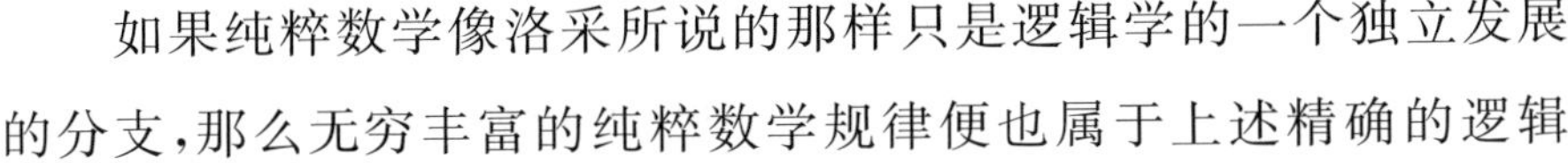

如果纯粹数学像洛采所说的那样只是逻辑学的一个独立发展的分支，那么无穷丰富的纯粹数学规律便也属于上述精确的逻辑

① 伯努利，瑞士的一个学者家族；其中有雅各布·伯努利（1654－1705 年），数学家；约翰·伯努利（1667－1748 年），数学家；丹尼尔·伯努利（1700－1872 年），物理学家；约翰·伯努利（1710－1790 年），数学家，等等。以这个家族来命名的有伯努利数、伯努利推理、伯努利方程、伯努利定理，伯努利公式等等。——中译注

规律的领域。即使在所有其他批评中，我们也应当将这个逻辑领域与纯粹数学的领域一并加以考察。

第二个结论。假使有人为了避开第一个指责而想否认心理学规律的全然不精确性，并想在误以为精确的思维自然规律基础上建立起刚刚所凸显的那一类规范，这也仍然是于事无补的。

没有一条自然规律是先天(a priori)可知的，没有一条自然规律是能明晰自证的。[1]论证或证实这种规律的唯一途径是从经验的个别事实中得出的归纳。但归纳并不论证规律的有效性，而只论证这个有效性的或高或低的或然性；明确地得到证实的是或然性，而不是有效性。据此，逻辑学规律必然也毫无例外地被纳入或然性的档次。然而，恰恰相反，所有“纯粹逻辑学”的规律都是先天有效的，没有什么能比这更明白无疑的了。这些规律不是通过归纳，而是通过绝然的①明见性(Evidenz)而获得其论证和证实的。得到明确证实的不是逻辑规律有效性的单纯或然性，而且是它们的有效性或真理性本身。

矛盾律并不意味着：可以**推测**，在两个相互矛盾的判断中会有一个是正确的，一个是错误的；“Barbara 式”②并不意味着：如果“所有的 A 是 B”并且“所有的 B 是 C”这种形式的两个命题为真，

① 即：“apodiktisch”，原义为“确然的”、“无可反驳的”。胡塞尔特别用它来表述一种与本质真理有关的确定状态。因此，这里将它译作“绝然的”。在胡塞尔那里与“apodiktisch”相对应的是“assertorisch”，其原义为“可信的”、“断言的”，它特别意味着某种与事实真理有关的确定状态。因而此后将它译作“断然的”。——中译注

② 即三段论第一格第一式(AAA 式)。——中译注

[1] 在 A 版中为：先天的，即明确可知的。

那么可以**推测**，与此相关的、“所有的 A 都是 C”这种形式的命题也都为真。所有纯粹逻辑学的规律都与推测无关，纯粹数学的规 A 63
律也是如此。否则我们便不得不保留这样一种**可能性**，即：这种推 B 63
测在我们始终有限的经验范围扩展的过程中得不到证实。那样的话，我们的逻辑规律也许仅仅是一种对那些真实有效的，但对我们来说却不可及的思维规律的“接近”而已。在自然规律的领域中，人们确实应当认真地考虑这种可能性。虽然万有引力规律已经通过全面的归纳和验证而被推荐给人们，至今却还是没有一个自然研究者将它理解为绝对有效的规律。人们正在不断地尝试新的万有引力公式，例如人们曾证明，韦伯[①]发现的有关电子现象的基本规律也完全可以作为重量的基本规律而发生效用。将这两种公式区分开来的那个要素恰恰决定了被估算的价值的不同，这些价值不会超出那些无法避免的观察错误的领域。但可以想象有无限多的这类要素存在；因此我们先天地知道，有无数多的规律可以并且必定会成就牛顿万有引力规律——它只是因为特别简单才被推荐给人们——所成就的东西；我们知道，观察的不精准性是永远无法消除的，在这种情况下要去追求唯一真实的规律是可笑的。这就是精确的事实科学中的实际状况。但这决不是逻辑学中的实际状况。事实科学中的合理可能性，在逻辑学中则变成了荒谬性。我们在逻辑学这里所具有的不是对单纯概率的明察，而是对逻辑规律之真理的明察。我们明察到三段论原则、伯努利归纳原则、概率

① W. E. 韦伯(1804－1891 年)，德国物理学家；发报机的发明者之一；运用了以他名字命名的电磁单位：1WB＝10A。——中译注

推理原则、普遍算术原则，如此等等，就是说，我们在这些原则中把握到真理本身；因而关于非确切性领域、单纯的接近等等谈论在这里失去了其可能的意义。如果对逻辑学的心理学论证作为结论所要求的东西是荒谬的，那么这正说明这种论证本身是荒谬的。

A 64 即使是最强有力的心理主义引证也无法对抗我们所明晰把握
B 64 到的真理本身；概率无法与真理相争，推测无法与明察相争。也许那些仍不能摆脱流行观念的人会受心理主义证据的迷惑，但只要看一下某个逻辑规律，看一下它真正意指以及它作为真理被把握时所带有的明晰性，这种迷惑便会立即结束。

相关的心理主义[2]反思要强加于我们的东西听起来是如此可信：逻辑规律是论证的规律。论证只不过是人的特殊思维过程而已，在这种过程中，作为终端环节的判断带有必然结果的特征。这种特征本身是一种心理特征，是一种心态，仅此而已。而所有这些心理现象显然不是孤立的，它们是我们称之为人生的那些心理现象、心理素质和有机过程所组成的一块织布上的个别纤维。在这种情况下，最终的结果除了经验的普遍性之外还能是什么呢？心理学怎么可能提供更多的东西呢？

我们的回答是：心理学当然无法提供更多的东西。正因为如此，它也无法提供那种绝然明见的，从而是超经验的、绝对精确的规律，这些规律构成所有逻辑学的核心。

[2] 在A版中为：心理学。

第22节　思维规律被误认为是一种可以单独有效地导致理性思维的自然规律

我们在这里也必须对人们就逻辑规律所持的流行观点表达我们的看法，这种流行观点将正确的思维规定为思维与某些思维规律（不论人们如何称呼这些规律）的相适性；然而这种流行观点同时又倾向于对这种相适性做心理主义的诠释：思维规律被视作这 A 65
样一些**自然规律**，它们将我们精神（Geist）的特性刻画为思维着的 B 65
精神，因而规定着正确思维的相符性的本质便应当在于这些思维规律所具有的纯粹的、不受其他心理影响（如习惯、嗜好、传统）干扰的效用性。[①]

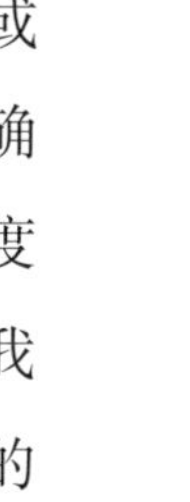

我们先论述这种学说所得出的可疑结论中的一个：思维规律作为因果规律，亦即认识在心灵关系中如何形成的规律，只能以或然性的形式被给予。据此，没有一个论断可以被判定为是带有确定性（Gewißheit）的正确论断；因为，作为所有正确性之基本尺度的或然性必定会给每一个认识都打上单纯或然性的标记。于是我们便面临着一种极端的或然论。即使断言所有知识都只是或然的知识，这断言也只是或然有效的；而对此断言的断言仍然也只是或然有效的，如此类推，以致无穷（in infinitum）。或然性的程度会随层次的下落而愈来愈低，因此我们不得不认真地为所有认识的价值担忧。但愿我们有足够的运气，以至于这些无穷级数（un-

① 例如可以参阅本书前面第19节中所引的利普斯“认识论的任务”中的文字。

endliche Reihen)的或然性程度随时都具有康托尔①“基本级数(Fundamentalreihen)”的特征，即：对须判定的认识所具有的或然性来说，每一个最终极限值都是一个>0 的实数[3]。当然，以上这些怀疑论的不足是可以避免的，只要人们承认思维规律是明晰地被给予的规律。可是我们如何能够从因果规律中获得明察呢？

假设这种困难不存在，那么我们还是可以询问：究竟在哪里做出过对此的证明，即正确的思维行为是来自于因果规律（或无论其他什么规律）的纯粹效用性？证实下列说法的描述性和发生性分析又在哪里，即思维现象可分成两种：一种仅仅规定逻辑思维得以
A 66 形成的因果进程，另一种则还参与规定非逻辑的思维？根据[4]逻
B 66 辑规律来检测一个思维是否就意味着根据这种作为自然规律的规律来证明这种思维的因果性形成？

这里似乎有一些易于理解的混淆为心理主义谬误的产生提供了途径。首先，人们混淆了逻辑规律与这些逻辑规律在其中可能被认识的判断，即判断行为意义上的判断[5]，即是说，人们混淆了作为“判断内容”的规律与判断本身。判断本身是具有其原因和结果的实在(real)事件。尤其是对规律性内容的判断常常会作为思维动机在起作用，这些思维动机决定着我们思维体验的进程，就像

① G. F. Ph. 康托尔(1845－1918 年)，德国数学家，集合论的创始人。——中译注

[3] 在 A 版中为：绝对实数。

[4] 在 A 版中为：通过。

[5] 在 A 版中为：(判断行为)。

那些内容，即那些思维规律所规定的那样。在这些案例中，对我们的思维体验所做的实在整理与联结，是与在普遍指导的规律性认识中被思考的东西相适合的；这种实在的调整和联结是相对于规律的普遍情况而言的一个具体个案。但人们如果将规律与判断以及对规律的认识混为一谈，将观念与实在混为一谈，那么规律就会显得像是一种决定我们思维过程的力量。随之，人们就会显而易见地做出第二种混淆，即混淆作为因果环节的规律和作为因果规则的规律。还有一些关于作为控制自然事件力量的自然规律的神 A 67
秘说法对我们来说也不陌生，按照这种说法，似乎因果关系规则本 B 67
身重又能作为原因，即重又能作为因果关系中的环节起作用。这种对如此本质不同事物的严重混淆在我们这里显然是由前一种对规律与对规律的认识的混淆所促成的。逻辑规律看起来简直就是思维中的发动马达。人们以为，这些规律在因果地支配着思维的进程——于是它们就是因果规律；它们表述我们应当如何遵循我们精神的本性来思维，它们将人的精神标志为一种（在确切意义上的）思维的精神。如果我们的思维偶尔与这些规律所要求的不一样，那么实际上便可以说，我们根本不在“思维”；我们并不是按照思维的自然规律或按照我们的思维精神的特性所要求的那样来进行判断，而是按照其他规律所因果规定的那样来进行判断；我们受着习惯、激情等等的朦胧影响。

当然，可能还有其他的动机迫使这种观点产生。在某些领域里，具有正常素质的人，例如科学领域中的科学研究者，习惯于逻辑正确地进行判断，这是一个经验事实；这个经验事实似乎在要求这样一种自然的说明：思维的正确性是根据逻辑规律来衡量的，这

种逻辑规律同时也以因果规律的方式规定着各种思维的进程，而那些对规范的个别偏离则很容易被视为一些来源于其他心理因素的含混影响的结果。

对这种观点，我们只须进行以下考虑就够了：我们设想有一个理想人，在他那里所有的思维都完全按照逻辑规律所要求的那样来进行。当然，思维在他那里能如此进行有其可从心理学规律上加以说明的原因，因为这些心理学规律是从某种第一“组合”(er-
A 68 ste „Kollokationen“)出发来规定这个生物的心理体验的进程的。
B 68 现在我要问：如果真有这种情况的话，那么这种自然规律与那种逻辑规律是同一种规律吗？回答显然必须是否定的。思维必须根据逻辑学观念规范所证实的因果规律来进行，而因果规律和这种规范本身——这两者绝不可能是一回事。一个生物被如此地构造起来，以至于它在进行统一的思维时不会做出任何矛盾性的判断，或者说，它不会进行任何违反三段论的推理——但在这些事实中并不包含着这样一个论点，即：矛盾律、“Barbara 式”等等是一些能够解释这种生物构造的自然规律。计算器的例子可以清楚地说明这一点。对输出的符号的整理与联结是根据自然规律来调节的，就像算术定律为它们的含义所要求的那样。但要想从物理上解释这个机器的进程，没有人会去引用算术规律，而只会去引用力学规律。这种机器当然不会思维，它不理解自己和自身成就的意义；但我们的思维机器不也是以类似的方式在起作用吗，只是这一个思维的实在进程必须通过在另一个思维中产生的对逻辑规律性的明察才会永远被承认为是正确的吗？这另一个思维可以属于这个思维机器，也可以属于其他的思维机器，但观念性的评价和因果性的说明始终还是两回事。不要忘记所谓的“第一组合”，它们对于因果的说明来说是不可或缺的，但对于观念的评价来说则是毫无意义的。

心理主义的逻辑学家们忽视了在观念规律与实在规律之间、在规范制约与因果制约之间、在逻辑必然性和实在必然性之间、在逻辑基础与实在基础之间存在的那种基本本质的、永远无法消除的差异。无法想象在观念与实在之间能够形成何种递进。我们这
个时代的纯粹逻辑明察处在何种低层次上，这从西格瓦特和冯特 A 69
那里便可看出：恰恰在涉及前面所提到的对一个个体的、观念的生 B 69
物的臆想时，像西格瓦特这样著名的研究者竟然认为可以接受这样一种看法：对于这种生物来说，“逻辑必然性同时也就是产生出现实思维的实在必然性”，而且他竟然用思维压迫的概念来说明“逻辑基础”的概念[①]。还有冯特[②]，他把根据律看成是“我们思维行为相互依赖的基本规律”，如此等等。但愿下面进一步的研究会完全确定地表明，上述观点确实是逻辑学的基本错误。

第23节　心理主义的第三个结论以及对它的反驳

第三个结论。[③] 假如对逻辑规律的认识来源是在心理学的事实性之中，例如，假如逻辑规律真如对立派别通常所说的那样是对

① 西格瓦特：《逻辑学》，第一卷，第三版，第259－260页。

② 冯特：《逻辑学》，第一卷，第二版，第573页。

③ 参阅本书前面第21节，第60页以后各页。

心理学事实的规范性转变,那么逻辑规律本身必定具有心理学的内涵,并且是在双重的意义上:这些规律必须是对于心理之物而言的规律,并且同时预设或包含心理之物的实存。这一点可以被证明是错误的。没有一条逻辑规律自身包含"实际的事情"(matter of fact),同样也没有一条逻辑规律自身包含想象或判断或其他认识现象的存在。没有一条逻辑规律——按其真正意义——是心理生活的事实性规律,就是说,它既不是想象(即想象体验)的规律,也不是判断(即判断体验)的规律,也不是其他心理体验的规律。

A 70 大多数心理主义者们都受他们的普遍成见影响太深,因而不
B 70 会想到用某些现有的逻辑规律来验证一下这种成见。如果逻辑规律出于普遍的原因而**必定**是心理学的,那么为何还要个别地证明它们实际是如此呢?人们没有注意到:彻底的心理主义会迫使人们对逻辑规律做出根本有异于它们真实意义的解释。人们忽视了:如果对这些规律做自然的理解,那么它们与纯粹数学规律相同,它们既不在论证上、也不在内容上预设心理学的东西(亦即心灵生活的事实性)。

倘若心理主义是正确的道路,那么我们从推理的学说中就只能获得下列规则:根据经验,在 U 的状况下,一个带有绝然的必然结果之特征的 S 形式推论命题是与 P 形式的前提结合在一起的。因此,要想"正确地"进行推理,就是说,要想在推理过程中获得这种标志的特征,人们就得据此来进行操作并且设法去实现 U 的状况以及相关的前提。心理的事实性在这里显现为一种受到规整的东西,而这些事实的实存,正如它在对这些规则的论证中被预设的那样,同时也一同被包含在这些规则的内容之中。但没有一条推

理规律是与这种类型相符合的。例如,“Barbara 式”意味着什么?它无非是说:“对于任意一个 A、B、C 来说普遍有效的是:如果所有的 A 都是 B,并且所有的 B 都是 C,那么所有的 A 都是 C”。而对“肯定前件假言推理”(modus ponens)不作简化的描述是:“这是一个对于任意的 A、B 定理来说有效的规律:如果 A 有效,并且如果 A 有效 B 也就有效这一点有效,那么 B 就有效。”正如这些和所有类似的规律是非经验的一样,它们也是非心理学的。诚然,传统逻辑学提出这些推理形式是为了使判断活动规范化。但在这些形式中难道含有对一个单个现时判断的存在或一个其他心理现象 A 71
之存在的断言吗?如果有人认为是如此,那么我们要求提供证明。 B 71
在一个命题中所包含的断言必须能够通过有效的推理方式从这个命题中推导出来。但那种可以允许人们从一个纯粹规律中推出一个事实的推理形式在哪里呢?

人们不会指责说:如果我们从未在现实的体验中拥有过想象和判断,从未从其中抽象出有关的逻辑基本概念,人们也就从来不会去谈论逻辑规律了;或者甚至说:在任何一种对规律的理解和主张中都包含着想象和判断的存在,因而也可以从中推导出这些存在。然而这种指责是毫无意义的。因为,几乎无须指明这一点,即:这里的结论不是从规律中,而是从对这个规律的理解和主张中得出来的,这同一个结论可以从任意一个主张中得出,而且人们不应当把对一个规律的**主张**所具有的心理学前提或心理学组成与这个规律的内容所具有的逻辑成分混为一谈。

“经验规律”当然具有一个事实内涵。粗略地说,它们作为非真正的规律仅仅表明:根据经验,在一定的状况下通常会形成一定的并存或延续，或者，随状况的不同可以凭借或大或小的或然性来期待一定的并存或延续。这里含有这样的意思：这些状况、这些并存或延续在事实上是出现的。而且即使在经验科学的严格规律中也不会不带有事实内涵。这些规律不仅是关于事实的规律，而且它们自身也包含事实的实存。

但我们在这里还需要更精准一些。通常所说的精确规律当然具有纯粹规律的性质，它们自身不含有任何实存内涵。但只要考
A 72 虑到这种规律从中获取其科学证实的那些论证，我们马上就会明
B 72 白：无法证实它们是通常所说的纯粹规律。正如天文学所述，真正得到论证的并不是万有引力规律，而只是这样一种形式的定律，即：按我们至今为止的认识程度来看，从理论上得到论证的、具有最高威严的或然性是：对于那个用当今的辅助手段所能获得的经验领域来说，牛顿的定律是有效的，或者，在无限多的可想象的数学规律中，有一个规律是有效的，而这些数学规律与牛顿规律的区别仅限于那些不可避免的观察错误的领域范围以内。这个真理负载了许多事实性内涵，因而它本身绝不是一种真正词义上的规律。它自身显然还包含着许多界定含糊的概念。

因此，关于事实的精确科学的所有规律虽然是真正的规律，但从认识论上看，它们只是一些理想化的臆想——尽管是一种具有实在根据(cum fundamento in re)的臆想。它们所要完成的任务是：使理论科学有可能成为最合乎现实的理想，也就是说，尽有限的人类认识之最大可能来实现所有科学事实研究的最高理论目标，实现说明性的理论的理想，即实现那种源自规律性的统一的理想。我们借助于清晰的思维首先从经验的个别性和普遍性中获取

的不是那些无法为我们所得的绝对认识，而是一些所谓的绝然的或然性，在这些或然性中包含了所有可获取的事关现实的知识。然后我们将这些或然性还原为某些带有真正规律特征的精确思想，这样我们便能够建立起那些形式完善的说明性理论的体系。但这种体系（例如，理论力学、理论声学、理论光学、理论天文学等等）实际上只能被看作是一种带有实在根据的观念可能性，它们并 A 73
不排除无限多的其他可能性，但却为此而在一定的界限内包含着 B 73
其他的可能性。——然而我们的任务并不是讨论这些状况，更不是去阐释这些观念理论的认识实践功能，即：它们在有效地预先确定未来的事实、有效地重新构造过去的事实这方面所拥有的成就，它们在实际的自然控制方面的技术成就。因此我们还是要回到我们所探讨的情况上去。

如果真正的规律性如前所示在事实认识领域中只是一种理想而已，那么相反却可以在“纯粹概念”认识的领域中发现它。在这个领域中包含着我们的纯粹逻辑学规律，同样也包含着纯粹数理模式（Mathesis pura）的规律。这些规律的“起源”，更准确地说，证实这些规律的论证不是来自归纳；因此这些规律自身不带有实存性的内涵，这种内涵总是伴随着各种或然性，包括那些最高的和最有价值的或然性。这些规律所陈述的东西是完全有效的；在其绝对的精确性中得到明晰论证的是这些规律本身，而不是某些带有模糊成分的或然性断言。这样的一个规律是不会作为在某个领域的无数理论可能性中的一个可能性出现的。它是一种独一无二的真理，这个真理排除任何其他可能性，并且作为**明晰**可认识的规律性而在内容上和论证上都纯粹地（rein）脱离于任何事实。

通过这些考察可以看出，构成心理主义结论的两个部分——即：逻辑学规律不仅仅是带有关于心理事实的实存性的主张，而且它们也必须是对于这些心理事实而言的规律——相互结合得有多么紧密。我们首先反驳了这个结论的第一部分。在这个反驳中也包含了对第二部分的反驳，理由如下：正如每个从经验中和从对个
A 74 别事实的归纳中产生出来的规律是一个事实规律一样，反过来，每
B 74 一个事实规律也都来自经验和归纳；因此，如前面所证明的那样，
这种规律与实存性主张是不可分的。

不言而喻，我们不能把那种将纯粹概念命题——即：自身表现为一种以纯粹概念为基础的普遍有效关系的命题——转用于事实的普遍陈述也看作是事实规律。如果 372，那么那张桌上的三本书也就多于那个橱里的两本书。这对任何事物都是普遍有效的。但纯粹的数字命题所讨论的不是事物，而是纯粹普遍性中的数字——3 **这个**数字大于 2 **那个**数字——，而且这种命题不仅可以运用于个体对象，而且也可以运用于“普遍”对象，例如颜色和声音的类别、几何构成物的种类以及其他非时间的普遍性[6]。

如果承认所有这些，那么（被当作是纯粹的）[7]逻辑规律当然就不可能是心理活动或心理产物的规律。

第 24 节　续论

也许有人为了避开我们的结论而指责说：并非每一个事实规

[6] 在 A 版中为：等等。

[7] 在 A 版中为：（本质性的）。

律都产生于经验和归纳。毋宁说必须在这里区分：每个对规律的认识都建立在经验的基础上，但并不是每个对规律的认识都以归纳的方式，即通过那种众所周知的、从个别事实或经验的普遍性导致规律性的普遍性的逻辑程序，而产生于经验之中。尤其是逻辑规律，它们虽然是合经验的规律，却不是归纳性的规律。我们是从
心理学的**经验**中抽象出逻辑学的基本概念以及与这些概念一同被 A 75
给予的纯粹概念关系。我们一举便可以认识到，我们在个案中发 B 75
现的东西是普遍有效的，因为它建立在被抽象出来的内容的基础上。经验就是这样为我们提供对我们精神的规律性的直接意识。正如我们在这里并不需要归纳一样，这里的结果也不会带有归纳的不完善性，不会仅仅具有或然性的特征，而是具有绝然的确定性，这种结果的界限不是模糊的，而是精确的，这种结果也不包含任何对实存性内涵的主张。

然而这种指责不可能是充分的。没有人会怀疑：对逻辑规律的**认识**作为心理行为是以个别经验为前提的，这种认识的基础是在具体的直观之中。然而人们不应将对规律的**认识的心理学**“前提”和“基础”与**规律的逻辑学**预设、根据、前提混为一谈；与此相应，人们也不应将心理的依赖性（例如在产生中的心理依赖性）与逻辑的论证和证实混为一谈。逻辑论证和证实所遵循的显然是根据与结论之间的客观关系，而心理的依赖性则与并存和延续中的心理联系有关。没有人能严肃地主张：作为对规律的明察之“根据”的具体个案会具有逻辑基础、前提的作用，就好像规律的普遍性结论是从个别之物的此在中得出的一样。对规律的直观把握或许在心理学上需要分两步进行：对直观的个别性的关注和对与此

有关的规律性明察的关注。但在逻辑学上却只有一步。明察的内容不是从个别性中得出的推论。

所有认识都"从经验开始"，但所有认识并不因此而都"源于"经验。我们所主张的是：每一个事实规律都产生于经验之中，因此，它只有通过对个别经验的归纳才能得到论证。如果存在着可以明晰地被认识的规律，那么这种规律便不可能（直接地）是事实规律。至今为止，被认作事实规律的直接明晰性的情况唯有两种[8]：要么是人们把真正的事实规律，即并存和延续的规律误认为是那种与受时间规定之物无关的观念规律；要么就是人们把对熟悉的经验普遍性的生动信念与我们只有在纯粹概念的领域中才能体验到的那种明察混为一谈。

A 76

B 76

即使这种类型的论据不能起决定性的作用，它仍然还可以用来辅助其他类型的论据。我们这里再提一个其他类型的论据。

人们很难否认：所有纯粹逻辑规律的特征都是相同的；如果我们能够用几条这样的规律为例来指明：不可能将它们理解为事实规律，那么这个结果也必定对所有纯粹逻辑的规律都有效。在这些规律中有些规律是与真理一般有关的，就是说，真理在它们那里是被调整过的"对象"。例如，对于任何一个真理 A 来说有效的是：与它相反的对立面不是真理。对于任何一对真理 A、B 来说有效的是：它们的结合与分离的联系①也是真理。如果三个真理 A、

A 77

B 77

① 我把这种联系理解为下列命题："A 和 B"，或者说，"A 或 B"；前一个命题意味着：两者都有效；后一个命题则意味着：两者之一有效——但它并不意味着只有一个有效。

[8] 在 A 版中为：我并不一定把下列观点看作是荒谬的，即：事实规律可以直接明晰地被认识；但我否认这种情况会发生。至今为止，人们所认为的这类情况有两种。

B、C处于这样一种关系中：A是B的原因，B是C的原因，那么A也是C的原因，如此等等。但把对真理本身有效的规律称之为事实规律是荒谬的。没有一个真理是一个事实，亦即一种受时间规定的东西。一个真理当然可以含有这样的意义，即：一个事物存在着，一个状态延续着，一个变化在形成，如此等等。但这个真理本身是超越于所有时间性之上的，就是说，赋予它以时间上的存在、形成或消亡，这种做法是毫无意义的。这种荒谬性在真理规律（Wahrheitsgesetz）这里表现得最明显：假如这种真理规律是实在规律的话，那么它们就是各种事实并存和延续的规则，更为特殊地说，是各种真理并存和延续的规则，而它们本身作为真理同时又必须属于它们所支配的事实。一个规律对某些被称为真理的事实做出来和去（Kommen und Gehen）的规定，而这个规律本身又处在这些事实之中。这个规律根据这个规律产生和消亡——这是一个明显的背谬。而如果我们想把真理规律解释成为并存的规律，解释成为一种时间性的个别之物，但又是一种对所有时间性的存在之物来说至关重要的普遍规则，那么情况便与此类似。如果人们没有注意到或没有在正确的意义上理解观念客体与实在客体之间的基本区别，以及与此相应地没有注意到或没有在正确的意义上理解在观念规律与实在规律之间的基本区别，那么上述这种背谬性[①]便是不可避免的；我们会一再地看到，这个区别对于解决心理主义逻辑学和纯粹逻辑学之间的争论来说是至关重要的。

① 此处参阅本书第七章的系统论述：任何一种认为逻辑规律依赖于事实的观点，都具有怀疑论和相对主义的背谬。

A 78 B 78

第五章　对逻辑原理的心理主义诠释

第25节　穆勒和斯宾塞对矛盾律的心理主义诠释

我们在前面已经说明：如果人们把逻辑规律前后一贯地理解为一种关于心理事实的规律，那么这种理解必定会导致对逻辑规律的根本误解。但在这个问题上和在所有其他问题上一样，流行的逻辑学总是没有勇气保持其一贯性。我几乎要说：心理主义只有靠不一贯性才能得以生存；谁对心理主义做过前后一贯的彻底思考，谁就会放弃它；但是极端的经验主义却提供了一个值得注意的例子：一个根深蒂固的成见可以比最清晰的明察证据更有力量。极端的经验主义以一种无畏的一贯性做出那些最严酷的结论，但它之所以这样做只是为了利用这些结论并且将它们结合成为一个理论，一个显然矛盾的理论。我们前面所反驳的那种逻辑学立场——即：逻辑真理不是那种先天(a priori)可靠的、绝对精确的纯概念性规律，而是一种通过经验和归纳来论证的、带有或多或少模糊性的、与人的心理生活的事实性有关的或然性——恰恰就是(如果我们撇开对模糊性的强调不论)明显的经验主义学说。

我们这里的任务不可能是对这个认识论流派做详尽的批判。但有 A 79
一种在这个学派中形成并在这个学派之外也产生过辉煌影响的对 B 79
逻辑规律的心理学解释尤其引起我们的兴趣。[①]

如所周知，J. St. 穆勒[②]教导说：矛盾原则(prinzipium contradictionis)是“我们最早和最容易理解的经验普遍化之一”。他认为矛盾原则的原初基础在于：“信与不信是两个不同的精神状态”，它们相互排斥。他接着说：只要最简单地考察一下我们自己的精神，我们便可以认识到这一点。而如果我们将这种考察朝向外界，我们也可以在那里发现：光明与黑暗、声音与寂静、平等与不平等、前行与后继、连续与同时，简言之，每个肯定的现象与它的否定(每个否定的现象)都是不同的现象，都处于尖锐的对立状态；一个现象出现的地方，另一个现象总是不出现。他说：“我把这个可疑的原理看作是对所有这些事实的普遍化。”

只要涉及他的经验主义的原则基础，通常如此敏锐的穆勒就像被诸神遗弃了一般。这里的困难实际上仅仅在于：我们无法理解，这样一种学说如何能让人信服。首先引人注目的是下面这个论断的明显的错误，即：两个相互矛盾的命题不同为真并且在这种

① 对这一节和下一节的“增补”提供了对经验主义原则性主要缺陷的一般论述，这个论述比较广泛，以至于我们希望能通过它来促进我们在逻辑学中所具有的那种观念主义意向。[“观念主义”一词的原文是“idealistisch”，即通常所指的“唯心主义”。由于胡塞尔在这里所涉及的是关于“实在科学与观念科学的(或经验科学与先天科学的)划分”(胡塞尔：《纯粹现象学与现象学哲学的观念》，第一卷，海牙，1978 年，“引论”，第 6 页)，所以舍去通常的译法而将这个概念译作“观念主义”。以下所有“观念主义”概念都源于“Idealismus”或“idealistisch”，但反过来并不成立，就是说，并不是所有的“Idealismus”在这里都被译作“观念主义”。——中译注]

② 穆勒：《逻辑学》，第二卷，第七章，第 4 节(贡沛尔茨译，第一版，第 298 页)。

意义上相互排斥，这是一个原则；光明与黑暗、声音与寂静等相互
A 80 排斥，这是对这些“事实”的普遍化，而这些事实要先于矛盾律。简
B 80 直无法理解穆勒如何能把这些所谓的经验事实与逻辑规律联系在一起。在反驳汉密尔顿的那篇文章中，穆勒曾对此做过类似的阐述，但这些阐述也未能解除我们的疑问。他在这篇文章中以赞赏的口吻引用那条被他的同仁斯宾塞称作是逻辑原则之基础的“绝对常规”，即：“意识的任何一个肯定的形式都不可能在不排除相应的否定形式的情况下显现；而任何一个否定的形式也不可能在不排除相应的肯定形式的情况下显现”。[①] 但有谁会看不出：这条规律所体现的仅仅是一种同语反复，因为在“肯定的和否定的现象”这对相关术语的定义中已经包含着相互的排斥？而与此相反，矛盾律却绝对不是同语反复。在对相互矛盾的命题的定义中并不包含着它们之间的相互排斥；而且，即使它们因为矛盾原则的缘故确实是在相互排斥，这种状况反过来也并不成立，即：并不是每一对相互排斥的命题都是一对相互矛盾的命题——这些证据足以说明：不能把我们的原则与那种同语反复混为一谈。而穆勒本人也并不想把这条原则理解为同语反复，因为在他看来，这条原则最初应当产生于对经验的归纳。

穆勒用外在经验的不共存来解释矛盾的做法实在令人费解，他的另外一些论述至少比这种解释能更容易使我们弄清这个原则的经验意义何在，尤其是讨论以下问题的那些论述：逻辑学的三个

① 穆勒：《对威廉·汉弥尔顿爵士的哲学的考察》，第 491 页。斯宾塞没有回溯到矛盾律上，而是回溯到排中律上，这可能是一个疏忽。（此处所引的是穆勒的英文原文。——中译注）

基本原则是否可以作为“思维固有的必然性”、作为“我们心智构造的一个原本部分”、作为“在心智的自然结构中的我们思想的规律”而有效；或者，是否它们之所以是思维规律，只是“因为我们感知到它们是那些被观察的现象的普遍真理”——穆勒并不想对后一个 A 81
问题做出肯定的回答。关于这些规律，我们在穆勒那里读到：“尽 B 81
管它们有可能随经验的不同而产生变化，但我们的实存条件却不允许我们接受那些要求改变这些规律的经验。因此，任何一个与这些规律发生冲突的论断——例如，任何一个显露出矛盾的命题对我们来说都是不可信的，即使它远离我们主体的经验领域。在当下的自然构造中，含有这种命题的信仰(belief)作为一种心智事实是不可能的。”①

我们可以从这里看到：在矛盾律中表现出来的那种不一致性(Inkonsistenz)，即相互矛盾的定律的不同为真，被穆勒解释为在我们的信仰中这些命题的不相容性。换言之：**命题的不同为真被相应判断行为的实在不相容所取代**。与此相应，穆勒一再声称：信仰行为是唯一能在真正的意义上用正确和错误来标志的客体。**两个相互矛盾的信仰行为不能共存**——在他看来必须对矛盾原则做如此理解。

①　穆勒：《对威廉·汉弥尔顿爵士的哲学的考察》，第491页。也可参阅第487页：“精神行为的一般性在于：它是连续的事件，并且它无法摆脱论证”。(此处所引的是穆勒的英文原文。——中译注)

第 26 节　穆勒对此原则的心理学诠释所得出的不是规律，而只是一个完全模糊的和在科学上未经检验的经验定律

这里会产生各种各样的疑虑。首先，对这个原则的陈述肯定是不完整的。人们一定会问：对立的信仰行为在何种情况下不能共存？众所周知，对立的信仰行为完全可以在不同的个体中共存。因而我们在分析实在共存的意义的同时必须更确切地说：在同一
A 82 个客体中，或者更好是：在同一个意识中，相互矛盾的信仰行为无
B 82 法持续哪怕是极短暂的一段时间。但这真的是一个规律吗？我们真的能在无限的普遍性中陈述它吗？为它的设定提供根据的心理学归纳在哪里？难道以往不曾有人，并且将来也不会有人例如由于受错误的结论的困扰而把对立的东西同时认之为真吗？这种情况难道在精神病人那里也不会出现，那些明显的自相矛盾难道也不属于这种情况，对此有人做过科学研究吗？这个原则是否适用于睡眠状态，是否适用于发烧时的病态，如此等等？它对动物也有效吗？

为了避开这种指责，这位经验主义者也许会用适当的附注来限制他的“规律”，例如：这种原则仅仅对正常的、处于正常思维状态中的人（homo）这一类个体有效。但只要有人提出关于“正常个体”和“正常思维状态”的更确切定义是什么的尴尬问题，我们就会认识到：我们这里所涉及的这条规律的内容是多么复杂和多么不精确。

没有必要将这种考察再继续进行下去了（尽管这个规律中例如时间关系还可以给我们提供一些启示）；已有的考察已经足以论证这样一个令人惊异的结论：我们所熟悉的矛盾原则以往被人们当作是一种明见的、绝对精确和毫无例外的规律，而实际上它只是一个粗糙不准确、不科学的命题的样式；这类命题只有在经过一些修正，从而将它表面上精确的内涵改变成实际上模糊的内涵之后，才能上升到一种令人可信的猜测的地位。如果经验主义的观点是正确的话，即：如果这个矛盾原则所陈述的不相容性的确可以被解 A 83
释为是相互矛盾的判断行为的实在不共存，因而这个原则本身的 B 83
确可以被解释为是一种经验心理学的普遍性，那么上述结论的形成就是必然的。然而，这种穆勒式的经验主义却根本没想过要对这个就上述心理学解释而言粗糙而不精准的定律进行划界和论证；它含糊地生造出这个定律，然后又含糊地接受这个定律，也许"我们最早和最可以理解的经验普遍化之一"，即对前科学经验的粗糙普遍化就只能以这种方式进行。在它看来，所有科学的最终基础恰恰就在于这种素朴经验连同其盲目的联想机械论。在它看来，不带任何明察而从各种心理学机械论中——这些机械论所拥有的论据仅仅是一些泛泛的偏见而已，它们生来就未得到可靠的或确定的划界，并且，可以说只要随便观察一下便可证明，它们自身包含着错误的东西——生成的那些信念才应当是论证所有最严格词义上的科学认识的最终根据。

我们无须再继续探讨下去了。但重要的是要带着下面这个问题回溯到对立一派学说的基本错误上去，即：那个关于信仰行为的

经验定律是否确实就是在逻辑学中被运用的那个定律。这个经验定律陈述说:在某些主观的(可惜未得到进一步研究而只能笼统交代的)X状况下,在同一个意识中不能有两个像是与非那样相互对立的信仰行为共同成立。当逻辑学家说“两个相互矛盾的命题不同为真”时,他所指的确实是这个吗?只需要看一下我们运用这条规律来规整判断活动的情况,我们便会认识到,他所指的完全是
A 84 另外一回事。这条规律在正常的含义中显然仅仅意味着:无论从
B 84 对立的信仰行为中取出哪一个对子——无论这些对子是属于同一个个体还是被分散到各个个体那里;无论这些对子是在同一段时间内共存还是分别处在不同的时间中——绝对严格地、毫无例外地有效的是:各个对子的成分不会两个都正确,即不会都符合真理。我想,即使经验主义那方面也不能怀疑这个规范本身的有效性。无论如何,在逻辑学谈论思维规律的时候,它所涉及的仅仅是这个第二种规律,即**逻辑的**规律,而不是那种模糊的、在内容上完全不同的并且至今也仍然没有得到表述的心理学“规律”。

对前两节的增补:关于经验主义的几个原则性缺陷

我们有必要稍微偏离一下主题来讨论心理主义与经验主义之间亲密的姐妹关系,这样可以揭示出经验主义的那些基本错误。极端的经验主义作为一种认识论与极端的怀疑主义一样荒谬。**它取消对间接认识进行合理证实的可能性**,从而也取消了**它自己**作

为一门受到科学论证的理论的可能性。[①] 它承认有从论证关系中形成的间接认识，而且不否认论证的原则。它不仅承认一门逻辑学的可能性，而且自己也在建立着这样一门逻辑学。但是，如果任何一个论证建基于它所依照进行的那些原则之上，而对它的最后证实只能通过向这些原则的回溯来进行，那么，在这些论证原则本身也一再需要论证的情况下，最终的结果要么是一种循环，要么是 A 85
一种无穷倒退。如果论证原则本身与用来证实它们的那些论证原 B 85
则是同一的，那么结果便是循环论证。如果这两者始终不相同，那么结果便是无穷倒退。因此很明显，只有当我们有能力明晰而直接地认识那些作为所有论证的最终基础的原则时，才可能有意义地要求对所有间接的认识做出原则性的证实。因而所有那些为可能的论证提供证实的原则必须演绎性地被回归到那些最终的、直接明见的原则上去，而这种演绎的原则本身也必须全部包含在那些最终的、直接明见的原则之中。

但从根本上说，极端的经验主义仅仅只对经验的个别判断抱有一种完全的信任（而且是一种全然不加批判的信任，因为它没有注意到那些恰恰与这种个别判断在如此大程度上相关联的困难），这样它就明确地（eo ipso）放弃了对间接认识进行合理证实的可能性。它不承认那种为证实间接认识所须依赖的最终原则是直接的明察，因而就是被给予的真理，而是相信：如果它从经验和归纳

① 就是说，从怀疑主义的确切概念来看（我们在第七章，第 33 节中将会对这个概念进行发挥），经验主义的特征在于怀疑论。文德尔班非常确切地用康德所说的"无望的企图"来形容它——它是这样一种无望的企图，即："通过经验的理论来论证这个理论的前提本身"（《序曲》，第一版，第 263 页）。

中推导出这种真理，即间接地证实这种真理的话，那么它会取得更大的成就。如果人们询问**这种**推导的原则，询问是什么在证实这个推导，那么，由于经验主义的眼中只有素朴的、非批判性的日常经验，从而无法看到直接明晰的普遍原则，因而它的回答更多会是：素朴的、不加批判的日常经验。而经验主义相信，通过用休谟的方式来说明日常经验，可以为这种经验获得更高的威严。因此，它忽略了一点：如果根本就没有一种对间接设想的明晰证实，就是说，如果没有一种根据直接明见的普遍原则以及有关论证来进行的证实，那么整个心理学理论、整个建立在间接认识基础上的经验主义学说本身也就没有得到合理的证实，它们因而可能只是一种随意的假想，并不比习常的成见好多少。

很奇怪，在一门负载着上述矛盾的理论与逻辑学和数学的基本平凡性这两者之间，经验主义更信任前者。作为真正的心理主
A 86 义，它处处表现出一种趋向：将某些普遍判断在经验中的心理学形
B 86 成——或许是因为这种被误认的“自然性”——与对这些判断的证实混为一谈。

值得注意的是：休谟的温和经验主义所处的境地也并不更妙，它试图将纯粹逻辑学和数学的领域（即便它们受到心理主义的困扰）作为已得到先天证实的领域加以坚持，并且以经验主义的方式牺牲事实科学。这种认识论的立场也被证明是不可靠的，甚至是背谬的；与我们前面对极端经验主义的批评相类似的指责可以说明这一点。完全一般地说，间接的事实判断——我们可以这样来简要地表达休谟理论的意义——**不**可能提供一个**理性的证实**，而只能提供一个**心理学的说明**。人们只须要提出这样的问题：这个

理论本身所依据的心理学判断(关于习惯、观念联想等等)是如何得到理性证实的,这个理论本身所运用的事实结论又是如何得到证实的——,这时人们便会认识到,在这个理论所想证明的命题的意义与这个理论所想运用的推理的意义之间存在着明见的争执。这个理论所具有的心理学前提本身是间接的事实判断,因而缺乏对有待证明的命题的任何理性证实。换言之:这个理论的正确性预设了它的前提的不合理性,这些前提的正确性预设了这个理论的(或者说,这个命题的)非理性。(据此,休谟的学说在确切的意义上也是一种**怀疑论**,这个意义将会在第七章中受到进一步规定。)

第27节　对其他各种从心理学出发来诠释逻辑原则之做法的类似批评。含义模糊是产生困惑的根源

显而易见,我们在前几节中所做的那些批评必然也涉及任何
一种从心理学出发对所谓思维规律以及所有依附于它们的规律的 A 87
错误解释。即使人们用"理性的自身信任"或用思维规律在逻辑思 B 87
维中所具有的明见性为引证来逃避我们对划界和论证的要求,这也是于事无补的。**逻辑**规律的明晰性是坚定不移的。然而一旦将逻辑规律的思维内涵理解为心理学的内涵,人们就完全改变了逻辑规律的原本意义,明晰性是与这种原本的意义相联系的。如我们所见,精确的规律变成了经验的模糊普遍性,后者尽管在它们的不确定性领域中具有其有效性,但却远离了所有的明见性。心理

学的认识论者遵循着他们思维的自然步骤，然而他们自己却并没有意识到这一点，他们无疑也**首先**——即在他们开始表演他们的哲学解释艺术之前——在客观的意义上理解所有那些与此有关的规律。但他们随后便犯了一个错误：他们以为可以在后补的反思中对规律的公式做一些解释，而这些〔相对于自然思维而言〕有了根本变化的解释也应当具有在真正意义上的明见性，即那种可以为规律的绝对有效性提供保证的、在客观意义上的明见性。如果我们所说的那种觉知真理的明察确实具有某种合理性，那么这个合理性肯定就在于这样一个定律：两个相互对立的命题不都为真；而如果我们必须否认这种关于明察的说法的合理性，那么我们就只能对这同一个定律（或它的等值物）做心理学的重新解释，例如："肯定与否定在思维中相互排斥"，"被认识到是相互矛盾的判断不

A 88 能够同时在**一个**意识中并存"[①]；以及我们不可能相信一个明显的
B 88 矛盾[②]；没有人会设想，一个东西同时存在又不存在；如此等等。

为了避免有含糊不清的东西遗留下来，我们要继续对这些叙述性的理解做一些思考。在做进一步考察时，人们立刻便可以注

---

① 以上这两句话是海曼斯所做的陈述（《科学思想的规律与要素》，第一卷，第一版，第 19 节等）。与第二个陈述相近的是西格瓦特（《逻辑学》，第一卷，第二版，第 419 页）的说法，"不可能有意识地既肯定又否定同一个定律"。

② 参阅在本书前面第 25 节中所引用的穆勒反驳汉弥尔顿的文字的结尾部分。〔即：《对威廉·汉弥尔顿爵士的哲学的考察》，第 491 页："任何一个与这些规律发生冲突的论断——例如，任何一个显露出矛盾的定律对我们来说都是不可信的，即使它远离我们主体的经验领域。在当下的自然构造中，含有这种定律的信仰（belief）不可能作为一种精神事实"。〕在这篇文章的第 484 页上他还说："无法同时思考两个相互否定的主张"；（这里引用的是穆勒的英文原文。——中译注）"思考"（thought）随后又被解释成"相信"（believed）。

意到掺杂其间的含义模糊性所造成的令人困惑的影响，正是这种含义的模糊性导致人们将真正的规律或某些与这种规律等值的规范性转化混同于心理学的论断。第一个陈述所提供的情况便是如此。肯定与否定在思维中相互排斥。当思维这个术语在其较广泛的意义上被等同于所有的智慧活动时，它在许多逻辑学家的用语中往往与合理的、“逻辑的”思维，即正确的判断有关。是与否在正确的判断中相互排斥，这是明见的，但这同时也表述了一个与此逻辑规律等值的、绝非心理学的命题。这个命题意味着：对同一个事态既做肯定又做否定的判断不会是正确的判断；但它丝毫也没有对此做出陈述，即：相互矛盾的判断行为是否能够——无论是在一个还是在几个意识中——实在地（realiter）共存。[①]

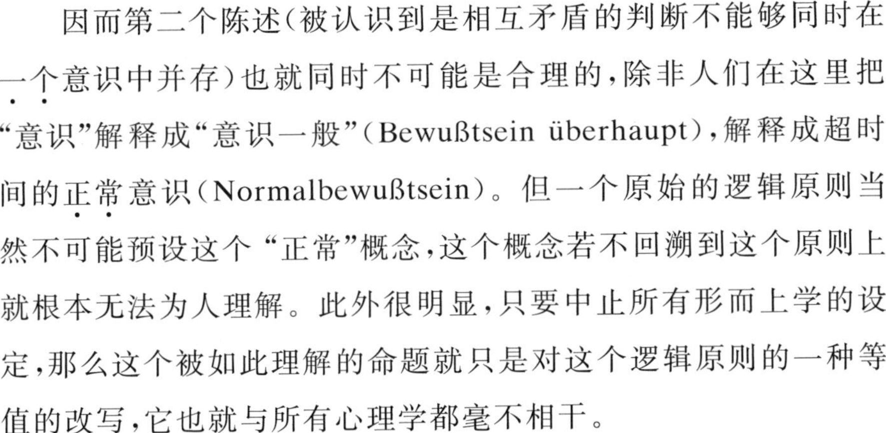

因而第二个陈述（被认识到是相互矛盾的判断不能够同时在一个意识中并存）也就同时不可能是合理的，除非人们在这里把 A 89
“意识”解释成“意识一般”（Bewußtsein überhaupt），解释成超时 B 89
间的正常意识（Normalbewußtsein）。但一个原始的逻辑原则当然不可能预设这个“正常”概念，这个概念若不回溯到这个原则上就根本无法为人理解。此外很明显，只要中止所有形而上学的设定，那么这个被如此理解的命题就只是对这个逻辑原则的一种等值的改写，它也就与所有心理学都毫不相干。

在第三和第四个陈述中也有与第一个陈述类似的含义模糊性。没有人能够相信矛盾，没有人能够设想，一个东西同时存在又

① 赫夫勒和迈农也犯了同样的错误，他们将共存的思想归入逻辑的原则之中（《逻辑学》，1890 年版，第 133 页）。

不存在——这里显然须要补充说：没有一个有理性的人会这样做。不是对于其他人而言，而是对于每个想正确进行判断的人来说，这里存在着一种不可能性。因而这个说法所陈述的并不是一种心理学上的压迫力，而是一种明察，即：相互对立的命题不同为真，或者说，与相互对立的命题相符合的事态不能共存[1]，从而，谁想要正确地进行判断，即做到视真为真、视错为错，谁就必须按照这个规律所规定的那样去判断。在事实性的判断中，情况有可能会两样；没有一条心理学的规律在强迫判断者受逻辑规律的桎梏。所以我们在这里所接触的仍然是这条逻辑规律的一种等值转化，而没有什么比它更远离有关判断现象之心理学[2]规律的想法了。但恰恰是这种想法在另一方面构成了以上所述的心理学解释的本质内涵。当"不能"(Nichtkönnen)不是被理解为相应的定律的不相容性(即规律性的不同为真)，而是被理解为判断行为的不共存性时，这种心理学解释便形成了。

没有一个"有理性的人"或没有一个"有健全判别力的人"能够相信一个矛盾，对这个命题还可以做其他解释。如果我们称某个人是"有理性的人"，那么我们是指：我们相信这个人具有习常的素质，他会"在正常的思维状态中"、"在他的那个范围内"进行正确的判断。谁拥有习常的能力，至少能够在正常的思维状态中明了那些"不言而喻的东西"、"一目了然的东西"，我们就会将他看作是"有健全判别力的人"。当然，我们也将这种避免明显矛盾的做法

[1] 在A版中为：相互对立的事态不同为真。

[2] 在A版中还紧跟：、即因果性的。

看作是包含在这些不言而喻之物的范围内的——虽然这是一个相 A 90
当模糊的范围。如果这种包含确实成立，那么，“没有一个有健全 B 90
判别力的人（甚至没有一个有理性的人）会将矛盾视为真”这个定律就仅仅是普遍之物在个别情况中的平凡转化而已。我们当然不会把那些视矛盾为真的人称为“有健全判别力的人”。因而在这里也无从谈及心理学的规律。

但这里还要提及一些其他的可能解释。“**不可能性**”(Unmöglichkeit)这个词具有强烈的含义模糊性：它不仅意味着那种**客观规律上的不可协调性**(Unvereinbarkeit)，而且也意味着一种**主观能力上的不能够**(Unvermögen)**加以统合**(Vereinigung)；这种含义模糊性在一定程度上助长了心理主义倾向。我**不能相信**矛盾共存——无论怎样努力，我最后仍然可以感到有一种无法克服的抵抗力在迫使我不相信这一点。人们以此论证说：这种“不能信”是明见的体验，也就是说，我明察到：相信矛盾的事物，这对于我，也对于我所能想象的任何一种生物来说都是一种不可能性；因此我可以明见地明察到那种在矛盾律中得到表述的心理学的规律。

我们的回答仅仅顾及在这个论据中所出现的新谬误，这个回答如下：根据经验，在我们判断地做出决定时，任何一种放弃我们所抱有的信念而去相信与这个信念相背的事态的尝试都会失败；除非有新的动机产生出来，附加的疑虑、某种与当前信念不相容的较早的信念、常常只是对涌现出来的大量对立思想的模糊“感受”。徒劳的尝试、被感受到的抵抗等等，这些都是个体性的体验，它们受个人和时间的局限，受某些根本无法精确规定的状况的束缚。

A 91 它们如何能够论证对于一个普遍的、超越个人和时间的规律而言
B 91 的明见性呢?人们不应将对于个别体验的此在而言的断然的(assertorisch)明见性混同于对于普遍规律的存在而言的绝然的(apodiktisch)明见性。那种被解释为"无能"(Unfähigkeit)的感觉的此在所具有的明见性能保证我们明察到:我们刚才事实性地无法做到的事,以后也就规律性地永远无法做到?人们必须注意这一点:在这里起着根本作用的"状况"是无法规定的。如果我们坚信A事态的存在[3],我们便很容易说:无法想象有人会做出非A的判断,尽管如此,实际上我们在这方面却常常会出错。在同样的意义上我们也可以说:无法想象有人会不相信矛盾律——矛盾律是我们最坚定的信念——;我们还可以说:没有人能够做到将两个相互矛盾的命题[4]同视为真。也许这里所表述的的确是一个在对各种事例多次试验后才得出的、有可能相当生动的经验判断;但我们在这里并不具有这样的明见性,即:上述情况就是一种普遍必然的状态。

真实的事态可以这样来描述:相互矛盾的命题的不同为真,或者说,相互对立的事态不同存有,对此我们具有绝然的明见性,即确切词义上的明察。这种不相容性的规律就是真正的矛盾原则。绝然的明见性然后也延伸到心理学的运用上;我们也可以明察到:两个具有相互矛盾的内涵的判断是不能共存的,如果这两个判断

[3] 在A版中为:一个事态A。
[4] 在A版中为:事态。

仅仅涉及那些在奠基性①直观中现实地被给予的东西的话。我们可以更普遍地明察到：即使那些带有相互矛盾的内涵的判断是一种断然明见的判断，或者甚至是一种绝然明见的判断，它们也都既 A 92
不可能在一个意识中共存，也不可能在各个意识中分散地共存。 B 92
所有这些都只是要说明：相互矛盾的事态**是**在客观上互不相容的事态，实际上也没有人能够在其直观与明察的范围内**发现**它们的共存——但这并不排除这种可能，即：有人将它们**视为**共存的。与此相反，在涉及相互矛盾的判断时，我们**缺乏**绝然的明见性；只有在那些我们实际已知的案例以及在那些对于我们的实践目标来说相当有限的案例范围内，我们才拥有一种**合经验的**知识，就是说，我们知道，在这些情况中，相互矛盾的判断行为事实上相互排斥。

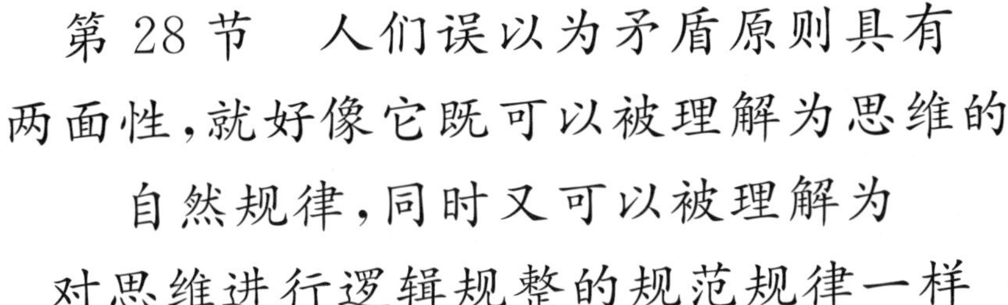

第28节　人们误以为矛盾原则具有两面性，就好像它既可以被理解为思维的自然规律，同时又可以被理解为对思维进行逻辑规整的规范规律一样

在我们这个热衷于心理学的时代，只有少数几个逻辑学家能够完全摆脱那种对逻辑原则的心理学错误解释；[5]连那些本身也

① “奠基性的”（fundierend）一词是德文中动词“fundieren”（奠基、固定、确定等）的第一不定式，这里译作“奠基（性）的”或“原生的”；而与它相对应的第二不定式“fundiert”则被译作“奠基于……之中的”或“次生的”；以下均同。这个概念在胡塞尔哲学中有十分重要的意义。——中译注

[5] 在A版中还紧跟：其中，。

反对用心理学来为逻辑学奠基的逻辑学家们,或者,连那些出于其他原因而坚决拒绝心理主义指责的逻辑学家们也无法做到这一点。只要考虑到,所有那些不是心理学的,也无法用心理学来澄清的东西,即任何一种想通过心理学研究来揭示"思维规律"之本质的好心尝试,都是以对"思维规律"的心理学重新解释为前提的,那么我们就不得不认为,在西格瓦特所开创的那个流派中的所有德国逻辑学家都未能摆脱那种心理学的错误解释,尽管他们并没有明确地把思维规律表述为或标志为心理学规律,并且始终把思维规律与心理学的其他规律相对置。如果在他们的规律公式中没有明显地表现出这种思想上的偏颇,那么它们就一定可以在他们对这些公式所做的各种说明中或在他们所做的各种阐释的上下文中被发现。

 A 93 B 93 在我们看来,尤其值得注意的是那些想赋予矛盾律以双重地位的企图,按照这种做法,据说矛盾律一方面作为自然规律而构成一种规定着我们实际判断的力量,另一方面则作为规范规律而构成所有逻辑规则的基础。F. A. 朗格在其才华横溢的著作《逻辑研讨》中便尤为引人注目地提出这一主张;此外,这部著作并不想促进穆勒式的心理主义逻辑学,而是想"对形式逻辑学做出新的论证"。当然,只要仔细考察一下这种新论证并且在他那里读到:逻辑学的真理和数学真理一样来源于空间直观,[①]"由于这两门科学保证了我们所有认识的严格的正确性",因此,这两门科学的简单

① F. A. 朗格:《逻辑研讨——对形式逻辑学和认识论的新论证》,1877 年版,第 130 页。

基础也就是“我们智力的组织机构的基础”，从而，“这两门科学所具有的、为我们所赞叹的合规律性实际上起源于我们自身……起源于我们自身的未被意识到的基础”①——这时人们就不得不把朗格的立场仍然归入到心理主义中去，它只是心理主义的另一个属而已，康德的形式观念主义——按照目前对形式观念主义的流行解释——以及其他各种有关先天认识能力或“认识来源”的学说都属于这一个属。②

朗格在这方面的论述如下：“矛盾律是思维的自然规律与思维 A 94
的规范规律相互接触之点。在自然的、不受任何规律指导的思维 B 94
中，我们表象的构成在始终不变地进行着，通过这种表象构成活动的进行，我们表象构成的心理学条件便滔滔不绝地既推出真理，也推出谬误；有一个事实在补充、限制着这些心理学条件，并把它们引向一个确定的目标，这个事实就是：一旦相互对立的东西仿佛要达到一致时，我们在我们的思维中便无法将它们统一起来。人类的精神可以接受最大的矛盾，只要它能够做到把相互对立的东西分别隔离在不同的思想圈中，不使它们相互接触；但如果一个陈述和与它相反的陈述直接涉及同一个对象的话，人类精神的这种统

① 朗格：《逻辑研讨》，第 148 页。

② 众所周知，康德的认识论在某些方面企图超越并且已经超越出了这种主张心灵能力就是认识来源的心理主义。这里只须指出，康德的认识论在某些方面也十分明显地进入到了心理主义之中，当然这并不排除他与其他形式的心理主义的认识论证展开激烈论战的可能。此外，不只是朗格，而且一大批康德化了的哲学家[6]都属于心理主义认识论的领域，无论他们是否喜欢这个字眼。超越论的心理学仍然是心理学。

[6] 在 A 版中为：新康德主义者。

一能力便中止了；这时人们或是感到毫无把握，或是必须排除两个陈述中的一个。当然，只要相互矛盾之物的直接一致是暂时的，对矛盾之物的消除在心理上便也是暂时的。那些深深地根植在各个不同的思维领域之中的东西是不会仅仅因为人们通过推断指出其矛盾性便受到摧毁的。在这个命题和另一个命题的结论直接达到一致的地方，人类精神的这种统一能力就仍然有效，只是它不能始终贯穿于整个推理序列并一直深入到原初矛盾之所在处。对推理序列的简洁性和对推理对象的同一性的怀疑往往会保护谬误；但即使谬误被暂时摧毁，它也还会从表象联系的习惯范围中产生出来，重新表现自己，只有通过不断的打击才能使它退缩。

尽管错误是顽固的，思维中直接矛盾的不可协调性这个心理学规律必定会随时代而发挥巨大的作用。这个规律是一把锋利的剪刀，在经验的进程中，那些不可行的表象联系被它逐渐消灭，而
A 95 较为可行的表象联系便继续维持下去。与生物的进程一样，人类
B 95 思维的自然进程中的消灭原则就在于，不断地有新的表象联系被
造出来，其中的一大批表象联系又一再地被消灭掉，而较好的表象联系则得以留存并继续发挥作用。

这个**心理学的**矛盾规律……直接产生于我们的结构之中，并作为所有经验的条件而先于所有经验起作用。它的有效性是客观的，它在我们意识到它之前便在发挥作用。

但如果我们应当把这条规律理解为**逻辑学**的基础，如果我们应当承认它是所有思维的**规范规律**，就像它作为**自然规律**即使不被我们承认也在发挥作用一样，那么为了使自己信服，我们对它和对其他公理一样需要进行类型直观（der typischen Anschauung)。”[1]

“如果去除了所有心理学的附加物，那么对逻辑学来说什么是本质性的东西呢？无非是不断地扬弃矛盾之物这一事实而已。如果人们说矛盾不能存有，那么从直观上来看这只是一种文字的堆砌和重复，就好像在必然之物后面还隐藏着一个必然性一样。事实在于：这个矛盾不存有，每个超越出概念界限的判断会立即被一个相反的、更确定地得到论证的判断所扬弃。但这种实际的扬弃对逻辑学来说是所有规则的最终基础。从心理学上来看，人们也可以把这种扬弃重又称之为是必然的，只要人们把它看作是自然规律的一个特例；但逻辑学与此无关，毋宁说逻辑学连同其基本的矛盾律都是从这里才获得其起源的。”[2]

F. A. 朗格的这些学说尤其对克罗曼[3]和海曼斯[4]的学说产生 A 96
过明显的影响，海曼斯曾做过一个系统的尝试，即在心理学的基础 B 96
上尽可能前后一贯地提出认识论。这一尝试作为一个几乎纯粹的思想实验尤其引起我们的兴趣，我们很快便有机会来进一步考察它。——利普曼[5]也曾表述过类似的观点，令人惊异的是，他在提出这些观点的同时又坚持这样一个完全正确的思想，即认为逻辑必然性“对于每个理性思维生物来说都具有绝对的有效性”，“无论这些理性思维生物的构造是否与我们的构造相一致”。

① 朗格：《逻辑研讨》，第 27、28 页。

② 同上书，第 49 页。

③ K. 克罗曼：《我们的自然认识》（菲舍尔－本松译本），哥本哈根，1883 年。

④ G. 海曼斯：《科学思想的规律与要素》，第一版，二卷本，莱比锡，1890 年和 1894 年。

⑤ 利普曼：《思想与事实》，第一册，1882 年版，第 25－27 页。

从上面所述的内容中，人们已经可以知道，我们将要对这些学说进行何种指责。我们并不是要否认朗格在其如此透彻的阐述中所说的心理学事实，但我们认为，找不到任何在这里谈论“自然规律”的理由。只要将他所做的各种对所谓规律的表述与那些事实比较一下就会发现，这些表述是极为疏忽粗糙的。如果朗格曾试图对我们所熟悉的经验做出概念上仔细的描述和界定，他就不会看不到，经验决不能被视作与逻辑原则相关的那种精确意义上的规律的个案。实际上人们所说的“矛盾的自然规律”可以被还原为一种粗糙的经验普遍性，它本身附着了一个完全无法精准地被确定的模糊领域。此外，这个规律只与正常的心理个体有关；因为，正常者在此所[7]诉诸的日常经验并不能陈述：心理不正常者如何行为。简言之，我们在朗格这里发现，他缺乏严格的科学态度，而只要我们为了科学目的去运用前科学的经验判断，这种态度便是必不可少的。我们坚决反对将模糊的经验普遍性与那种只有逻辑

A 97 学才具有的绝对精确的和纯粹概念的规律混为一谈；我们恰恰认

B 97 为，将两者等同起来，或从一者中推导出另一者，或将两者看作是所谓双重矛盾规律，这些做法都是背谬的。只是因为没有注意到逻辑规律的素朴意义内涵，他才忽视了这一点，即：逻辑规律与思维中对矛盾之物的事实扬弃之间既没有丝毫的直接的关系，也没有丝毫的间接的关系。这种事实性的扬弃显然只涉及在同一个时间点上和同一个行为中同一个个体的判断体验；它并不涉及各个个体或各个时间和行为所共有的肯定和否定。对于这里所涉及的

[7] 在A版中还紧跟：唯一。

事实性的东西而言，这类区分具有本质意义，但逻辑规律却根本没有为这些区分所触及。逻辑规律所陈述的恰恰不是相互对立的判断之间的斗争，不是这些时间性的、实在地受到这种或那种规定的行为之间的斗争，而是那些被我们称之为在对立命题的各种非时间的、观念的统一之间的规律性的不相容性。两个相互对立的命题不同为真，在这个真理中不含有任何关于某个意识及其判断行为的经验主张的影子。我想，一旦认真地弄清楚了这一点，就可以看出上面被批判的观点的欠缺所在。

第 29 节　续论：西格瓦特的学说

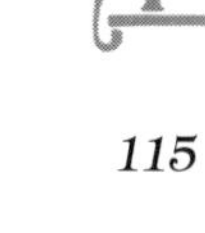

我们发现，这里引发争议的有关逻辑原理的双重性质的学说早在朗格之前便为一些卓越的思想家所倡导，甚至连贝格曼这样一位通常很少赞同心理主义的思想家也偶尔会表露出这种观
点；[①]但其最主要的倡导者是西格瓦特，他对近代逻辑学具有广泛 A 98
的影响，因此有必要在这里更仔细地讨论他在这方面的论述。 B 98

这位重要的思想家说："矛盾原则……作为规范规律出现，在与此相同的意义上，矛盾原则曾是一个自然规律并且确定了否定的含义；但作为自然规律的矛盾原则只说明，人们在任何一个时刻都不可能有意识地说：A 是 B 并且 A 又不是 B，而作为规范规律的矛盾原则却被运用于意识统一所包容的所有恒定概念的范围；在这个前提下，矛盾原则所论证的便是通常所说的矛盾律（Prin-

① 贝格曼：《纯粹逻辑学》，第 20 页（第 2 节的结尾）。

cipium Contradictionis），但它现在不再构成同一原则（在A等于A公式意义上）的一个部分，而是再次设定：这些概念本身的绝对恒定性（Konstanz）已得到实现。”①

与此相符的是对（那种被解释为一致性原则（Prinzip der Übereinstimmung）的）同一律的阐述：“一致性原则是被看作自然规律，还是被看作规范规律，这里的区别……不在于它自己的本性，而在于根据什么前提去运用它；作为自然规律，它被运用在那些对意识来说当下的事物上；作为规范规律，它的运用范围是意识所具有的全部表象内容的始终变动不居的[8]当下的观念状态，这个状态在经验上永远不可能得到穷尽。”②

现在来看一看我们的疑虑。一个（作为矛盾律）“确定了否定之含义”的定律如何能够具有自然规律的特征？西格瓦特所说的当然不是指：这个定律以名称定义的方式说明了否定这个词的意义。他所说的仅仅是指：这个定律建基于否定的意义之中，它辨析
A 99 着否定这个概念所具有的含义[9]；换言之，西格瓦特所说的仅仅是
B 99 指：如果放弃了这个定律，也就放弃了否定这个词的含义。但这恰恰不能构成一个自然规律的思想内涵，尤其无法构成西格瓦特接下来如此表述的那种自然规律的思想内涵，即：人们在任何一个时刻都不可能有意识地说：A是B并且A又不是B。建立在概念之

① 西格瓦特：《逻辑学》，第一卷，第385页（第45节，5）。

② 同上书，第383页（第45节，2）。

[8] 在A版中为：不变的。

[9] 在A版中为：属于否定这个概念的含义的东西。

中的定律(而不是那些把建立在概念之中的东西仅仅转用于事实的定律)不可能陈述我们在某个时刻能够有意识地做什么和不做什么;如果定律像西格瓦特在另一处所说的那样是超时间的,那么它们就不可能具有与时间性的东西有关的本质内容,也就是说,与事实性的东西有关的本质内容。任何一种将事实纳入到这类定律中去的做法,都会不可避免地导致对这类定律的真正意义的放弃。因此很明显,那些陈述时间之物的自然规律和那些陈述非时间之物的规范规律是完全不同的,因而这里所涉及的不可能是同一种规律,即同一种在相同的意义上只是起着不同的作用或出现于不同运用区域的规律。此外,如果对立的观点是正确的话,那么就必定可以给出一个普遍的公式,这公式均等地包含那个关于事实的规律与这个关于观念客体的规律。谁在这里传授一个规律,他就必须拥有一种在概念上确定的理解。但显而易见,对这种统一理解的追问是徒劳的。

我还有如下的疑虑。规范规律真的将概念的绝对恒定性预设为已实现的吗?如果这样,那么规律便只能在这样一个前提下才有效,即:表达随时都能够以同一的含义被运用;而当这个前提不成立时,规律便丧失其有效性。这不可能是这位出色的逻辑学家的真正信念。对规律的经验运用当然要以此为前提,即:作为我们 A 100
表达的含义而起作用的概念或定律的确也就是我们表达的含义, B 100
规律的观念范围中包含着所有可能的、质性(Qualität)相反而质料(Materie)同一的定律对子。但这显然不是有效性的前提,就好像有效性是一种假设的有效性一样;其实这只是在把有效性可能地运用于已有的个案所需的前提而已。对一个数字规律的运用预设了，数字有可能先于我们而在此，而且是带有受此数字规律所明确标示的那种规定性的数字；与此相同，逻辑规律也预设了，定律已经先于我们而在此，而且它们是逻辑规律所明确要求的具有同一质料的定律。

另外，对西格瓦特所描述的[10]意识一般①，我也不认为能够有多少助益。在这样一种意识[11]中，据说所有概念（更确切地说是所有表达）都在绝对同一的意义上被运用，没有变动不居的含义，没有什么双重的和四重的含义。但逻辑规律自身并不具有与这种理想的本质联系，毋宁说是我们为了逻辑规律的缘故才构造出这种理想。这种一再向理想意识的回溯使人产生一种不舒适的感觉，就好像严格意义上的逻辑规律并不对经验地出现的个案有效，而只对[12]臆想的理想情况有效一样。我们在前面已经解释了，纯粹逻辑规律在何种意义上“预设了”同一的概念。如果概念的表象是变动不居的，即随“同一个”表达、随表象的“这个”概念内涵的再现而变化，那么我们在逻辑的意义上所具有的便不是同一个概念，而是第二个概念了，而且概念的表象每变化一次，我们便具有一个新的概念。但每一个别概念本身都是一个超经验的统一并属于那些与其各个形式有关的逻辑真理。正如经验的颜色内容的变动和
A 101 对它性质上的确认的不完善性并不会影响到作为性质**种类**的颜色
B 101

① 参阅西格瓦特：《逻辑学》，第一卷，第419页（第48节，4）。

[10] 在A版中为：一种理想的。

[11] 在A版中为：一种理想思维。

[12] 在A版中还紧跟：这种。

的区别，正如相对于可能的（本身不是颜色，而是一个颜色的各种情况的）个案的杂多性而言，一个种类是一个观念的同一物，那些与概念表象有关的同一含义或概念的状况也是如此[13]，概念表象是含义的或概念的"内容"。在个别之物中观念直观地把握普遍之物，在经验表象中直观地把握概念并在重复表象中对概念意向的同一性做出确证，这种能力是[14]认识可能性的前提。就像我们在观念直观的行为中直观地把握一个概念之物一样——作为这样一个种类，我们能够明晰地主张这个种类相对于事实的，或作为事实被表象的个案的杂多性而言的统一性——我们也能够获得逻辑规律的明见性，这些规律与这些有时具有这种、有时具有那种形式的概念有关。现在，矛盾原则（Pricipium Contradictionis）所陈述的那些"定律"，以及在对逻辑定律的形式陈述中所使用的所有那些字母符号的含义，也都属于这些在观念统一性意义上的"概念"。凡是在我们进行概念表象的行为的地方，我们都会具有概念；表象有其"内容"，有其观念的含义，我们可以抽象地、在观念直观的抽象中获取这些内容和含义；这样我们也就处处提供了运用逻辑规律的可能性。但这些规律的有效性是绝对无限的，它并不依赖于我们和其他人是否能够事实地进行概念表象，以及是否能够用同一意向的意识去确定或重复这些表象。

---

[13]　在A版中为：这种情况也适用于那些与概念表象有关的同一含义或概念。

[14]　在A版中还紧跟：思维的。

A 102
B 102

第六章　心理主义对三段论的说明。推理公式和化学公式

第30节　心理主义对三段论定律的诠释尝试

在前一章的阐述中，我们主要以矛盾律为基本对象，因为对这个定律以及对逻辑原理一般做心理主义理解的企图尤为严重。迫使人们做出这种理解的思想动机的确带有强烈的自明性色彩。除此之外，人们也很少将经验主义教义专门实施在推理规律上；由于这些**推理规律**可以被还原为原理，因而人们以为不必在它们那里花费更多的气力；如果这些原理是心理学的规律，而三段论规律又是对这些原理进行纯粹演绎的结果，那么三段论就必然可以作为心理学的规律而有效。此时人们应当认为：每一个错误的推理的出现都会迫使经验主义交付出一个反驳它自身的决定性反证，因而从这个演绎中反而可以得出反驳那种对原理做心理主义解释的可能性的证据。人们还应当认为：在对原理的心理学内涵做思想上和语言上的确定时，人们需要谨慎从事，这种状况必定会说服经验主义者，使他们相信：他们所做的这种心理主义解释不能为证明推理公式做出丝毫的贡献，并且，无论这些证明在哪里形成，它自

始至终都带有规律的特征，而这种规律和那些在心理学中被称为规律的东西是截然(toto coelo)不相同的。但是，哪怕是最明晰的 A 103
反驳也无法动摇心理主义学说在其信念方面的自鸣得意。G. 海 B 103
曼斯近来又详细地阐述了这个学说，他对那些错误推理的实存不抱丝毫异议，以至于他还认为：对一个错误推理进行证明的可能性甚至正是对心理学观点的证实；因为这种证明并不在于对一个不按照矛盾律来思维的人进行启迪，而在于指出在错误推理中未被发现的矛盾。在这里人们要问：未被发现的矛盾难道不也是矛盾吗？逻辑原则难道只是陈述被发现的矛盾的不相容性，相反却允许未被发现的矛盾同为真？这里又可以看到——只要想一想心理学的不相容性和逻辑学的不相容性之间的区别——，我们仍然还是在前面所说的那种含义模糊性的混沌领域中徘徊。

人们或许还想说：错误推理所包含的“未被发现的”矛盾这种说法并不是一种真正的表述；只是在反驳性思维的进程中，矛盾才作为新的事物出现；这个矛盾自身表明是一种错误的推理方式的结果，而这个结果又与进一步的结果相衔接(始终还是在心理学的意义上)，以至于我们现在看到，我们必须把这种推理方式当作错误的东西加以否定——如果人们这样说，那就正好帮了我们一个小忙。这一种思维活动会具有这种成就，另一种思维活动则会具有那种成就。没有一条心理学规律在束缚人们去“反驳”错误的推理。无论如何，错误的推理在无数的情况中出现时都未受到反驳，而且是以令人信服的方式在声张自己。因此，为什么这一种仅仅在一定的心理状况下与错误推理相联结的思维活动就偏偏有权将一个绝然矛盾(Widerspruch schlechthin)归咎于这个错误推理，

A 104 并且有权不仅否认它在这种状况中的有效性,而且还否认它的客
B 104 观、绝对的有效性呢?这些问题同样也适用于“正确的”推理形式,连同通过逻辑原理对其证实性的论证。论证的思路只有在一定的心理状况下才能产生,这种思路为何有权将有关的推理形式标志为绝然有效的(schlechthin gültig)?心理主义学说对这些问题没有做出令人可以接受的回答。在这里和在任何地方一样,心理主义学说没有可能澄清逻辑真理对客观有效性的要求,因此也没有可能澄清逻辑真理作为正确与错误判断的绝对规范的功能。每次提出这种批评时都会说明:将逻辑学规律与心理学规律相等同的做法同时会取消正确思维与错误思维之间的区别,因为错误的判断方式与正确的判断方式一样是按照心理学的规律进行的。或者,我们难道是根据某种随意的惯例才把某些规律的结果称作是正确的,把另一些规律的结果称作是错误的?经验主义者是如何回答这些指责的呢?“诚然,朝向真理的思维所追求的目标是建立起各种无矛盾的思想联系;但这些无矛盾的思想联系的价值却又在于以下这样一种状况,即:事实上只有无矛盾之物才能被肯定,因而矛盾律是思维的自然规律。”[①]这里我们要说,海曼斯为思维所规定的追求目标(即无矛盾的思想联系)真是一个奇怪的目标,因为除了无矛盾的思想联系之外根本就没有、也不可能有其他的联系——至少,如果这里所说的“自然规律”的确存在的话,情况就应当是如此。或者,这样说是否会是一个更好的论据:“我们没有

① 海曼斯:《科学思想的规律与要素》,第一卷,第一版,第 70 页。持这种说法的还有 F. A. 朗格(参阅在前面第 28 节中所引《逻辑研讨》中的较长一段引文的最后一个段落),他认为:事实性地取消我们判断中的矛盾,这是逻辑规则的最后基础。

任何理由将两个相互矛盾判断的联系宣判为‘不正确的’；即使有 A 105
理由，也应当是如下的理由，即：我们本能地和直接地感觉到，不可 B 105
能同时肯定这两个对立的判断。现在可以尝试一下，在不考虑只有无矛盾之物才能被肯定这个事实的情况下证明：人们始终必须在设定被证明之物的情况下才能进行证明。”①这里可以看出前面分析过的那种意义双关性所带来的结果：对两个相互矛盾的命题不同为真这种逻辑规律的明察被等同于一种对心理学上的无能力的本能的和被误认为直接的“感觉”，即无能力同时进行相互矛盾的判断行为。明见性和盲目的信仰、精确的普遍性和经验的普遍性、事态的逻辑不相容性和信仰行为的心理学不相容性，就是说，不能同为真（Nicht-zusammen-wahrsein-können）与不能同时信（Nicht-zugleich-glauben-können）在这里被融为一体。

第 31 节　推理公式与化学公式

海曼斯将推理公式与化学公式进行比较，试图以此来说服人们相信这样一个学说，即：推理公式所表述的是“思维的经验规律”。$2H_2 + O_2 = 2H_2O$ 这个化学公式所表述的仅仅是一个普遍事实：两个氢原子与一个氧原子在适当的状况下会组合成一个水分子——与此完全相同，

$$MaX + MaY = YiX + XiY$$

① 海曼斯：《科学思想的规律与要素》，第 69 页。

这个逻辑公式仅仅表述："两个普遍肯定判断与两个共同的主体概念在适当的状况下会在意识中产生出两个新的个别肯定判断，而原初的普遍肯定判断所具有的谓语概念在这两个新的个别肯定判
A 106 断中则作为谓语概念和主语概念出现。为什么在这种状况下会形
B 106 成新的判断，而在例如 MeX + MeY 的组合中就不会形成新的判断，对此我们现在还一无所知。但我们知道，这种状况具有不可动摇的必然性，并且我们知道，只要前提得到承认，那么这种必然性会压迫我们，使我们将结论也视之为真，而且无论人们重复……实验多少次，最后的结果都会证明这种结论为真。"[①]当然，这种**实验**必须"在排除所有干扰的状况下"以下面这种方式进行："人们必须尽可能清晰地设想有关的前提，然后让思维机制发挥作用，并且等待一个新判断的产生或不产生。"但如果一个新判断确实形成了的话，人们就必须敏锐地关注：除了起点和终点以外，是否还有个别的中间阶段进入意识；而如果有的话，人们就必须尽可能详细、完整的将它们记录下来。[②]

这种观点让我们吃惊的地方在于它所包含的这样一个论断，即：在上述那些被逻辑学家们所排除的组合中不会形成新的判断。在涉及任何一个错误判断，例如像：

$$XeM + MeY = XeY$$

这种形式的错误推理时，人们必须说：两个 XeM 和 MeY 形式的

① 海曼斯：《科学思想的规律与要素》，第 62 页。

② 同上书，第 56－57 页。

判断“在适当的状况下”会在意识中造出一个新的判断来。这里也可以举化学公式为例，尽管这种与化学公式的类比在这里和在所有地方一样都是既合理又糟糕的。对此当然不能仅以逃避的方式回答说：在一种情况与另一种情况中，“状况”是不相同的。从心理学上来看，它们都同样有趣，而且那些从属于它们的经验命题具有 A 107
同等的价值。因此我们为什么要对两种公式做根本的区分呢？如 B 107
果人们要向我们提出这样的问题，我们便会回答：因为我们在涉及逻辑公式时明察到：它们所表达的是真理；而在涉及另一种判断时则明察到：它们是谬误。但这位经验主义者却无法给出这样的回答。因为，如果他所做的那些解释是对的，那么，那些与错误推理相应的经验命题也就会和那些与其他推理相应的命题一样有效。

这位经验主义者立足于对那种“不可动摇的必然性”的经验之上，而“只要前提得到承认，那么这种必然性会压迫我们，使我们将结论也视之为真”。但所有推理，无论是被证实的还是未被证实的推理，它们的进行都带有心理学的必然性，而那种（在一定状况下）可以感受到的压迫力在哪里都是一样的。谁要是不顾批评指责而始终维护一个已做出的错误推理，他就会感受到那种“不可动摇的必然性”，就会感受到那种不可能别样（Nichtanderskönnen）的压迫——他对这种压迫的感受和另一个进行正确推理并始终坚持其正确性的人所感受到的压迫是完全一样的。与所有的判断一样，推理也不是随意的事情。这种被感受到的不可动摇性并不是一种对现实的[1]不可动摇性的证明，即证明它会由于新的判断动机的

[1]　在A版中为：真实的。

形成（甚至在正确的和被认作是正确的推理的情况中）而发生变化。因而人们不能将它混同于真正的、逻辑的必然性，这种必然性包含在每个正确的判断之中，它只意味着并且也只能意味着推理所具有的明晰可认识的（尽管不是为所有判断者都认识到的）观念规律的有效性。诚然，唯有在推理规律被明晰地把握到时，有效的规律性本身才会显示出来；与这种规律性相比，此时此地（hic et nunc）进行的推理所具有的明晰性则显现为一种对个案的**必然有效性**的明察，就是说，对建立在规律基础上的个案的有效性的明察。

A 108 这位经验主义者认为：我们“起初还不知道”，为什么在逻辑学
B 108 中遭到摒弃的那些前提组合“不提供结果”。这也就是说，他希望从未来的认识进步中能获得更多的教益？但他前面的说法却让人得出这样一种印象：在这里我们已经知道了我们所能知道的一切；我们已经**明察**到：推理命题的任何一个可能的（即在三段论组合的范围之内的）形式在与那些有关的前提组合相结合时会提供一种错误的推理规律；人们应当认为，在这些情况下，即使是对于一个无限完善的智力而言，也不可能有更多的绝然知识了。

与这些以及类似的批评相联结的还有另一种批评，这种批评虽然与前面的批评同样有力，但对我们的目的来说却显得并不同样重要。这种批评如下：毫无疑问，用化学公式来进行类比是远远不够的，我是说，这种类比还不足以使我们感到有理由像对待逻辑学规律那样庄严地对待那些与此相混淆的心理学规律。在化学中，我们清楚地知道，在公式中表述出来的那些结合是在什么样的“状况”下进行的；这些状况可以极为精确地得到规定，正因为如

此，我们将化学公式看作是自然科学最有价值的归纳之一。但心理学的情况则相反，我们所能获得的对“状况”的认识是如此微不足道，以至于我们最后只能说：这是一种常常出现的情况，即：人根据逻辑规律来进行推理，而在这种推理的过程中，某些无法得到精确规定的状况、某种“注意力的集中”、某种“精神的清新”、某种“预备教育”如此等等，是一个逻辑的推理行为得以成立的有利条件。推理的判断行为因果必然产生于其中的那些状况或那些在严格意义上的条件，对我们来说是完全隐而不显的。在这种状态下便可以理解：为什么至今为止还没有一位心理学家想过要分别地阐述这些可以纳入到杂多的推理公式中去的、带有模糊的“状况”特征 A 109
的心理学普遍性，并且敬献给它们以“思维规律”的桂冠。 B 109

在完成所有这些分析之后，我们也可以把海曼斯的这种有趣的（在许多在这里未曾提及的细节上富于启发性的）认识论尝试——“这种认识论也可以被称之为判断的化学”[①]而且它“无非就是一种思维的心理学而已”[②]——看作康德意义上的那种“无望的企图”[③]之一。我们无论如何也不能动摇反对那些心理主义解释的决心。推理公式并不具有那些为其奠基的经验内涵；当我们在等值的、观念的不相容性中表述这些推理公式时，它们的真正意义便得到最清楚的显现。例如，普遍有效的是：倘若“有几个 X 不

① 海曼斯：《科学思想的规律与要素》，第 10 页。

② 同上书，第 30 页。

③ 这个“无望的企图”是指：“通过经验的理论来论证这个理论的前提本身”。参阅本书第五章“对前两节的增补。关于经验主义的几个原则性缺陷”中胡塞尔的原注 1。——中译注

是 P"这种形式的命题不为真,那么"所有的 M 都是 X"和"没有一个 P 是 M"这种形式的两个命题也就不为真。在任何情况下都是如此。这里没有谈及意识,没有谈及判断行为和判断的状况以及如此等等。一旦人们看到了推理规律的真正内涵,那么下面这种错误的假象也就会消失,这个假象就是:对一个承认推理规律的明晰判断的实验造就,就可以意味着对推理规律本身的一个实验论证,或可以引入这样一个实验论证。

第七章　心理主义作为怀疑论的相对主义 A 110 B 110

第 32 节　一门理论可能性的观念条件。怀疑主义的严格概念

对一门理论，尤其是对一门逻辑学理论所能提出的最严厉指责就在于指责它违背了**一门理论一般**（eine Theorie überhaupt）**的可能性的明见条件**。提出一门理论并且在这门理论的内容中——无论是明确地还是隐含地——反驳那些对所有理论的意义和权利做出论证的命题——这不仅是错误的，而且从根本上是背谬的。

人们可以从两个角度来谈论任何一门理论的“可能性”的明见“条件”。首先可以从**主观的**角度来谈论。从这个角度上看，这里所说的条件是指直接和间接**认识**[①]的可能性以及对任何一门理论的理性**证实**的可能性所依赖的那些先天条件。理论作为对认识的

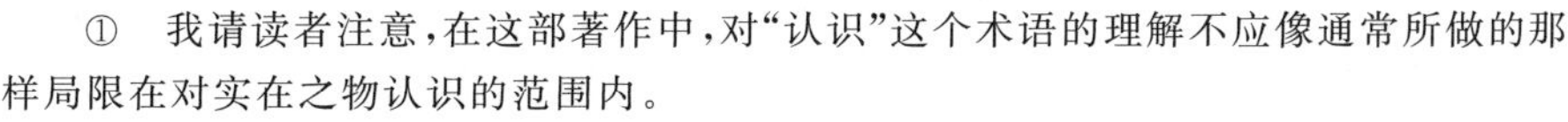

① 我请读者注意，在这部著作中，对“认识”这个术语的理解不应像通常所做的那样局限在对实在之物认识的范围内。

论证,本身便是一种认识,并且在其可能性方面依赖于某些纯粹概念性地建基于认识以及它与认识主体关系之中的条件。例如,在
A 111 严格意义上的"认识"这个概念包含有这样的意思:认识是一种判
B 111 断,这种判断不仅要求切中真理,而且有把握证实并且也确实能够证实这个要求的合理性。但如果判断者在自身中根本无法体验和把握对判断的论证所具有的这种特色,那么他做的所有判断都缺乏明见性,然而正是这种明见性才能使判断区别于盲目的成见,才能赋予判断者以鲜明的确定性,即确定他自己不只是将某物视之为真,而是把握了真理本身——这样的话,在这个判断者那里也就谈不上什么理性地提出和论证认识,谈不上理论和科学。因此,根据这个例子,如果一门理论否认明见判断相对于盲目判断所具有的优越性,那么这门理论便违反了它作为理论一般之可能性的主观条件;这样,它便取消了它自己与那种随意的、不合理的主张之间的区别。

可以看出,可能性的主观条件在这里不应被理解为那种根植于个别判断主体或判断生物(如:人类)的变换种类之中的实在条件,而应被理解为一种根植于主体性一般之形式中以及根植于这种主体性与认识的关系中的观念条件。为了有所区别,我们将这种主观条件也称为**意向活动**(noetischer)的条件。

从**客观的**角度看,关于任何一门理论的可能性条件的说法都不涉及作为**认识**之主观统一的理论,而是涉及作为一种客观的、由理由与结论关系联结在一起的**真理**之统一或**命题**之统一的理论。这里的条件都是**纯粹建基于理论的概念之中的规律**——更特殊地说,这里的条件都是一些纯粹建基于真理、命题、对象、性质、关系

等等概念之中的规律，简言之，它们是建基于**本质地构成理论统一这个概念**的各个概念之中的规律。对这些规律的否定因而等同于（等值于）这样一种主张，即认为所有这些相关的术语，如理论、真理、对象、性质等等，都缺乏**恒定的意义**。如果一门理论在其内容 A 112
上违背这些规律，——一门没有规律的理论不具有任何“理性的” B 112
（恒定的）意义——，那么从客观逻辑的角度看，这门理论便扬弃了自身。

一门理论从逻辑上违背规律的原因可能在于它的**前提**，可能在于它的**理论联系的形式**，最后也可能在于**被证明的命题**本身。而对逻辑条件最粗暴的损害显然就在于：在理论命题的**意义**中就包含着对这样一些规律的否定，这些规律决定了任何一个命题以及对一个命题的论证是否可能合理。同样的情况也适用于意向活动的条件以及那些违背这些条件的理论。因而我们区分（当然不是出于分类的目的）：错误的理论，荒谬的理论，逻辑上荒谬的理论，意向活动方面荒谬的理论以及最终是**怀疑理论**；在怀疑理论的标题下包含着所有如下的理论，这些理论或是明确地陈述着，或是自身分析地包含着这样的命题，即：一门理论一般的可能性的逻辑条件或意向活动条件是错误的。

这样，**怀疑主义**这个术语便获得了一个清晰的概念，并且同时明确地被划分为**逻辑的怀疑主义**和**意向活动的怀疑主义**。与这个怀疑主义概念相符的例如有怀疑主义的古代形式连同这样一类命题：没有真理，没有认识和对认识的论证，如此等等。如前所述，[①]

① 参阅本书第五章，第 25 节和第 26 节的附录。

经验主义——无论是温和的还是极端的经验主义——也是一个例子，它与怀疑主义的这个确切概念相符合。而从定义来看就已经完全不言而喻的是：怀疑主义理论的概念已经表明，它是背谬的。

第33节　形而上学意义上的怀疑主义

A 113 B 113 通常对怀疑主义这个术语的使用是比较含糊的。如果我们撇开它的通俗意义不论，那么，人们会把任何一门这样的哲学理论称为怀疑主义，这种理论出于原则性的理由而想说明，人类的认识有很大的局限性，尤其是这种理论想把实在存在的广泛领域或极富价值的科学（例如作为理性学科的形而上学、自然科学、伦理学）从可能认识的领域中驱逐出去。

在怀疑主义所具有的这些非真正形式中，有一种形式往往会与我们这里所定义的、真正认识论的怀疑主义相混淆，这种怀疑主义的形式便是指：人们将认识局限在心理此在上，并且否认“物自体”（Ding an sich）的实存或可认识性。但这类理论显然是形而上学的；它们自身与真正的怀疑主义无关，它们的命题首先在逻辑上和在意向活动方面是无任何背谬的，它们的合法要求只是一个论据与证明的问题。只有在各种容易理解的歧义或在另一些被倡导的怀疑论基本信念造成了错误逻辑推理的影响时，各种混淆以及真正怀疑的转变才会形成。例如，如果一个形而上学的怀疑论者以如下的形式表达他的信念：“没有客观的认识”（即：没有关于物自体的认识）；或者：“所有认识都是主观的”（即：所有事实认识都只是对意识事实的认识），那么这里就有一个很大的力量在诱惑你

屈服于主观–客观这个表达方式的双重意义，并把意向活动–怀疑论的意义强加给原初的、与原有立场相符的意义。于是这句话便转变成了这样一个全新的判断：“所有认识作为意识现象都服从于人类意识的规律；我们称之为认识形式和认识规律的东西，无非只是‘意识的作用形式’或这些作用形式的合规律性——无非只是心理学的规律而已。”正如形而上学的主观主义（以这种不合理的
方式）推荐了认识论的主观主义一样，认识论的主观主义（当它被 A 114
看作是明白清楚的时候）又反过来为形而上学的主观主义提供了 B 114
似乎是充分有力的论据。例如人们推论说：“逻辑规律作为我们认识作用的规律缺乏‘实在的含义’；无论如何，我们永远无法知道，这些规律是否与自在之物相和谐，对一个‘前构形系统’的推测因而是完全随意的。如果物自体的概念已使个别认识与其对象之间的比较[为了确定‘事物与智性的相即性’（adaequatio rei et intellectus）而做的比较]成为不可能，那么要想对我们意识作用的主观合规律性与事物的客观存在及其规律进行比较就更不可能了。因此，如果有物自体的话，我们对它只能是全然一无所知。”

形而上学的问题在这里与我们无关，我们提到它只是为了从一开始便着手分析人们对形而上学怀疑主义和逻辑–意向活动的怀疑主义所做的混淆。

第 34 节　相对主义的概念及其特点

为了批判心理主义，我们必须阐释（同样也出现在上述形而上学理论中的）**主观主义**或**相对主义**概念。如果我们对普罗塔哥拉

的公式“人是万物的尺度”加以下述意义上的注释，即：“个体的人是所有真理的尺度”，那么这便构成主观主义的原初概念。对于任何一个人来说，他觉得是真的东西便为真；对这个人为真的东西有可能对另一个人来说不为真。因而，我们在这里可以选择这样一个公式：所有真理（认识）都是相对的——相对于偶然进行判断的主体。相反，如果我们撇开主体而考虑作为这个[相对]关系之关
A 115 系点的判断生物这个偶然种类，那么就产生出一个相对主义的新
B 115 的形式。因此，人本身是所有人类真理的尺度。任何一个根植于人的种类之中、根植于构造着这个种类的规律之中的判断——对于我们人来说——都为真。就这个判断属于普遍人类主体性（人类“意识一般”）的形式而言，人们在这里也谈及主观主义（谈及一种作为认识的最终源泉的主体，如此等等）。但我们最好还是选择相对主义这个术语并且区分个体的和种类的相对主义；与人的种类的有限关系决定了种类的相对主义就是人类主义。——现在我们转向批判，我们的兴趣要求我们对此批判做出最为审慎的展开。

第35节　对个体相对主义的批判

个体相对主义是一个如此明显的，并且我几乎要说，一个如此放肆的怀疑主义，以至于人们虽然不是从未认真地倡导过它，但至少在较近时期内没有认真地倡导过它。这门学说在被提出时便已被反驳掉了——这当然是对那些能明察逻辑之物的客观性的人而言。主观主义者与明确的怀疑论者一样是无法被说服的，倘若他们连这样一个状况都明察不到的话，即：定律、如矛盾律，仅仅建基

于真理的意义之中，根据这些定律，关于相对于不同的人而言的相对主观真理的说法必然是矛盾的。人们甚至无法用这样的指责来说服主观主义者，即：通过对其理论的提出，他实际上是使别人相信，他先设定真理的客观性，然后又在其命题中（in thesi）否定它。对此，主观主义者当然会回答说：我用我的理论陈述我的立场，这 A 116
个立场对我来说为真，并且不需要对任何其他人也为真。他声称 B 116
自己的主观意见这一事实也只对他自己的自我而言为真，而不是自在地为真。[①] 但问题不在于是否可能说服主观主义者本人并使他承认自己的错误，而在于是否可能客观有效地反驳主观主义者。但反驳必须预设某些明晰的，因而普遍有效的信念作为其杠杆。那些平凡的明察便可以被我们这些具有正常素质的人当作这种杠杆来运用，任何一门怀疑论都会在这些平凡明察面前溃败，只要我们通过这些明察认识到：怀疑论的学说在最真正、最严格的意义上是背谬的，这种背谬表现在：怀疑论主张的内容否定了完全包含在任何一个主张的意义或内容中并因此而无法有意义地与任何一个主张相分离的东西。

第 36 节 对种类相对主义的批判，尤其是对人类主义的批判

我们可以怀疑主观主义究竟有没有被严肃地倡导过，但无可

① 在这点上，有这样一些人肯定会认为他是合理的，这些人相信能区分纯主观的和纯客观的真理，因为他们否认对自己的意识体验的感知判断具有客观性特征：就好像意识内容的为我的存在并不同时也是自在的存在一样；就好像心理学意义上的主观性与逻辑学意义上的客观性是相互对立的一样！

怀疑的是:近代哲学和当代哲学在如此之大的程度上倾向于种类相对主义,进而言之,倾向于人类主义,以至于我们难得遇到一个能完全纯粹地排斥这个学说之谬误的思想家。尽管如此,这种学说仍然是一种在前面所确定的词义上的怀疑论学说,也就是说,它带有一门理论所能带有的最大可能的荒谬性;在它那里,我们也可以找到一种隐藏不深的、明见的矛盾,即在它的命题的意义与那个在意义上无法从任何一个命题中分离出来的东西之间的矛盾。要具体地证明这一点并非是难事。

A 117 1.种类相对主义提出这样的主张:对于任何一种判断生物来
B 117 说,真乃是根据这种生物的构造、根据它们的思维规律而能够被视为真的东西。这个学说是背谬的。因为,在这个学说的意义中包含着这样的意思:同一个判断内容(命题)对于一个主体,即人这个种类来说为真,而对另一个主体,即具有另一种构造的种类来说则为假。但同一个判断内容不可能既为真又为假。这是包含在真与假这两个词的单纯意义中的。如果相对主义者是在属于这些词的意义上使用这些词,那么他的命题所陈述的东西便与这命题自己的意义相背。

为了逃避这一指责,相对主义者会找出这样一种遁词:我们是通过刚才提到的矛盾律的字面意义来阐释真与假这些词的意义,而这些字面意义是不完善的,这些字面意义是指对人而言的真和对人而言的假;然而这种遁词显然是无济于事的。通常的主观主义也可以有类似的说法:真与假的说法不准确,它指的是“对于个别的主体而言的为真或为假”。人们当然会回答他:明见有效的规律不可能是指某些明显背谬的东西;而且事实上,背谬就在于一个对这个主体或那个主体而言的真理的说法。背谬就在于保留着这样一种可能性，即：同一个判断内容（我们在危险的模棱两可的意义[1]上说：同一个判断）随两个判断者的不同而可以为真或为假。与此相应，对种类相对主义的回答便是："对这个种类或那个种类而言的真理"是一种背谬的说法。人们当然可以在好的意义上来运用这一说法；但那样的话，这个说法所指的便是完全不同的东西了：它指人本身所能接触的、所能认识的那个真理圈。一个东西如 A 118
果是真理便绝对地、"自在地"为真理；真理总是同一的一个，无论 B 118
它是被人还是被非人、被天使还是被上帝判断地把握。如果我们没有受到相对主义的迷惑，那么我们所说的逻辑规律就是指在这种相对于种族、个体和体验的实在多样性的观念统一性中的真理。

2.矛盾律、排中律所陈述的东西包含在真和假的单纯词义中，如果顾及到这个情况，那么我们也可以这样来提出指责：如果相对主义者说，也可能有些生物不受这些基本定律的束缚（很容易看出这种主张是与前面所描述的相对主义主张等值的），那么他要么是指：在这些生物的判断中有可能出现与这些基本定律不相符的定律和真理；他要么是指：这些生物所做的判断的过程在心理上不受到这些定律的支配。在后一种说法中，我们根本没有发现任何特别的东西，因为我们本身便是这样的一种生物。（可以回忆一下我们对心理主义的逻辑规律解释的批评。）而对于前一种说法，我们可以这样简单地回答：这些生物或者是在我们的意义上理解真与假这些词，那么说基本规律没有有效性就是不合理的：因为基本规

[1] 在A版中为：模糊含义。

律在这种情况下仅仅只是我们对这些词的词义理解而已。这样，所有与这些语词不相符的东西，我们都不能**称**为真或假。或者，这些生物是在另一种意义上运用真与假这些词，那么整个争论就只是一场语词争论。例如，如果这些生物将我们称作命题的东西称之为树木，那么被我们理解为原理的那些陈述就自然无效；但这样一来，这些陈述便也失去了我们在提出它们时所赋予它们的意义。这样，相对主义最终便会完全改变真理这个词的意义，但却又要求
A 119 在这种意义上谈论真理，即受逻辑基本定律规定的、我们所有人在
B 119 谈到真理时唯一所指的那种意义。在一种意义上只有一种真理，而在模棱两可的意义上则有多少模棱两可的意义，当然便有多少“真理”。

3. 种类的构造当然是一个事实；从事实中始终只能推导出事实。将真理相对主义地建立在种类的构造上，这便意味着给真理赋予事实的性质。但这是背谬的。每一个事实都是个体的，即在时间上受到规定的。而在涉及真理时，时间规定性的说法只能对一个由真理所设定的事实（假如这事实恰好是事实真理的话）有意义，而对这真理本身是无意义的。将真理设想为原因或结果是荒谬的。我们已经谈到过这一点。如果人们想依据这样一个理由，即：与每个判断一样，真实的判断是在相应自然规律的基础上产生于判断生物的构造之中，那么我们将回答：不应该混淆作为判断内容，即作为观念统一的判断与个别的、现实的判断行为。前者是指，当我们在谈“二乘二等于四”**这个**判断时，无论这个判断是谁做出的，它都是同一个。也不应该混淆作为正确的、合乎真理的判断行为的真实的判断与这个判断的**真理**或这个真实的判断内容。我

做 2 × 2 = 4 这个判断肯定受因果规定，但 2 × 2 = 4 这个真理却不受因果规定。

4. 如果（在人类主义的意义上）所有真理的唯一源泉是在普遍人类的构造之中，那么可以确定，如果没有这种构造，真理便也不存在。这个假设性主张所提出的命题是背谬的；因为“不存在真理”这个命题与“存在着这样一个真理，即真理不存在”这个命题是等值的。命题的背谬性必然连带着假设的背谬性。作为对一个关于事实内涵的有效定律的否定，假设可以是错误的，但从不会是背 A 120
谬的。事实上还没有人曾想过要将那些在时间上设定人种的开端 B 120
和终结的著名地质学和生物学理论指责为**荒谬的**。据此，对其背谬的指责正切中了整个假设性主张的要害，因为它将一个从意义上来看是一致的（“逻辑可能的”）前提与一个背谬的（“逻辑不可能的”）结论联系在一起。而后，同一个指责也适用于人类主义，并且经过必要的修正（mutatis mutandis），当然也扩展地适用于相对主义的更一般形式。

5. 按照相对主义的说法，根据一个种类的构造可以得出一个对此种类有效的“真理”，即这样一种构造根本不实存。我们究竟应当说，它实际上不实存；还是应当说，它实存，但只是对我们来说实存呢？如果除了前面所设定的那个种类以外，所有的人和所有的判断生物的种类都毁灭了呢？我们显然处于背谬之中。一个种类的构造之不实存的根据就在这同一个构造之中——这种想法是明显的矛盾；按照这种想法，论证着真理的，因而实存的构造除了论证其他一些真理之外，也论证了这个构造本身不实存的真理。——即使我们把不实存和实存调换一下，并且与此相应地用人的种类作为根据来取代那些臆造的，但从相对主义观点来看是可能的种类，荒谬性也不会因此而变得更小。尽管前一种矛盾消失了，但与它交织在一起的其他背谬却不会消失。真理的相对性意味着：我们称之为真理的东西依赖于人（homo）这个种类的构造以及依赖于支配着这个构造的规律。这种依赖性只想并且只能被理解为因果的依赖性。因此，这个构造和这些规律存有的真理必须从这里吸取对它的实在说明，即：这个构造和这些规律存有，而
A 121 同时，这种说明过程所遵循的原则与这些规律又是同一的。——
B 121 这完全是背谬。设果如此，那么这个构造便是一种以某些自为因果的规律为依据的、自因性（causa sui）的东西了，如此等等。

6. 真理的相对性会推导出世界存在的相对性。因为世界无非是对象的整体统一，这个统一与所有事实真理的观念系统相符合，而且无法与这个系统分离。人们不可能将真理主观化而将真理的对象（这对象只有在真理存在的情况下才存在）[2]视为绝对（自在地）存在着。因而，如此说来，没有什么自在的世界，而只有为我们的或为某个其他的偶然生物种类的世界。这对一些人来说是合适的；但如果我们提醒他，自我及其意识内容也属于这个世界，那么他也许便会有所顾虑。“我存在”和“我体验这些和那些”也可能是错的；因为可以假设，我被如此地构造起来，以至于我必须否定这些根据我的种类构造而得出的定律。而如果这个世界上判断生物的事实种类被如此不幸地构造起来，以至于没有一个种类能承认这个世界（包括它自己），那么就不只是没有为这个种类或为那个

[2] 在A版中为：（这对象只在真理之中并借助真理而存在）。

种类的世界，而是根本就没有世界了。以我们实际所了解的唯一种类，即动物种类为例：动物构造的变化将引起世界的变化，而同时，根据普遍被接受的学说，动物种类显然应当是世界发展的产物。我们在玩着一种优雅的游戏：从世界中发展出人，从人中发展出世界；上帝造人，人造上帝。

这个指责的本质核心在于：相对主义也明见地是在反驳直接直观的此在的明见性，即反驳在合理的，而且也是不可或缺的意义上的"内感知"的明见性。一旦建基于直观之上的判断意向地超越了事实性意识材料的内涵，那么就可以合理地否认这些判断的明见性。 A 122
但只要这些判断的意向仅仅朝向这个内涵本身，仅仅在这 B 122
个如其所是的内涵中得到充实，那么这些判断就是真实明见的。所有那些判断的含糊性都不会为此而进行诉讼（只要想一下那些对于任何直接的直观判断来说都不可取消的时间规定的含糊性，以及有可能也包括的地点规定的含糊性）。

第37节　一般说明。在扩展了的意义上的相对主义

相对主义的这两种形式是在某种最广泛词义上的相对主义的特类，这种特类是指这样一种学说，它以某种方式从事实中推导出纯粹逻辑的原则。事实是"偶然的"，它们也可能不是这样，而是另一种样子。因而，事实不同，逻辑规律便也不同；于是逻辑规律也成偶然的了，它们仅仅是相对于那些论证着它们的事实而言的逻辑规律。与此相对，我在这里不只是想指出逻辑规律的绝然的明

见性，指出我们在前面各章中已确定的东西，而且还想指出在这里有重要意义的另一点。[①] 正如人们根据以上所述可以得知，我把纯粹逻辑规律理解为纯粹地建基于真理、命题、对象、属性、关系、联结、规律、事实等等这些概念的意义（“本质”、“内容”）之中的观念规律。更一般地说，它们纯粹地建立在那些属于**所有**科学的遗产的概念之中，因为它们所表明的是基石的范畴，科学本身按其概念来说便是由这些基石构造起来的。这一类规律不应被任何理论主张、论证和理论所损害；这不仅仅是因为，如果这样做它们便成为错误的——只要它们违背任何一条真理，它们也就成为错误的——，而且还是因为，如果这样做它们便会是自身背谬的。例

A 123 如，如果一个主张的内容违背了那些建基于真理本身的**意义**之中

B 123 的原则，这个主张便“扬弃了自身”。因为，主张就是陈述，即陈述

这个或那个内容是真实的。如果一个论证在内容上违背了那些建基于根据与结论关系的**意义**之中的原则，那么这个论证便扬弃了自身。因为，论证重又意味着陈述，即陈述这个根据与结论的关系存有，如此等等。一个主张“扬弃自身”是“**逻辑背谬的**”，这意味着，它的特殊内容（意义、含义）与它所具有的含义**范畴**所普遍要求的东西相互矛盾，与普遍地建立在它的普遍含义之中的东西相互矛盾。现在很明显，在这个确切的意义上，任何一门从某些事实中推导出逻辑原则的理论都是逻辑背谬的。这种理论违背了“逻辑原则”和“事实”这两个概念的普遍含义；或者，说得更确切、更一般些：它违背了“仅仅建立在概念内容之中的真理”和“关于个体此在

① 参阅本章引论性的第 32 节。

的真理”这两个概念的一般含义。不言而喻，前面对那些相对主义的指责一般说来也涉及最普遍意义上的相对主义。

第38节　任何形式的心理主义都是相对主义

我们反驳的是相对主义，我们所指的当然是心理主义。事实上，心理主义连同其所有变种和个别扩展形态都无非就是相对主义，都只是一种未被始终认识到的和未被明确承认的相对主义而已。无论心理主义是以“超越论心理学”为依据，并相信自己能作为形式的观念论来拯救认识的客观性，还是以经验心理学为依据，并把相对主义作为不可避免的事实接受下来，其结果都是完全相同的。

如果一门学说或是按照经验主义者的方式将纯粹逻辑规律理 A 124
解为经验－心理学的规律，或是按先天主义者的方式将纯粹逻辑 B 124
规律或多或少神秘地回归为(人类)理智的某种“原初形式”或“作用方式”，回归为作为(人类)“种类理性”的“意识一般”，回归为人的“心理物理构造”，回归为那种作为先天的(普遍人类的)秉性而先于所有事实性思维和所有经验的“智性本身”(intellectus ipse)，如此等等，——那么这门学说就不言自明地是相对主义的学说，而且是那种种类的相对主义。我们针对相对主义所提出的所有指责也都切中它。但显而易见，人们必须在一种自然的意义上来把握先天主义所具有的那些部分是描述性的口号，如知性、理性、意识，而这种自然的意义使这些口号与人的种类发生本质的联系。这些相关的理论的不幸就在于：它们时而赋予这些口号以这种实在的含义，时而又赋予它们以一种观念的含义，从而造成一种由部分是正确命题、部分是错误命题夹杂在一起的、令人无法忍受的混乱。不管怎样，只要先天主义的理论为相对主义的动机留下空间，我们就同样可以把它归入相对主义。诚然，一部分康德化了的研究者将一些逻辑原理作为"分析判断"的原则置而不论，这样他们的相对主义也就得到了限制（即：他们的相对主义仅局限于数学认识和自然认识的领域内）；但他们并没有因此而摆脱怀疑主义的荒谬性。他们在较为狭窄的范围内仍然坚持从普遍人类事物中推导出真理，即从实在之物中推导出观念之物，更确切地说：从事实的偶然性中推导出规律的必然性。

但我们在这里还感兴趣的是心理主义的更极端和更彻底的形式，这种心理主义对上述限制一无所知。英国经验主义逻辑学以及近代德国逻辑学的主要代表人物，如穆勒、拜因、冯特、西格瓦
A 125 特、埃德曼、利普斯这样的研究者，便属于这种心理主义。这里既
B 125 不可能，也不希望对这个派别的所有著作进行批判。但为了这个《导引》所带有的改革目标，我不能绕过现代德国逻辑学的引领著作，首先不能无视西格瓦特的那部重要著作，它独一无二地将近几十年的逻辑学运动引入了心理主义的轨道。

第 39 节　西格瓦特《逻辑学》中的人类主义

在那些于其逻辑学工作中有意识朝向反心理主义方向的思想家那里，我们也可以发现一些短暂的误解，即一些具有心理主义音色和特征的个别论述。在西格瓦特那里情况则不同，心理主义在他那里不是一种非本质的和可脱离的杂质，而是一种系统地主宰着的基本理解。他在其著作的一开始便明确地否认“逻辑学的规范（**那些**不只是方法论的技术规则的规范，而且也是纯粹逻辑定律、矛盾律、根据律等等的规范）能够被认识，除非是依据对那些受这些规范支配的自然力量和作用形式的研究。”[①]与此相符的是他处理逻辑学这门学科的整个方式。西格瓦特将它分为分析的部分、立法的部分和技术的部分。如果撇开我们不感兴趣的第三部分不论，那么分析的部分要“研究作用的本质，为此应当寻找规则”。立法的部分**建立**在分析的部分之上，它要提出“它们的正常进行的条件和规律”。[②] 如果持守“其所有条件和因素都被认识的 A 126
判断作用”，那么“对‘我们的思维是必然的和普遍有效的’的要求” B 126
就会产生出“一定的、判断活动所必须满足的规范”。这些规范集中在以下两点上：“第一，判断的各个要素受到彻底的规定，即在概念上被确定；第二，判断行为本身以必然的方式产生于它的前提之中。从而，在这部分中便包含了关于概念和推理的学说，它是关于完善的判断之构成的规范规律的总和。”[③]换言之，判断行为这部分中包含了所有纯粹逻辑学的原则和定律（也就是处在西格瓦特逻辑学这样一种传统逻辑学视野中的那些原则和定律），而且对于西格瓦特来说，这些原则和定律据此而**事实上**具有一个心理学的奠基。

① 西格瓦特：《逻辑学》，第一卷，第二版，第 22 页。

② 同上书，第 4 节，第 16 页。

③ 同上书，第 21 页。

西格瓦特的具体陈述也与此一致。纯粹逻辑命题和理论以及构成这种理论的客观要素始终未从认识－心理学研究和认识－实践研究之流中被提取出来。每当需要指出逻辑必然性及其观念的合规律性相对于心理学的偶然性所具有的特征时，他总是偏偏去谈我们的思维及其作用。纯粹的原理，如矛盾律、根据律，一再地被他称之为"我们思维的作用规律"或"我们思维的基本活动形式"，[①]如此等等。例如我们读到："否定的根源在于思维所做的一种超出存在物的、对不相一致的事物进行比较的活动，这是确然的；同样确然的是，亚里士多德用他的原则只能切中我们思维的本性。"[②]我们在另一处还可以读到这样的文字："矛盾原则以及由此而推出的那些否定语词矛盾(contradictio in adjecto)的命题所具有的绝对有效性是建立在这样一种直接意识上，即：只要我们进行

 A 127 否定，我们便始终会做同样的事情……"[③]西格瓦特认为类似的情
B 127 况也适用于同一律［它被称作"一致性原则"(Prinzip der Übereinstimmung)］并且至少适用于所有概念命题，尤其是逻辑命题。[④] 我们读到如下的表述："即使人们否认……对在自在状态中的某物的认识的可能性；即使存在者只是我们所创造的思想中

---

① 西格瓦特：《逻辑学》。也可参阅整个上下文，第184页及后页。

② 同上书，第253页。

③ 同上书，第386页。

④ 同上书，第411页。"这些命题必须在这个意义上是先天确然的，即：我们在它们之中只能意识到我们的思维所具有的一种确定的和无法拒绝的作用……"尽管这一处的文字的上下文与逻辑原理并无直接联系，我还是允许自己引用它，因为〔西格瓦特〕这些陈述的整个意义(2，第48节)以及在同一页上对矛盾律的明确对照指示都会证实我的这一做法是合理的。

的一个而已；这一点却还仍然有效：我们把客观性强加给那些我们用必然性意识所创造出的表象，而且，所有具有同一本性的其他思维生物、包括那些假设的思维生物，都必然和我们一样以同样的必然性来进行创造。”①

这种人类主义的倾向贯穿在西格瓦特的所有与逻辑基本概念有关并且首先与真理概念有关的论述中。例如，在西格瓦特看来，“在不考虑有一个智性在思索判断的情况下，以为这个判断为真……是一种臆想”。说这种话的人只能是对真理做了重新解释的人。就是说，在西格瓦特看来，谈论一个自在有效，但却未被人认识的真理，例如一个超越出人类认识能力之外的真理，这也是一种
臆想。至少那些不相信有超人智慧的无神论者不能去谈论这种真 A 128
理，而我们自己则只能在证明了这种超人智慧存在之后才能去谈 B 128

论。表述了万有引力公式的那个判断在牛顿之前是不真的。确切地看，这实际上是充满矛盾的，并且是完全错误的，因为在牛顿的主张本身之中显然就包含着在所有时代都具有的无限有效性。

我们在这里必须放弃对西格瓦特有关真理概念的各种陈述的更深入分析，它会造成更大的困难。但这种分析无论如何都会证明，我们在前面所引的文字是西格瓦特的本意。对他来说，真理消融在意识体验之中，这样，即便他仍在谈论客观的真理，建立在其超经验的观念性中的真理的真正客观性还是被放弃了。体验是实在的个别性，受时间规定，生成并且消失。但真理却是“永恒的”，或者毋宁说：它是一个观念，并且作为观念是超时间的。为真理在

① 西格瓦特：《逻辑学》，第 8 页。

时间中分派一个位置,或分派一个哪怕是穿越所有时间的延续,这都是毫无意义的。诚然,人们也说,真理有时“被我们意识到”或为我们所“把握到”、“体验到”。但在这里,在涉及这种观念性存在时,我们所说的“把握”、“体验”、“意识到”不同于对经验存在,亦即对个别存在的“把握”、“体验”、“意识到”。它们不是现象之中的现象,而是一个在完全改变了的意义上的体验,在这个意义上,普遍之物、观念是一个体验。我们具有关于真理的意识,正如我们具有关于一个种类,例如关于“这个”红的普遍意识一样。

我们眼前有一个红色的东西。但这个红色之物并不是红的种
A 129 类。具体之物也并不把种类作为(“心理学的”,“形而上学的”)部
B 129 分包含在自身之中。这个部分,即这个不独立的红色成分,与整体一样是个体性的东西,它是一个此地和此时(ein Hier und Jetzt),它随此地和此时并在此地和此时之中存在和消失,它在各种不同的红色客体中是相同的,但不是同一的。然而红却是一个观念的统一,谈论这统一的形成和消失是背谬的。前面所说的那个不独立的红色成分不是红,而是红的一个个案。对象之间的差异有多么大,普遍对象与个别对象之间的差异也就有多么大,把握这些对象的行为之间的差异也就有多么大。在对直观具体之物的观察中,一种是对被感知到的红的意指(meinen),对这个在此时此地存在的个别特征的意指;另一种是[3]意指红的种类(如在“红是一种色彩”这个陈述中便含有这种意指),这两种意指是完全不同的两回事。这样,只要我们在观察具体个别之物时不去意指这些具

[3] 在A版中还紧跟:像在心理学分析中所做的那样。

体个别之物，而是意指普遍之物，意指观念，那么，根据多个这样的观念化（Ideation）行为，我们便可以获得关于这些观念的、在个别行为中被意指的统一体之同一性的明见认识。这是在真正的、最严格意义上的同一性：它是同一个种类，或者，它是同一个属中的诸种类，如此等等。

因而真理也是一个观念，我们对它的体验就像在一个以直观为基础的观念直观行为中（这当然是一种明察的行为）对任何一个其他观念的体验一样，并且我们在比较中也可以从真理观念相对于具体个案（这里指的是明见的判断行为）的散乱杂多性而言所具有的同一的统一那里获得明见性。无论普遍性的存在或有效性此外也具有何种观念可能性的价值——这是指包含在那些普遍性中的经验个别性的可能存在而言——我们所看到的都是同样的东西："真理有效"与"可能存在着一种能够明察有关含义内涵之判断的思维生物"，这两个陈述是等值的。如果没有智慧生物，如果自然秩序排除了这种生物的可能性，也就是说，如果智慧生物不可能实在地存在，或者，如果就某些真理种类而言，没有能认识它们的 A 130
生物，那么这些观念可能性便永远缺乏充实的现实；对真理（或真 B 130
理种类）的"把握"、"体验"和"意识到"便永远得不到实现。但每一个真理自身仍然是它所是，它保留着它的观念存在。它并不存在于"虚空中的某处"，而是一个存在于观念的非时间王国之中的有效统一。它属于绝对有效之物的领域，我们首先把所有那些我们可以明察到的或至少可以合理猜测到其有效性的东西纳入这个领域，就是说，这个领域还包括所有那些有效的，但我们尚未认识并且也许永远不会认识的东西。

我觉得，西格瓦特在这些方面没能达到清晰的认识。他想拯救真理的客观性，不让它陷入主观主义的现象主义。但是，西格瓦特的心理学认识论自认为能够达到的真理客观性是通过何种途径达到的呢？如果我们提出这样的问题，那么我们得到的陈述将会是这样的："确定始终维持一个判断，确定这个综合是不可撤回的，确定我始终会说同样的话，[1]——这种确定性只有在这种情况下才能存在，即：人们认识到，这种确定性不是建立在瞬间的、随时间而变化的心理动机上，而是建立在某种我每次思维都不会改变并且不受任何变化触动的东西上；这种东西一方面是我的自身意识本身，是我在和我思的确定性，是我就是这个现在思维着的和以前思维过的、思维这个和那个的我的确定性；另一方面这是我所判断
A 131 的东西，是被思之物本身及其始终相同的、为我在其同一性中所承
B 131 认的内容，这内容完全独立于思维者的个体状况。"[2]

彻底的相对主义的心理主义在这里当然会回答：不只是那些随个体而变化的东西是心理事实，而且那些永远固定不变的东西，即永远相同的内容和统治着这内容的固定不变的作用规律也是心理事实。如果有对所有人来说本质上共同的特征和规律，那么这种特征和规律便构成人的种类的本性。据此，所有真理作为普遍有效性便都与人的种类有关。种类不同——思维规律也就不同，真理也就不同。

---

[1] 我曾几何时能够有把握地这么说？这种不可取消性所涉及的不是事实之物，而是观念之物。不是（像西格瓦特前面所说的）"判断的确定性"，而恰恰是有效性或真理才是"一种不会变化的确然性"。

[2] 西格瓦特：《逻辑学》，第 39 节，2，第 310 页。

但我们这方面现在会说：内容上的普遍有效性和恒定的作用规律（作为普遍相同内容之产生的自然规律）方面的普遍有效性并不构成真正的普遍有效性。真正的普遍有效性的基础毋宁是在同一性中。如果一个属中的所有生物按其构造必须做出相同的判断，那么它们在经验上是一致的；但在超出一切经验之物之上的逻辑学所具有的观念意义上，它们的判断却可能不是一致的，而是背谬的。用本性的共同性来规定真理，这就意味着放弃真理的概念。如果真理与思维的智性及其精神作用和活动形式有本质的关系，那么真理便会随它们一起产生和消失，即使不随个别的人，也会随种类一起产生和消失。与真理的客观性一样，存在的客观性完结了，甚至主观存在的或主体存在的客观性也完结了。假如全部的思维生物都没有能力去设定它们自身的存在是真实存在的，那么情况会怎样呢？这样的话，所有的思维生物都既存在又不存在。真理与存在，两者在相同的意义上都是"范畴"，而且显然是相互关联的。人们不能把真理相对化而同时坚持存在的客观性。当然， A 132
对真理的相对化却重又预设了作为关系点的客观存在——这也就 B 132
是相对主义的矛盾所在。

与西格瓦特其余的心理主义观点相和谐的是他关于普遍之物的学说，我们在这里要讨论它，因为真理的观念性完全是以普遍之物、概念之物的观念性为前提的。有时我们会在他那里读到一些滑稽的表述，如"普遍之物本身只［实存于］我们的大脑之中[4]"，①

① 西格瓦特：《逻辑学》，第103页，注。

［4］ 在A版中为：我们大脑中的普遍之物。

还可以读到一些严肃的表述：“概念地被表象之物”“是一种纯内在的东西，……一种仅仅依赖于我们思维的内在力量的东西。”[①]毫无疑问，人们可以把我们的概念表象看作是一种具有这些或那些心理内涵的主观行为。但是，这个表象、这个概念的“内容”（Was）却在任何意义上都不能被理解为心理学内涵的实项（reell）部分，不能被理解为一种此地和此时，一种随行为而到来并随行为而消失的东西。这种东西可以在思维中被意指，但却不能在思维中被造出。

西格瓦特将真理概念相对化，同样也前后一致地将与真理概念如此相关的**根据**（Grund）概念和**必然性**概念相对化。“严格地说，一种我们不知道的逻辑根据就是一个矛盾，因为只是通过我们知道它，它才是逻辑根据。”[②]据此，“严格地说”，数学定理的根据在于数学公理，这个陈述所涉及的是人类－心理学内容的状况。我们还能否声称，无论现在、过去或将来是否有认识这些定理的人
A 133 存在，这些定理都是有效的？如此说来，谈论对根据与结论之间关
B 133 系的**发现**，并因此而赋予这种关系以客观性，这种做法便也是错误的了。

无论西格瓦特如何努力区分各种本质不同的根据概念，无论他在其中表现得多么敏锐（这在这位重要的研究者那里是不足为奇的），他的思考的心理主义方向仍然阻碍了他，使他无法做出最本质的区分，这种区分恰恰是以观念之物与实在之物的明确差异

① 西格瓦特：《逻辑学》，第 45 节，9，第 388 页。

② 同上书，第 32 节，2，第 248 页。

为前提的。如果他将"逻辑的根据"或"真理的根据"与"确定性的心理学根据"相对置,那么他只有在被表象之物的某种普遍相同性中才能找到前一种根据,"因为不是个体的情绪以及如此等等,而是这种被表象之物才可能是对所有人而言的共同之物";对他的这种说法,我们无须再重复前面的考虑了。

我们发现,西格瓦特没能在与纯粹逻辑有关的真理的根据和与规范逻辑有关的判断根据之间做出基本的区分。一方面,一个真理(不是判断,而是观念的有效性统一)具有一个根据,这意味着,用等值的说法,有一个理论证明可以把这个真理回溯到它的(客观的、理论的)诸原因上去。根据律仅仅涉及这个意义。而这个根据概念完全不是指:每个判断都有一个根据,也就更不是指:每个判断都"隐含地(implicite)提出"这样一个根据。每个最终的论证原则,即每个真正的公理都在上述意义上是无根据的(grundlos),而在与此相反的方向上,每一个事实判断也是无根据的。能够论证的是事实的或然性,而不是事实本身,或者说,不是事实判断本身。另一方面,"判断的根据"这个表述——只要我们撇开心理学的"根据",即做判断的原因,尤其是做判断的内容动机[①]不论——无非是指判断的逻辑权利(Recht)。诚然,在这个意义上, A 134
每个判断都"要求"自己的权利(尽管我们不能毫无顾虑地说:每个 B 134
判断都"隐含地一同主张"这个权利)。这就意味着:对每个判断都须提出这样的要求,即:它所声称为真的东西确实为真;而作为认识的技术师、作为通常意义上的逻辑学家,我们还必须对判断提出

① 参阅西格瓦特对联结的起因和决定的理由的确切划分,《逻辑学》,第 250 页。

一些与进一步的认识活动有关的要求。如果这些要求得不到满足，那么我们就批评这个判断是逻辑上不完善的、“未被论证的”；后一种批评当然带有某种对通常的词义的夸张。

西格瓦特关于必然性的陈述也引起我们类似的疑虑。我们读到：“只要我们明白易懂地说话，那么最终就［必须］为所有逻辑必然性预设一个**存在着的**、思维着的主体，它的本性就在于如此思维。”[①]或者让我们来注意一下他关于断然（assertorisch）判断和绝然（apodiktisch）判断之间区别的论述。西格瓦特认为，“只要在**每个**以完善的意识而得到陈述的判断中，陈述这个判断的必然性也一同被主张”，那么断然的和绝然的判断之间的区别便是一种非本质的区别。[②] 在西格瓦特这里缺少对各种截然不同的必然性概念的相互区分。主观必然性，即那种依附在每个判断上的（或者毋宁说，对每个判断而言，当我们尚未坚信它，而企图做出相反的判断时，这个判断所表现出的那种）主观的信念强制力，没有明确地区别于其他截然不同的必然性概念，尤其没有区别于绝然的必然性，这种必然性是一种特别的意识，在它之中形成了对一个**规律**或一个**合**规律之物的明晰把握。从根本上说，西格瓦特缺乏这后一种（实际上是双重的）必然性概念。同时，他忽略了这样一个基本的双重意义，这个双重意义允许我们不仅可以将绝然的必然性**意识**
A 135 称之为必然的，而且还可以将它的**客观相关项**——即规律，或者
B 135 说，我们在必然性意识中可以明察到的这种规律的有效性——称

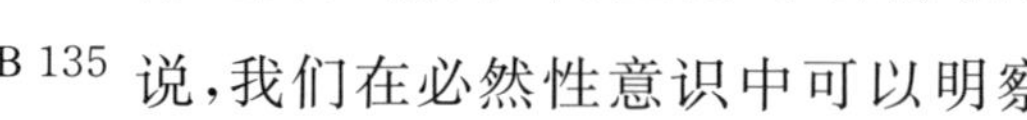

① 西格瓦特：《逻辑学》，第 33 节，7，第 262 页。

② 同上书，第 31 节，1，第 230－232 页。

之为必然的。只有这样，"这是一种必然性"和"这是一个规律"这些表达才能获得其客观的等值性，与此相同，S 是 P"是必然的"，S 是 P"是根据规律得到论证的"这些表达也才能获得其客观的等值性。

当然，最后这个纯粹客观的和观念的概念是在纯粹逻辑学的客观意义上所有绝然判断的基础；唯有它在主宰着和构造着所有理论的统一，它将假定关系的含义规定为诸命题的一种客观－观念的真理形式，它把推理定律作为"必然的"（观念－规律）结论与前提结合在一起。

西格瓦特对莱布尼茨所做的关于"理性真理和事实真理"（vérités de raison et celles de fait）的基本划分的分析尤其表明，他对上面那些区别的处理是多么不合理，他在心理主义中陷得有多深。西格瓦特认为，"这两种必然性最终是一种假定的必然性"，因为，"从'事实真理的对立面并不是先天不可能的'这一点中并不能导出：我在这个事实发生后并不必然会主张这个事实，而且也不能导出：了解这个事实的人可能会提出相反的主张。"[①]他还认为："另一方面，对所有那些建立在同一性定律基础上的概念的拥有最终也是某种事实，这种事实必定在同一性原则被用来创造一个正确判断之前便在此存在了。"最后他相信可以得出这样的结论：莱布尼茨"对必然性特征的划分自身解体了"。[②]

西格瓦特在开始时所做的陈述，当然是正确的。在我进行判

① 西格瓦特：《逻辑学》，第 31 节，6，第 239 页。

② 后面两段引文引自西格瓦特：《逻辑学》，第 240 页。

A 136 断时，每个判断的提出对我来说都是必然的，而在我还能确定其对
B 136 立面时，要否定其对立面对我来说是不可能的。但莱布尼茨在否认事实真理所具有的必然性-合理性时，他指的是这种心理学的必然性吗？没有对普遍概念的拥有，也就无法认识概念的规律，这也是对的。但莱布尼茨难道会将对真理的认识标志为必然吗，难道他不更多是将被认识的规律真理标志为必然吗？由于判断行为的份额有可能成为明晰的认识，这样，它不就完全可以与事实真理的必然性相谐调了吗？只是由于混淆了两种本质不同的必然性概念，即心理主义的主观必然性和莱布尼茨观念主义的客观必然性，西格瓦特的论证才得出这样的结论：莱布尼茨"对必然性特征的划分自身解体了"。与规律和事实之间基本的、客观的区别相对应的必定是这两者之间的主观区别，即体验方式所表现出的主观区别。假如我们从未体验过那种在特征上不同于事实性意识的理性意识、绝然之物的意识，那么我们也就永远不会拥有规律的概念，我们也就不能区分规律与事实、总体的（观念的、规律的）普遍性和普全的（事实的、偶然的）普遍性、必然的（即重又是规律的、总体的）结论与事实的（偶然的、普全的）结论；如果上述情况为真，那么那些不是作为已知概念之组合而被给予的概念便只能根据对个案的直观[5]而原初地产生出来。莱布尼茨的"理性真理"无非就是规律，并且是在观念真理的严格和纯粹的意义上的规律，这种观念真理"纯粹建基于那些在绝然明见的、纯粹的普遍性中被给予我们并被我们认识的概念之中"。莱布尼茨的"事实真理"是个体的真理，

[5] 在A版中为：在对个案的体验中。

这是一个对所有其余的存在进行陈述的命题领域，尽管这些命题对我们来说也具有“普遍”命题的形式，例如“所有南方人都易于冲动”。

第 40 节　B. 埃德曼《逻辑学》中的人类主义

在西格瓦特对逻辑的基本概念和基本问题的整个探讨中包含着相对主义的结论，但我们未曾在其中发现他对这个结论做过明 A 137
确的阐述。在冯特那里也是如此。尽管较之于西格瓦特的《逻辑 B 137
学》，冯特的《逻辑学》为心理主义的动机提供了一个更为自由的活动场所，而且还包含扩展了的认识论章节，这部著作却几乎还是没有触及那些原则性的怀疑。类似的情况也出现在利普斯那里，他的逻辑学所倡导的心理主义愈是原本、愈是彻底，他所做的那些妥协便愈是令人生厌，他便愈深地陷入到逻辑学的所有分裂之中；自贝奈克以后，利普斯在这方面几乎是独一无二的。

而埃德曼的情况则完全不同。通过一种富于教益的正确推理方式，他在较大篇幅的论述中都坚定地站在相对主义一边，并且，通过对思维规律**变化**的可能性的指明，他相信，那种“以为在这一点上能超出我们思维的界限，从而为我们获得一个在我们自身之外的立足点”的说法是一种“不自量力”的说法。[①] 这里有必要对他的学说做更深入的分析。

---

① B. 埃德曼：《逻辑学》，第一卷，第一版。第 60 节，370，第 378、379 页。

埃德曼以反驳对立的立场为开端。我们读到：[①]“自亚里士多德以来占主导地位的主张是：这些[逻辑]原理的必然性是一种绝对的必然性，它的有效性是永恒的……”

“对此的关键论据是在矛盾判断的思维不可能性中寻找的。但从矛盾判断的思维不可能性中只能推导出：那些原理再现了我们表象和思维的本质。因为，如果这些原理使此本质得以认识，那么与这些原理相对立的判断便无法进行，因为这些判断恰恰试图取消那些束缚着我们表象、思维、因而也束缚着我们判断的条件。”

A 138 我们先谈一下这个论据的意义。看起来是这样来推论的：对

B 138 那些原理的否定是无法进行的，由此导出：这些原理再现了我们表象和思维的本质；因为如果这些原理确实再现了这个本质，那么对原理之否定的无法进行便是必然的结果。这里所指的不可能是推论。从“由 A 导致 B”的状态中，我无法推导出：“由 B 导致 A”。埃德曼的意思显然是这样的：我们不可能否定逻辑原理的原因在于，这些原理“再现了我们表象和思维的本质”。后面这句话的意思是说，这些原理是规律，它们确定，哪些东西属于普遍人类表象和思维本身，“它们给明，我们在所有的表象和思维中被束缚在哪些条件上”。正是由于这些原理进行这种确定，所以——如埃德曼所认为的那样——对立的、否定这些原理的判断是无法进行的。

然而我既不能赞同这个推论，也不能赞同组成这个推论的那些主张。我觉得非常可能的是：恰恰是根据这些支配着一个生物

① 埃德曼：《逻辑学》，第一卷，369，第 375 页。后面的引文出处按此页码顺序衔接下去。

(如一个人)的所有思维的规律,在个体中(in individuo)产生出否定这些规律的有效性的判断。对这些规律的否定恰恰是**与对这些规律的主张相矛盾的**;但否定作为一种**实在行为**完全可以与这些规律的客观有效性相协调,或者也可以说,它完全可以与规律在一个普遍陈述中所表达的那些条件的实在效用性相协调。如果在前面谈及矛盾时涉及的是判断内容的观念关系,那么在这里则事关判断行为及其规律性条件之间的实在关系。若假定观念联想的规律就是人的表象活动和判断活动的基本规律,就像联想心理学事实上所教导的那样,那么一个否定这些规律的**判断**恰恰因为这些规律的效用性才能在此,这难道不是一种必须被斥之为荒谬的不可能性?①

但即使这个推理是正确的,它也没有达到它的目的。因为逻 A 139
辑绝对主义者[恕我如此称呼(sit venis verbo)]将会合理地指责 B 139
说:埃德曼所谈的**思维规律**要么不是我和所有人所谈的那种思维规律,这样他便根本没有涉及我的命题;要么是他给这些规律附加了一个与这些规律的明确意义相违背的特征。而且他还会指责说:从这些规律中推导出,对这些规律的否定是在思维上不可能的,这种**思维的不可能性**要么是我和所有人所理解的那种思维不可能性,那么它便应验了我的观点;要么这种思维不可能性是另外一种思维不可能性,那么这就再次与我无涉了。

先谈**第一点**。逻辑原理所表达的无非是某些真理,这些真理仅仅建基于某些如真理、谬误、判断(命题)等等这样一些概念的意

① 参阅本书前面第 22 节。

义(内容)之中。在埃德曼看来,它们都是一些"思维规律",它们表述的是我们人类的思维本质;它们提出束缚着所有人类表象活动和思维活动的条件,它们会——如埃德曼随后便用明确的言词(expressis verbis)所教导的那样——随人类本性的变化而变化。据此,这些规律在埃德曼看来应当会具有实在的内容。但这就与这些作为纯粹概念命题的规律之特征相矛盾。任何一个单纯建立在概念[6]之中,仅仅确定在概念中所包含的以及连同概念一起被给予的东西的命题都不会对实在之物做出陈述。而且,人们只要看一下逻辑规律的真实意义便可以认识到,逻辑规律是不会对实在之物做出陈述的。即使在这些规律中谈到判断,这些判断也不是指心理学规律用这个词所要涉及的东西,即作为实在体验的判断,而是指在种类的(in specie)陈述含义之意义上的判断,无论这种判断是否是真实的陈述行为的基础,并且,无论这种判断是否由这个或那个陈述行为陈述出来,它们都同一不变地是其所是。只
A 140 要人们把逻辑原则理解为一种以自然规律的方式支配着我们实在
B 140 表象活动和判断活动的实在规律,人们便完全改变了逻辑原则的意义。——前面我们对此已有详细阐述。

可以看出,将逻辑基本规律标志为思维规律是多么危险。如我们在下面一章将要进一步论述的那样,思维规律只是下面这种意义上的规律,即:这些规律的作用注定只是在于将思维规范化;这意味着,与思维规律有关的是实践的作用,是利用方式,而不是某种包含在它们自身内容之中的东西。说思维规律表述了"思维

[6] 在A版中还紧接:(特殊的含义)。

的本质”，这从它们的规范作用上来看还是合理的，当然还要满足下面这个前提，即：在这些规律中，必要而充分的标准已被给予，人们可以根据这些标准来测量任何一个判断的正确性。无论如何可以说，这些标准清晰地标示出所有思维的观念本质以及夸张意义上的正确思维的观念本质。老理性主义是非常乐意做这种理解的，但它无法说明，逻辑原理无非只是平凡的普遍性，一个主张之所以不能反驳这些普遍性，只是因为一旦这样做，这个主张就会是背谬的；因而反过来说，思维与这些规范的和谐也就不再保证思维自身在形式上是[7]一致的。据此，现在还在这种（观念的）意义上谈论“思维的本质”便是极为不合适的，而且用那些——如我们所知——只能使我们避免逻辑背谬的规律①来改写思维的本质也是 A 141
极为不合适的。如果人们在我们这个时代仍然不谈形式的一致 B 141
性，而谈形式的真理，那只是理性主义成见的残余在作怪，这是一种对真理一词的玩弄，由于它令人迷惑，所以应当受到谴责。

但我们现在要过渡到第二点上去。对思维规律之否定的不可能性被埃德曼理解为这种否定的不能进行性。我们逻辑绝对主义者认为这两个概念是如此地不同一，以至于我们可以完全否定不

① 我想这里已经总括了所有的纯粹逻辑学规律。用传统意义上的两个或三个“思维规律”是无法使一种形式一致的思维概念得以成立的，而且我认为（且不只是我一人这样认为），所有那些自古以来与此相背的论述都是错误的。任何一个形式背谬都可以还原为一个矛盾，但这种还原只有借助于各种其他的形式原理才能进行，例如借助于三段论原理、算术原理等等。在三段论中，原理的数目就至少有十几个。它们都可以得到确切的演证（demonstrieren）——在假证明中，即在那些预设了这些原理本身以及与它们等值的命题的假证明中。

[7] 在A版中还紧跟：不。

能进行性而坚持不可能性。并非作为行为的否定是不可能的（就是说，否定作为实在的行为并不是实在不可能的），而是构成这个否定内容的**否定性命题**是不可能的，就是说，这个命题作为一个观念命题在观念的意义上是不可能的；但在其中所包含的是：它是**背谬的**，因而明见地是错误的。这个否定性命题的观念不可能性并不与否定的判断行为的实在可能性[8]相冲突。我们在这里可以避免最后残留下来的模糊表述而这样说：这个命题是背谬的，这个判断行为[9]在因果上不是[10]不可能的，这样就一切都完全清楚了。

当然，在**正常**人的事实性思维中，一般不会出现对一个思维规律的现实否定；但在伊壁鸠鲁和黑格尔这些大哲学家对矛盾律做出否定之后，就很难说人永远不可能做出这种否定。也许，从这点上看，天才与疯狂是亲戚，也许在疯人中会有人否定思维规律；而人们总得把他们看作是人。我们再考虑这样一点：与对原初原理的否定一样，对这些原理的结论的否定也在同样的意义上是思维不可能的。但众所周知，在涉及复杂的三段论定理或算术定理时，人们往往会出错，这也是一个无可争辩的论据。此外，这些争论的
A 142 问题也并没有触及本质性的东西。逻辑的不可能性是观念判断内
B 142 容的背谬性，心理学的不可能性是相反的判断行为的不能进行性，即使后一种不可能性是随前一种一起以普遍人类所具有的方式被给予，就是说，即使从自然规律上来看人们不可能将背谬性视为真，这两种不可能性也仍然是不同质的概念。

[8] 在A版中为：不可能性。

[9] 在A版中为：这判断。

[10] 在A版中为：是。

相对于思维规律而言，矛盾所具有的这种真正的逻辑不可能性现在可以被逻辑绝对主义者用来作为这种思维规律的“永恒性”的论据。永恒性的说法在这里指的是什么呢？仅仅是指这样一种状况，即：在独立于时间和环境、独立于个体和种类的情况下，每个判断都受纯粹逻辑规律的“束缚”，这里所说的束缚当然不是指心理学意义上的思维强制力，而是指观念意义上的规范：谁做出别的判断，谁的判断便必然是错的，无论他把自己看作是何种心理生物种类。与心理生物有关显然并不意味着对普遍性的限制。对判断而言的规范“束缚着”判断的生物，而不束缚石块。这已包含在规范的意义之中。因此，将石块或类似的生物在这方面作为例外来对待便是可笑的。逻辑绝对主义的证明现在很简单：下面的联系是通过明察而被给予我的：这些或那些原理是有效的，它们只表述那些建基于它们概念的内容之中的东西。因此，任何一个命题（即任何一个观念意义上的判断内容），只要它直接否定了基本规律或间接地违背了基本规律，便是背谬的。间接地违背规律只是指：一个纯粹演绎关系将判断内容的真作为假设与那些原理的非真作为 A 143
命题结合在一起。如果这种判断内容因此而是背谬的，从而也是 B 143
错误的，那么每个具有这种判断内容的现时（aktuell）判断也必定是不正确的；因为，只有当判断的内容为真时，判断才是正确的，而当判断内容为假时，判断便是不正确的。

我刚才强调“每个判断”是为了提醒人们注意，这种严格的普遍性的意义截然地排除了任何限制，就是说，它也不限制在人的种属或其他判断生物种属上。我无法强迫任何人去明察我所明察到的东西。但我自己不能怀疑，因为我自己又明察到：凡在我具有明

察时，即凡在我把握了真理自身时，任何怀疑都是错误的；这样，我便处在这样一个点上：或者我可以将这个点看作是阿基米德之点，以便从这个点出发去彻底震撼非理性的和怀疑的世界；或者我放弃这个点，从而放弃所有的理性和认识。我明察到，情况就是如此，并且在上面所说的后一种情况中——如果还能谈理性和非理性的话——我必须中止所有理性的对真理的追求、所有主张和论证。

自然，在所有这些问题上，我和埃德曼这位出色的研究者都是有争议的。因为他继续写道：

“如此被论证的形式原理的必然性……只有在这样一种情况下才是绝对的，即我们的认识能够保证：我们在自身中发现并通过我们的认识而表述出的思维本质是一种不变的，甚至是唯一可能的思维本质，**我们**思维的那些条件同时也是**任何**可能的思维的条件。然而我们只知道我们的思维。我们无法构想一个与我们思维不同的思维，也就是说，我们无法构想一个包含不同种类思维的思维属。那些看起来能够描述这样一种思维属的语词对我们来说并不具有任何一种可由我们进行的意义，即一种使这个假象所唤起
A 144 的那种要求得到满足的意义。因为任何一种想将这些语词所描述
B 144 的东西制作出来的企图，都受我们的表象活动和思维活动之条件的束缚，都是在这些条件的范围内活动。”

倘若我们在纯粹逻辑联系中果真承认“我们思维的本质”这类棘手的说法有效，也就是说，倘若我们按照我们的分析而果真通过一批对思维的形式一致性做出界定的观念规律来理解这些说法，那么我们当然也可以声称已经严格地证明了埃德曼认为不可证明

的东西：思维的本质是不变的，甚至是唯一可能的，如此等等。但显然可以看出，埃德曼在否认这一点时并没有遵从那些相关说法的唯一合理意义。很明显，他（在后面的引文中，这一点还将更鲜明地表现出来）把思维规律理解为对我们思维的实在本质的表达，也就是理解为实在规律，仿佛我们可以用它来获得对普遍人类结构的认识方面的直接明察。可惜情况根本不是这样。试想，〔逻辑〕命题丝毫不会谈论实在之物，而只会澄清随某些普遍性语词含义和陈述含义一同不可分离地被设定的东西，这类命题如何能够为如此重要的实在认识，即关于"精神过程的本质，简言之，我们心灵的本质"（我们在下面会读到这种说法）的实在认识提供保证呢？

另一方面，即便我们真的通过这些规律而获得对思维的实在本质的明察，我们也仍然会得出与这位卓有贡献的研究者完全不同的结论。"我们只知道我们的思维。"更确切地说，我们不仅知道我们个体－本己的思维，而且作为科学的心理学家，我们还略知一些普遍－人类的思维，还较少地知道一些动物的思维。但无论如何，在实在意义上的另一种思维以及与这种思维相应的思维生物种类对我们来说根本不是不可思议的，它们完全可以得到有意义的描述，正如在各种自然科学的虚构中，这种情况也是可能的一 A 145
样。伯克林[①]生动天然地为我们描画了最优美的半人半怪和水 B 145
妖。我们相信他所描画的东西——至少在美学上相信他。当然，谁能决定，这些妖怪从自然规律上看是否可能。但倘若我们确实

① A. 伯克林（1827－1901年），瑞士画家；擅长风景画、神话中的人物画，对超现实主义有重大影响。——中译注

具有对有机因素的复合形式的最终明察，这些因素有规律地构成了有机物的活的统一，倘若我们确实了解，是什么样的规律将这种生成的流动保持在具有典型形态的河床中，那么我们也就可以在科学精确的概念中将杂多的、客观可能的种类与现实的种类按序排列在一起，我们可以严肃地讨论这些可能性，就像理论物理学家讨论他所虚构的万有引力的各个种类一样。无论怎样，这种虚构的**逻辑可能性**在自然科学领域和在心理学领域一样，都是无可辩驳的。只有当我们进行向另一个属的越度(μετάβασις εἰς ἄλλο γένος)时，只有当我们混淆心理学思维规律的区域和纯粹逻辑学规律的区域并在心理学的意义上错误地解释逻辑规律时，埃德曼的主张才会获得合理性的假象，这个主张便是：我们无法想象其他的思维方式，描述这些思维方式的语词对我们来说不具有任何能进行的意义。或许我们确实不能“真正地想象”这些思维方式，或许这些思维方式对我们来说确实是在绝对的意义上不能进行的；但这种不能进行性无论如何也不是荒谬性，不是背谬性意义上的不可能性。

也许下列思考会有助于澄清这一问题。阿贝尔[①]超越论的定理对于婴儿来说，而且同样对于一个外行来说(像数学家们所戏称
A 146 的那样，对于一个数学儿童来说)不具有“能进行的意义”。原因在
B 146 于对它们的表象活动和思维活动的个体条件。就像我们成熟的人对待孩子，数学家对待外行一样，一般说来，更高一类的思维生物——我们姑且说，天使——也这样对待我们人。天使的语词和

① N. H. 阿贝尔(1802－1829年)，挪威数学家；证明了代数中五次以上积分方程式的不可解性；建立了代数函数的积分理论。——中译注

概念对我们不具有能进行的意义，我们心理构造的某些性质不允许我们做到这一点。普通人为了理解阿贝尔的函数论，甚至为了理解这理论的概念就需要几年，我们姑且说五年。也许，普通人以他的构造为了理解某些天使的函数论需要一千年，而他自己即使寿长也差不多只能活一百年。但这种绝对的、受特殊构造的自然限制所决定的不能进行性当然仍非那种由荒谬性、由**背谬的**命题所苛求我们的不能进行性。一种情况所涉及的是我们始终无法理解的定律；但它们就自身来看是一致的，甚至是有效的。另一种情况则相反，我们很能理解那些定律；但它们是背谬的，并且正因为此，"我们不能相信它们"，就是说，我们明察到，它们可以被谴责为背谬的。

现在让我们来考察一下埃德曼从他的前提中所推导出的极端结论。依据"直观思维的空洞假设"，他认为，我们必须"承认这样一种**可能性**，即：一种与我们的思维本质不同的思维是存在着的"，他由此得出结论说，因此，"逻辑原理也只适用于我们这种思维的领域，同时我们还无法保证我们思维的属性不会变化。因为，这种变化的出现始终是可能的，无论这种变化是涉及所有原理，还是只涉及其中的几个原理，因为并非所有这些原理都可以从一个原理中分析地推导出来。这种可能性在我们自身意识所做的关于我们思维的陈述中找不到能够预见其实现的依据，但这是无关紧要的。A 147
这种可能性即使如此也仍然存在着。因为我们只能按我们思维本 B 147
身所是来承受我们的思维。我们无法用我们思维当下的属性来束缚它未来的属性。我们尤其无法如此地把握我们的精神过程的本质，简言之，我们心灵的本质，以至于我们能从心灵中演绎出我们已有思维的不变性。”①

因此，在埃德曼看来，我们“不得不承认，所有那些命题——即这样一些命题：与这些命题相矛盾的思维对我们来说是不能进行的——都仅仅在我们思维性质的前提下才是必然的，这个前提是作为这个特定的前提被我们体验到的，但不是被绝对地体验到，不是在任何可能的条件下都被体验到；因此根据这种情况，对于我们的逻辑原理来说，它的思维必然性仍然存在；只是这种思维必然性**不再被看作是绝对的**思维必然性，而是**被看作是假设的**[以我们的说法：相对的]思维必然性。我们只能赞同这些逻辑原理——根据我们表象活动和思维活动的本性。它们是普遍有效的，但前提是我们的思维仍然保持原状。这些原理是必然的，这是因为，只要它们表达了我们思维的本质，我们就只能在它们的前提下进行思维。”②

168 A 148 根据以上阐述，我无须再说：埃德曼的这些结论在我看来是无
B 148 法合理成立的。我们确实只能按我们思维本身所是来承受我们的思维，任何一个想从“我们的精神过程的本质，简言之，我们心灵的本质”中演绎出我们思维的不变性的企图确实都是愚蠢的。但从这里却无法推导出那种截然不同的可能性，即：我们的种类构造的

① 参阅埃德曼：《逻辑学》，第一卷，369，e，第 377、378 页。——一旦人们相信了逻辑思维变化的可能性，那么离逻辑思维发展的思想也就不遥远了。我在 A. 拉松的一篇报告（载于《哲学杂志》，第 113 卷，第 85 页）中读到，G. 弗雷罗在《心理学规律作为符号论》（巴黎，1895 年）中认为：“逻辑学应当实证化，而且推理规律应当随年代和文化发展阶段的不同而得到分别的阐述，因为逻辑也随大脑的发展而变化……。以往人们偏好纯粹逻辑和演绎方法，这是一种思维惰性，而形而上学便是这种思维惰性维持至今的庞大纪念碑，幸运的是它只在几个落伍者那里还有影响。”

② 参见埃德曼：《逻辑学》，第一卷，370，第 378 页。

变化会涉及原理，无论是所有的原理还是几个原理，因而这些定律的思维必然性仅仅是假设的必然性。毋宁说所有这些都是背谬的，并且在我们于此始终运用的确切词义上（当然不带任何色彩，只作为科学的术语）是背谬的。这种学说能够得以产生并且甚至能够迷惑严肃的研究者，这是我们所运用的那些多义的逻辑术语所带来的厄运。如果基础逻辑学进行了原始的概念区分并且在此基础上澄清那些术语，我们就不会背负着那些附在所有逻辑术语——思维规律、思维形式、实在的和形式的真理、表象、判断、命题、概念、特性、根据、必然性等等——上的沉重的双关含义的包袱而四处蹒跚了；也就不可能有如此之多的背谬性，包括相对主义的背谬性还在逻辑学和认识论中得到理论上的倡导，而且它们也不能再具有那种甚至迷惑了重要思想家的假象了。

现在我们来看"思维规律"的变化可能性，这种可能性是指：思维规律就是表象活动和判断活动的心理学规律，它们对于各种不同的心理生物来说是各不相同的，甚至相同的规律也会随时间的变化而变化，关于这种可能性的说法[11]给出了一个好的意义。因为我们通常把心理学"规律"理解为"经验规律"，即理解为那种并存和延续的大致普遍性，它们与事实性有关，可能在一种情况中是这样，在另一情况中则是那样。我们也很乐意承认思维规律作为表象和判断的规范规律所具有的变化可能性。规范规律确实能够适应判断生物的特殊构造并随它们的变化而改变。这显然与作为 A 149
方法论的实践逻辑学的规则有关，同样也与具体科学的方法规定 B 149

[11]　在 A 版中为：这种可能性。

有关。数学的天使也许具有与我们不同的计算方法——但也具有不同的原理和定理吗？这个问题还会继续引领我们：只有在我们把可变的思维规律理解为纯粹逻辑规律时(我们可以把数论、序数论、纯粹集合论等等所具有的纯粹规律都算作纯粹逻辑规律的一部分),可变思维规律的说法才是背谬的。人们会用另一种模糊的表达,即“思维的规范规律”来标志纯粹逻辑规律,这个表达一般会诱使人们把纯粹逻辑规律与那些奠基于心理学之中的思维规则混为一谈。可是纯粹逻辑规律是一种观念的、纯粹理论的真理,它们纯粹地植根于它们的意义内涵中,并且永远不会超越出它们的意义内涵。因此,任何在事实材料(matter of fact)的世界中发生的现实的或虚构的变化都不会触动到它们。

从根本上说,我们在这里实际上要考虑到一个三重的对立：不只是实践规则与理论规律之间的对立,以及观念规律和实在规律的之间的对立,而且还有精确规律与“经验规律”(即作为平均普遍性的规律,这就是人们常说的:“没有无例外的规则”)之间的对立。
A 150 B 150 倘若我们能明察心理发生的精确规律,那么这些规律也将是永恒不变的,它们会与理论自然科学的基本规律一样,就是说,即使没有心理发生,它们也仍然有效。即使所有受引力吸引的物体都毁灭了,万有引力的规律并不因此而被取消,它仍然存在,只是没有实际运用的可能性而已。它并没有对受引力吸引的万物的实存作任何陈述,而只陈述应属于那些受引力吸引的万物本身的东西。(当然,如我们在前面[①]所认识到的那样,对精确的自然规律的确

① 参阅本书第四章,第23节。

定是以理想化的臆构(idealisierende Fiktion)为基础的，我们在这里对此忽略不计，而仅仅持守住这些规律的意向。)因此，只要人们承认，逻辑规律是精确的，并且[12]作为精确的规律被明察到，那么这些逻辑规律便不可能因事实存在之组建的变化以及因此而导致的自然史种类和精神种类的变形而发生变化，而这些逻辑规律的“永恒的”有效性便因此而得到保证。

在心理主义方面，也许有人会对我们这种立场提出异议：与所有真理一样，逻辑规律的真理也处于认识之中，而认识作为心理体验不言自明地要服从心理学的规律。但无须详尽地解释真理在何种意义上处于认识之中这个问题，我便可以指出，心理学事实性的变化不会将认识变成谬误，将谬误变成认识。认识的产生和消失作为现象当然取决于心理学条件，正如另一些现象，如感性现象的形成和消失也取决于心理学条件一样。但是，任何一个心理学事件都无法做到这一点，即：我现在正在看的红不是颜色，而是一种声音；或者，两个声音中较低的一个声音是较高的声音；或者更一般地说：所有包含在和建基于各个体验的普遍之物中的东西都超越出任何可能的变化之上，因为所有变化都涉及个体的个别性，而这对概念性的东西来说则毫无意义；与此相同，相应的情况也适用 A 151
于认识行为的“内容”。认识的概念意味着：认识的内容具有真理 B 151
的性质。这种性质不归那种转瞬即逝的认识现象所有，而是归这些现象的内容所有，归那些观念之物和普遍之物所有；当我们说：我认识到 a + b = b + a 时，并且当无数个其他人也认识到这一点时，

[12]　在A版中还紧跟：仅仅。

我所看到的便是这些观念之物和普遍之物。当然，认识有可能发展成谬误，例如在假推理中；认识本身并不因此而成为谬误，这只是因果上的顺序而已。也有可能在一种能进行判断的生物那里没有形成认识，也有可能这些生物视之为真的东西都是假的。但真与假自身却是不变的；它们本质上是有关判断内容的属性，而不是判断行为的属性；它们归这些判断内容所有，哪怕它们不为任何人承认：正如颜色、声音、三角等等也具有属于那些作为颜色、声音、三角等等判断内容的本质属性，无论这世界上是否曾有人认识到这一点。

因此，我们无法承认埃德曼试图论证的那种可能性，即其他生物可能会具有完全不同的原理。一个背谬的可能性就是一个不可能性。只要充分思考一下在他学说中包含的东西便可以了。也许存在着一种特殊的生物，我们姑且称之为**逻辑超人**，**我们的原理对他们无效**；毋宁说，对他们有效的是另一些原理，以至于对我们来说为真的东西对他们为假。对他们来说合理有效的是，他们不体验他们所体验的心理现象。也可能我们的存在以及他们的存在对我们来说为真，对他们来说则为假，如此等等。我们这些**逻辑常人**
A 152 当然会判断说：这些生物疯了，他们谈论真理并且取消真理的规
B 152 律，他们声称拥有他们自己的思维规律，并且他们否定那些决定着整个规律可能性的规律。他们提出主张并且又允许否定这个主张。是与否，真理与谬误，存在与不存在在他们的思维中不具有任何相互的差异。只是他们没有发现其背谬性，而我们发现了，甚至可以说，我们以最清晰的明察认识到了这种背谬性。——谁承认上述情况是可能的，谁便与最极端的怀疑主义大同小异：真理的主观性在最极端的怀疑主义那里与个别的人有关，在他那里则与个

别的种类有关。这人因而便是一个我们前面所确定的意义上的种类相对主义者，并且，他要受到我们前面已说明过、这里无须再重复的那些指责。此外，我看不出有什么理由要抓住虚构的种族差异的极端不放。为什么不承认现实的种族差异、理性与疯狂的差异以及个体的差异有同样的权利呢？

也许，针对我们诉诸明见性的做法，或者说，针对我们诉诸那个被强加于我们的可能性所具有的明见的背谬的做法，一个相对主义者会用前面引用的那句话来反驳："这种可能性在我们自身意识所做的陈述中找不到依据，但这是无关紧要的"；显而易见，我们不可能进行与我们思维形式相背的思维。然而，撇开我们自己已反驳过的那种对思维形式的心理主义解释不论，我们要指出，这样一条出路意味着绝对的怀疑主义。如果我们不再相信明见性，那我们如何还能提出主张并理性地倡导这些主张呢？考虑到其他人和我们有一样的构造，也就是说，他们借助于同样的思维规律并倾向于类似的主张，那么他们又如何还能提出主张并理性地倡导这些主张呢？但我们如何能知道这些事情，如果我根本无法知道任何事情的话？没有明察也就没有知识。

奇怪的是，人们竟会去相信如此可疑的、超越出普遍人类事物之上的主张而不去信任那些单纯的平凡性，这些平凡性虽然在内容上给人教益很少，但却为我们保证了对它们所含的意义的最清晰的明察；而且在这些意义中至少绝不会包含任何与思维生物和它的特殊个性有关的东西。 A 153 B 153

相对主义者也不能指望通过下面的说法而使自己的处境得到哪怕暂时的改善，这种说法便是：你把我当作极端相对主义者来对待,但我只是就逻辑原理而言的相对主义者,其他的真理尽可以不受攻击地继续存在下去。这位相对主义者以此方式至少无法摆脱对种类相对主义的指责。谁将逻辑基本真理相对化,谁也就将所有真理相对化了。只须看一下矛盾律的内容便足以做出显而易见的结论。

埃德曼本人始终会全然远离这类权宜之计;他的学说所要求的相对主义真理概念的确是他的逻辑学的基础。他对此概念的定义是:“一个判断的真理就在于:判断对象的逻辑内在性是主观的,更具体地说,是客观上确定的,而对这种内在性的谓语表达是思维必然的。”[①]这样我们当然还仍然停留在心理主义的领域内。因为对象对埃德曼来说就是被表象之物,而被表象之物又明确被视为与表象是同一的。同样,“客观确定性或普遍确定性”只在表面上是客观之物,因为它“建基于诸判断者的普遍的一致之上”。[②] 尽管我们在埃德曼那里仍然能找到“客观真理”这种表述,但他把它等同于“普遍有效性”,即对所有人而言的有效性。而且他又把这种普遍有效性分为对所有人而言的确定性和——如果我理解正确的话——对所有人而言的思维必然性。前面的定义也说明了这一

A 154 点。人们在这里会怀疑,在一个唯一的事例中,我们如何能够合理
B 154 主张客观真理,我们又如何避免由这个定义所导致的,并为这位出色的研究者已注意到的无穷倒退。可惜他所提供的[13]消息并不

① 埃德曼:《逻辑学》,第一卷,278,第 275 页。

② 埃德曼:《逻辑学》,第一卷,第 274 页。

[13] 在 A 版中为:把握的。

充分。如他所说，具有确定性的不是一致性本身，而是这样一些判断，在这些判断中我们与他人一起主张这种一致性；但这又有什么用呢？而且我们在此所获得的这种主观确定性又有什么用呢？而实际上只有当我们知道了这种一致性，就是说，只有当我们领悟到这种一致性的真理时，我们的主张才是合理的。这里还有这样的问题：我们怎样才能获得那种所有人都一致的主观确定性；即使抛开这个问题不论，也还有这样的问题：究竟是否有理由提出普遍确定性的要求，因为人们并不是在所有人那里，而毋宁说是在几个特定的人那里才能找到真理。

第八章　心理主义的成见

至此为止，我们主要是从心理主义的结论来反驳心理主义。现在我们转向它的论据本身。我们将试图证明：心理主义所依据的那些被误认为自明性的东西，实际上是错误的成见。

第 41 节　第一个成见

第一个成见是认为："支配心理之物的那些规定不言自明地是奠基于心理学之中的。据此也就很明显：认识的规范规律必须建基于认识心理学之中。"

A 155 如果人们不是泛泛地进行论证，而是去接近实事本身，那么这
B 155 里的谬误便会消失。

首先有必要终结这两派所共有的一个错误观念。我们要指出，如果我们从逻辑规律的自在和自为方面来考察逻辑规律，那它决不是规定意义上的规范原理，即不是这样一些原理，它们的内容在于陈述：人们**应当**如何进行判断。人们必须完全区分：一方面是那些被**用来规范**认识活动的规律，另一方面是**包含着这个规范本身的思想**并将这个规范作为普遍的义务而**陈述**出来的那些规则。

我们来考察一个例子，例如著名的三段论原则，这个原则自古以来就被理解为：标记的标记也就是实事本身的标记。要不是这

个理解没有将一个显然是错误的命题当作对所指思想的表达，那么它的简练还是值得推荐的。① 为了更具体地[1]表达这个思想，我们必须运用更多的语句。“对于任何一对标记 A 和 B 来说，这样一个定律是有效的，即：如果每个对象既具有 A 的标记，也具有 B 的标记，同时，某个对象 S 具有 A 的标记，那么它也就具有 B 的标记。”我们必须坚定地否认这个思想包含着丝毫一丁点的规范思想。我们当然可以用它进行规范，但它并不因此本身就是规范。我们也可以将一个**明确的**规定建立在它的基础上，例如，“谁始终判断，每个 A 也是 B，并且某个 S 是 A，那么他也必须（应当）判断，这个 S 也是 B。”但任何人都会看到，这已经不是起初那个逻辑定律了，而是某种通过引入规范的思想而从逻辑定律中产生出来的东西。

显然，这一点也适用于所有三段论的规律，同样也适用于所有 A 156
“纯粹逻辑的”原理一般。② 然而不仅仅是适用于它们。其他理论 B 156

① 一般说来，一个标记的标记肯定**不**是一个实事的标记。如果三段论原则所指的确实是那些语句所明确意味着的东西，那么就可以这样推论：这张吸墨纸是红的；红是一种颜色；吸墨纸是一种颜色。

② 规范的思想、应当存在（Seinsollen）不属于逻辑定律的内容，带着这个信念，我很高兴地和纳托尔普走到一起了。他最近在《社会教育学》（斯图加特，1899 年，第 4 节）一书中简明扼要地说：“根据我们的主张，逻辑规律不表述人们在这样或那样的情况下是如何想的，也不表述人们应当如何想”。在涉及等值推理“如果 A 等于 B，B 等于 C，那么 A 等于 C”的例子时，他说：“我看到这一点，因为我眼前只有这些可比较的术语和由此而产生的它们之间的联系，同时却不必考虑某个相应的思维的进行过程或形成过程，无论是它的事实性过程，还是它的应当存在过程。”（同上书，第 20 页及后页）——在其他的几个根本观点上，我的这部《导引》也与这位深刻的研究者的著作相接触，但可惜这部著作已无法帮助我深化和阐述我的思想了。相反，纳托尔普的另外两份较早的文字，即前面被引用的、刊载在《哲学月刊》第二十三期上的文章以及《心理学概论》，曾对我产生过推动作用——尽管我并不赞成这两篇文字中的其他观点。

[1] 在 A 版中为：准确地。

科学的真理，首先是人们通常将其与逻辑学划分开来的纯粹数学真理，也具有向规范转变的能力。[①]

例如著名的定律：

$$(a+b)(a-b)=a^2-b^2$$

便意味着，从任意的两个数字的和与差中得出的积与它们的二次方的差是相同的。这里谈的不是我们的判断以及判断应当如何操作的方式。我们这里所面临的是理论的规律而不是实际的规
A 157 则。反之，如果我们来看一个相应的定律："只要获得两个数的平
B 157 方的差，便可确定这两个数的和与差的积"，这样我们便相反地说出了一个实际的规则而不是一个理论规律。在这里也主要是通过对规范思维的引入，规律变成了规则；规则是规律的自明的、确然的结果，但在思想内涵上却不同于规律。

我们在这里还可以继续前行。很明显，以同样的方式，任何普遍真理，无论它属于哪一个理论领域，都可以用来论证正确判断的普遍规范。在这点上，逻辑规律并不以任何方式显示自己有特别之处。根据它们的固有本性，它们不是规范的真理，而是理论的真理，并且作为这种真理，它们和所有其他科学的真理一样，可以被用来对判断进行规范。

另一方面当然也很明显，将逻辑原理视作思维规范，这种普遍

---

① 我所运用的"纯粹数学"或"形式数学"的术语，包含了整个纯粹算术和流形论，但不包含几何学。几何学在纯粹数学中与欧几里得的三维流形学说相符合，三维流形是空间的种属观念，但却不是空间本身。

信念可能不完全是无根据的，它向我们所表现出的那种自明性可能不完全是欺骗。在思维规则的实事中必定有某种内部的(inner)优越性使这些定律突出于其他的定律。然而，规则(应当)的观念因此就必定处于逻辑定律本身的内容之中吗？它难道就不能带着明晰的必然性而建基于这个内容之上吗？换言之，逻辑的和纯粹数学的规律难道就不能具有一种突出的含义内涵，这种内涵赋予这些规律以一种对思维进行规范的自然职责吗？

从这个简单的考察中我们看到，事实上双方都有不合理之处。

反心理主义者们的错误在于，他们提出，对认识的支配可以说是逻辑规律的实质。因此，形式逻辑以及与它地位相同的形式数学的纯粹理论特征便无法获得它们应有的有效性。人们正确地看到，在传统三段论中所探讨的那组定律对心理学来说是陌生的。
同样，人们也认识到，这些定律具有对认识进行规范的自然职责，A 158
为此，这些定律便必然地构成任何实用逻辑学的核心。但人们没 B 158
有看到这些定律本身的内涵与定律的作用、定律的实际运用之间的区别。人们没有看到，所谓逻辑原理自身并不是规范，而只能被用作规范。人们已经习惯于在谈论思维规律时顾及到规范，这样看起来，就好像这些规律具有心理学的内涵一样，就好像它们与习惯上所说的心理学规律的差异仅仅在于：它们进行规范，而心理学规律则不做这类事情。

另一方面，心理主义者们的错误则在于他们误认了公理，我们用几句话便可以证明这些公理的无效性：任何普遍真理，无论它们是心理学的真理还是非心理学的真理，都论证了正确判断的规则——如果这是完全自明的，那么它便为此提供了保证，即：很有可能，甚至就确实存在着一些并不建立在心理学之中的判断规则。

当然，尽管所有这类判断规则为判断的正确性提供了规范，它们却并不因此而就都是逻辑规则；然而必须看到，在那些真正意义上的逻辑规则中，也就是在那些构成科学思维工艺论的原本区域的逻辑规则中，只有一组规则可以允许并且也要求心理学的论证，即：与人类本性尤其相适应的技术规定，它们规定着科学认识的产生以及规定着对这些认识产生所做的批判。与此相反，另一些更为重要的逻辑规则却在于：它们本身是规律转变成规范的结果，这些规律是指那些按它们的客观的和观念的内涵来看是隶属于科学
A 159 的规律。心理学的逻辑学家们，其中包括像穆勒和西格瓦特这样
B 159 的著名研究者，更多地是从科学的主观方面（作为特殊人类认识成果的方法论统一），而不是从科学的客观方面（作为真理的理论统一）来看待科学并因此而片面强调逻辑学的方法论任务，这样他们便忽视了**纯粹逻辑规范**和一门特别的**人的思维工艺的技术规则**之间的**根本区别**。然而这两者在内容、起源和作用方面有着完全不同的特征。我们看一下纯粹逻辑命题和方法论命题各自的原本内容便可以知道：如果纯粹逻辑命题仅仅与观念之物发生联系，那么方法论命题则与实在之物发生联系。如果纯粹逻辑命题的起源是在直接明晰的公理中，那么方法论命题的起源则是在经验的、主要是心理学的事实中。如果那些纯粹逻辑命题的提出只是附带地被用来满足实际的兴趣，那么方法论命题的情况则相反，它们的直接兴趣是实际的兴趣，而理论的兴趣只是间接地受到它们的推动，就是说，只有当方法论命题的目的在于从方法上促进普遍科学认识时，它们才会间接地推动理论的兴趣。

第 42 节 阐释性的陈述

如我们前面所见，任何一个理论命题都可以使自己转变为规范命题。但是，如此而产生的正确思维的规则一般不是那种逻辑工艺论所需要的规则，它们中间只有少数几个可以说是被命定为逻辑规范。如果逻辑工艺论想为我们的科学追求提供有力的帮助，那么它就不能以已有的科学认识的丰富性为前提，因为我们恰恰希望通过它的帮助来获得这些丰富的认识。毫无目的地将所有理论认识转变为规范之物，这种做法对我们并没有用处；我们所需要的是那些具有普遍性并且在其普遍性中超越出所有已确定的科学的规范，用这些规范来评价和批判理论认识和理论认识方法，我 A 160
们还需要的是那些实际的规则，用这些规则来促进理论认识和理 B 160
论认识的方法。

逻辑工艺论想要做的正是这些，并且，如果它想作为一门科学学科来做这些工作，那么它自己必须以某些理论认识为前提。从一开始就很明显，对于逻辑工艺论来说，所有那些纯粹建基于真理、命题、主语、谓语、对象、属性、根据与结论、关系点与关系等等概念中的认识都是极为有价值的。因为所有科学，从它们的学说内容来看（即客观地、理论地看），都由真理构成自身，所有真理都处在命题之中，所有命题都包含主语和谓语并且通过主语和谓语与对象或属性发生联系；各命题本身在根据和结论方面是相互联结的，如此等等。现在很明显，只要那些赋予所有科学本身以客观依据和客观意义的东西不被取消，那么也就无法想象，建基于所有

作为客观理论之统一的科学的本质构成要素之中的真理本身会被取消，它们显而易见地构成了那种基本的尺度，人们可以用它们来衡量，在一定的情况下，那些要求成为科学的东西，或者说，那些要求作为原理或推理、作为演绎或归纳、作为证明或理论等等属于科学的东西确实是与这个意向相符合，还是毋宁说它们与理论和科学一般的可能性的观念条件先天地发生冲突。如果人们而后承认：那些纯粹建立在这些概念的内容（意义）之中的真理，那些构成了作为客观统一的科学观念的真理，不可能只是附带地属于某一个个别科学的领域；尤其是如果人们承认，这些真理作为观念真理不可能产生于关于事实材料（matter of fact）的科学之中，因此也
A 161 不可能产生于心理学之中——那么我们的事情便有了分晓。这样
B 161 人们也就不能否认一门真正科学，即纯粹逻辑学的观念存在，这门纯粹逻辑学绝对地独立于所有其他的科学学科，在这种独立状态中，纯粹逻辑学对那些从根本上属于系统统一或理论统一观念的各个概念做出划界，并且更进一步地对那些纯粹建基于这些概念之中的理论联系进行研究。这门科学的唯一特性将在于：它本身在其“形式”上要服从于它的规律的内容，换言之，将它本身构造成真理的系统统一的各种要素和各种理论联系是由那些同属于它的理论内涵的规律来主宰的。

与所有科学在其形式方面相关的科学当然也与其自身相关，这听上去有些背谬，但却不含有任何不相容性。这一点可以用与此有关的一个最简单的例子来说明：矛盾律支配着所有的真理，并且因为它自身也是真理，所以它也支配着自身。我们可以考虑一下，这里所说的支配意味着什么；只要我们对这个运用于自身的矛

盾律进行描述，我们便会接触到一种明晰的自明性，并因此接触到这个自明性的对立面，即诧异性与可疑性。纯粹逻辑学的支配在涉及自身时便完全是这种情况。

这门纯粹的逻辑学因而是方法论逻辑学的首要的和最本质的基础。当然方法论的逻辑学还有心理学为它提供的完全不同的基础。因为，如我们所说，任何一门科学都可以从两个方面受到考察：从一方面看，任何一门科学都是人们为了获得、为了系统地界定和阐述这个或那个真理区域所做的工作的总称。这些工作被我们称之为方法；例如，用算盘或格子进行计算，在平板上进行书写，
或是借助于这种或那种计算器，或是借助于对数表、正弦表或正切 A 162
表等等；此外还有借助于望远镜和望远镜中的线网的天文学方法， B 162
借助于显微技术和染色法的生物学方法等等。所有这些方法，包括阐述的形式，都与人的构造的现有正常状况相适应，而且这些方法中的一部分甚至是具有民族特色的偶然性。对于具有其他构造的生物来说，这些方法显然是完全无法使用的。甚至生理组织在这里也起着根本的作用。例如某种生物的视觉与终端器官相联系，这种终端器官与我们人的终端器官完全不同，这样的话，我们最好的光学仪器对他们又有什么用呢？其他所有的情况都与此相类似。

但任何科学都还可以从另一方面受到考察，即根据它们所传授的东西，根据它们的理论内涵。任何个别的定律所表述的——在观念的情况中——都是一个真理。但任何一个真理在科学中都不是孤立的，它和其他真理一起构成理论的结合体，通过根据和结论的关系而得到统一。只要科学满足了它的意向，科学所具有的

这种客观内涵便完全独立于研究者的主体性，完全独立于人类普遍本性的特征，于是它就是客观的真理。

而纯粹逻辑学恰恰就以这个观念的方面为目的，亦即根据其形式；这意味着，它不是以那些属于特定的具体科学的特殊质料为目的，不是以属于具体科学的真理和联结形式的各个特性为目的，而是以那些与真理以及真理一般的理论结合体有关的东西为目的。因此，任何一门科学就其客观理论方面而言都必须是与纯粹逻辑学的那些具有观念特征的规律相符合的。

然而这些观念规律在这里同样获得了方法论的意义，而且它
A 163 们之所以具有这种意义，也是因为在论证的关系中产生出了间接
B 163 的明见性，这些论证关系的规范无非是对那些纯粹建基于逻辑范畴之中的观念规律的规范运用而已。在本书第一章中[①]提出的那些论证的特殊特性的全部根源以及由此而得出的完整说明就在于：在论证中——即：在推理中，在绝然的证明关系中，在全面的理性理论的统一中，但也在或然性论证的统一中——的明晰性无非是一种对观念的**合规律性**的意识而已。纯粹逻辑学的反思在历史上第一次在亚里士多德的灵明中苏醒，它抽象地揭示了基础性的规律本身，它把由此而获得的、起初仅仅是零散的杂多规律回归到原始的(primitiv)基本规律上去，并且创造了这样一个科学体系，这个体系可以在有规则的顺序中纯粹演绎性地推导出所有可能的纯粹逻辑规律——所有推理证明等等的可能“形式”。现在，实用逻辑学的兴趣将这个成就获为己有。这种兴趣将纯粹逻辑的形式

① 参阅本书前面第 7 节，第 17 页及后页(边码 A 17ff./B 17ff.)。

转变为规范、规则，即：我们**应当**如何论证，以及——与可能的**非规律性**构造有关——我们**不能**如何论证。

据此，规范分成了两类：一类是对一切可论证之物、对所有确定无疑的联系进行规定的规范，它们具有纯粹的观念本性并且仅仅通过明见的转用才与人类科学发生联系。另一类可以被我们描述为论证的单纯辅助装置或代用品，[①]它们是经验的，**本质上**仅仅与科学的人类种属的方面有关；因此，它们是建立在人的普遍构造之中的，即一部分（对于工艺论较为重要的这部分）建立在心理构 A 164
造中，而另一部分甚至还建立在物理构造中。[②] B 164

第 43 节 回顾观念主义的反证。这些反证的缺陷和正确意义

因此，对逻辑学进行心理主义的论证还是客观的论证，在就此而进行的争论中，我采取一个中间立场。反心理主义者们首先看到的是观念规律，我们在前面将它们刻画为纯粹逻辑学规律，心理主义者们首先看到的却是方法论规则，我们将它们刻画为人类学规则。因此，两派不能相互理解。心理主义者们很少表现出有公正对待对方论据中的重要核心的意图，而这一点还因为以下情况

① 参阅本书前面第 9 节，第 22 页及后页（边码 A 22ff./B 22ff.）。

② 基础计算工艺也提供了后一方面情况的好例子。一个可以清楚地直观并能实际地掌握三维分类（尤其是数字分类）的生物，就如我们人类对于二维分类一样，完全会有可能拥有许多其他的计算方法。这类问题请参阅我的《算术哲学》；特别是有关物理状况对于方法构成的影响这部分，第 275 页及后页、第 312－314 页。

而更容易理解：反心理主义论据中混杂着所有心理主义的动机，这些动机恰恰是反心理主义者们首先必须避免的。那些自称为是对“形式的”或“纯粹的”逻辑学所做阐述的著作所具有的实际内容只是使心理主义者们更坚定了他们的反驳态度并且使他们产生这样一个印象：这门被倡导的学科所涉及的只是羞羞答答的，而且受到固执限制的认识心理学的一个部分，或者说，涉及的只是建基于认识心理学之上的认识规则。反心理主义者们在他们的论据中[①]无论如何也不能强调：心理学研究的是自然规律，而逻辑学研究的是**规范规律**。**自然规律**是一个受到经验论证的事实性存在或事实性
A 165 事件的规则，**它的对立面不是作为规定的规范规律**，而是一种纯粹
B 165 建立在概念（观念、纯粹概念本质[2]）之中并因此而是非经验的规律意义上的**观念规律**。形式主义逻辑学家们在谈及规范规律时所看到的是这种纯粹概念性的，并在此意义上是先天的特征，就这点而论，他们的论辩涉及了一些无疑正确的东西。但是他们忽略了纯粹逻辑定律的理论特征，他们误认了由于其内容而被命定用来支配认识的理论规律与**本身和根本上**具有规定特征的规范规律之间的区别。

真与假的对立在心理学中没有位置，[②]这种观点不完全正确，因为真理确实是在认识中“被把握”的，并且观念之物因此而成为

① 参阅本书前面第 19 节，尤其是第 55 页（边码 A 55/B 55），以及参阅第 13 节中所引用的：德罗比施：《逻辑学新论》，莱比锡，1875 年，第四版，第 2 节，第 3 页。

② 参阅本书前面第 19 节，第 56 页（边码 A 56/B 56）。

[2] 在 A 版中为：类本质。

实在体验的规定性。另一方面，那些与这种具有概念纯粹性的规定性有关的定律当然不是实在心理事件的规律，这是心理主义者们的错误所在，正如他们误认了观念之物一般的本质一样，他们也误认了真理的观念性。这一要点还会得到详细的阐述。

最后，反心理主义者们的最终论据[①]不只是建基于谬误的东西之中，而是同时也建基于正确的东西之中。任何逻辑学，无论是形式逻辑学还是方法论逻辑学，都无法提供一种可以用来认识任何真理本身的标准。因此，在对逻辑学的心理学论证中肯定不存在循环。但是，对逻辑学(在工艺论的习惯意义上的逻辑学)的心理学论证是一回事，而对我们称作“纯粹逻辑学”的那种理论封闭的逻辑定律组的心理学论证则是另一回事。就这点来看，如果人们从某一门具体科学，甚至是事实科学的偶然内容中推导出那些
建立在所有理论统一的本质构成中并因此而建立在科学本身的系 A 166
统内容的概念形式中的定律，那么，这尽管只是在某些情况中存在 B 166
着循环，却也是一种粗陋有害的做法。需要弄清有关矛盾律的思想，需要将它看作是通过某个具体科学而得到论证的；它是一个真理，一个包含在真理本身意义中的真理，它通过关于数、直线等等的真理，甚至通过关于心理的或物理的事实性的真理而得到论证。无论如何，这种有害性也表现在形式逻辑学的代表人物那里，以至于他们重又因为混淆了纯粹逻辑学的规律与规范规律或标准而以某种方式搅乱了这个好思想，从而使得这一思想不得不丧失其有效性。

① 参阅本书前面第 19 节，第 57 页(边码 A 57/B 57)。

只要我们追根寻源就可以看出,这种有害性是在于:那些仅仅与形式有关的(即与科学理论本身的概念因素有关的)命题被认为是从一些具有完全**异质**(heterogenen)内涵的命题中推导出来的。[①] 现在很明显,在原始的原理那里,例如在矛盾律、肯定前件假言推理(modus ponens)等等那里,只要这些命题的推导的个别推导步骤中预设了这些命题本身,那么上面所说的有害性便会成为循环——不是以前提的方式循环,而是以推导原则的方式循环,而没有这些推导原则的有效性,推导也就丧失了其意义和有效性。就这点来看,人们可以说这是**反思的循环**,它的对立面是通常的或**直接的演证的循环**(circulus in demonstrando),即前提与推论相互包含。

在所有科学中,只有纯粹逻辑学才能摆脱这种指责,因为从它所涉及的对象来看,它的前提与它所论证的推论是同质的(homogen)。此外,它并不是在演绎本身之中证明那些将各种演绎设定为原则的命题,并且它根本就不证明那些被每次的演绎都预设
A 167 为原理的命题,而是把这些命题作为公理置于**每个**演绎的顶端上,
B 167 这样,它就避免了上述循环。所以纯粹逻辑学的极为艰难的任务就在于:一方面分析地向公理上升,这些公理作为出发点是必不可少的,并且在没有直接的和反思的循环的情况下是不可再相互还原的;此外,为逻辑定理(三段论构成这些定理的一小部分)构造和规整各个演绎,以便一步一步地**不仅**使**前提**,而且也使演绎步骤的

① 诚然,人们尚未在逻辑上充分地研究,在异质的领域之间为什么不可能有理论的联系,以及这里所说的异质性的本质是什么。

原则或是属于公理，或是属于已被证明的定理。

第44节　第二个成见

根据心理主义者的第一个成见，认识的规则显而易见必须依据认识的心理学，为了论证第一个成见，心理主义者诉诸于[①]所有逻辑的事实性内容。逻辑学所谈的是什么？总不外乎是表象和判断、推理和证明、真理和或然性、必然性和可能性、原因和结果，以及其他与它们密切相关的和相近的概念。而这些标题除了让人想到心理现象和心理构成之外还能想到什么呢？就表象和判断来看，这一点是明显的。推理是借助判断来论证判断，而论证也还是 A 168
一种心理行为。而一谈到真理和或然性、必然性和可能性等等，人 B 168
们就会与判断发生联系；这些概念所指的东西只能以判断为依据，即只能在判断中才能被体验到。人们居然想将与心理现象有关的命题和理论排除出心理学；这不是咄咄怪事吗？就这点来看，对纯粹逻辑学的命题和方法论的命题进行区分是无用的，这个指责既切中前者，同样也切中后者。因此，任何哪怕仅仅是将逻辑的一部分作为被误认的“纯粹”逻辑学而从心理学中异化(entfremden)出去的企图，都必须被看作是根本错误的。

① 参阅本书前面第18节，第2段落所引用的〔心理主义〕证明。

第45节　反驳：纯粹数学按此说法也将成为心理学的一个分支

无论这一切看上去是多么显而易见，它们都必定是错误的。那些矛盾的结论说明了这一点，而如我们所知，心理主义无法摆脱这些结论。但还有另一些东西在这里必须引起人们的思索：这就是纯粹逻辑学教义和算术教义之间的天然相近性，它甚至常常导致人们声称它们具有理论上的统一。如我们已经提到过的那样，洛采也指出，数学必须被视作"普通逻辑学的一个自为地发展着的分支"。他认为，"只是那种被实际论证了的学科划分"才使人"忽略了数学完全有权利将逻辑的普遍王国视为自己的家乡"。[①] 而在里尔看来，"人们可以正当地说，逻辑学与纯粹形式数学（这个概念是在H. 汉克尔的意义上被运用）的普遍部分是一致的……"[②]

无论这里的情况如何，有一点是肯定的，即：对于逻辑学来说合理的论据，必然也可以运用于算术。算术提出数字的规律、数字之间
A 169 的关系和联结的规律。数字产生于累计和计数这些心理活动之
B 169 中。关系产生于关系的活动中，联结产生于联结的活动中。加和乘、减和除——这些无非就是心理过程而已。它们也需要感性的依据；然而这一点在这里却无关紧要，因为所有思维都需要感性依据。因此，和、积、差、商以及所有在算术定律中作为被规定之物显

① 洛采：《逻辑学》，第二版，第18页，第34页，第112节，第138页。

② A. 里尔：《哲学批判主义及其对实证科学的意义》，第二卷，第一部分，"认识的感性基础与逻辑基础"，莱比锡，1879年，第226页。

现出来的东西都无非是心理产物，因此它们服从于心理的合规律性。现在，尽管人们极为希望现代心理学对精确性的认真追求能够扩展到数学理论的领域。然而，即使把数学作为一个部分纳入心理学之中，这样一门心理学也很难得以建成。这两门科学的异质性恰恰是无法误认的。因此，如果人们真想迫使数学家进行心理学的研究，以便对他提出的理论进行那种被误认为更为出色、更为深入的论证，那么，数学家在他那一方只会做出微微一笑。他将合理地说，数学之物和心理之物彼此是如此陌生，以至于那种将它们相互联结的想法就已经是够荒谬的了；如果人们真有这种想法的话，那么这里恰恰用得上“向另一个属的越度（μετάβασις εἰς ἄλλο γένος）”这个说法。[①]

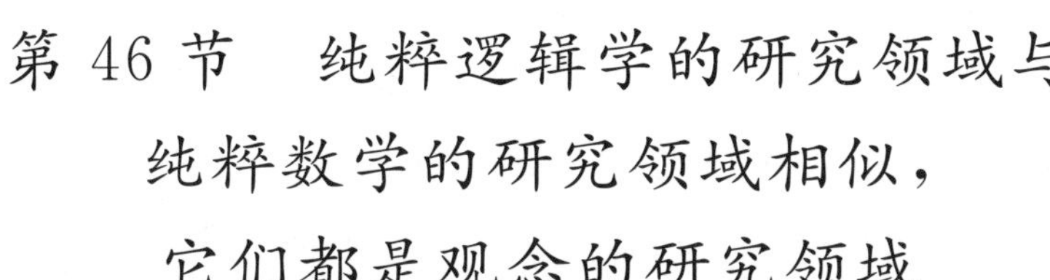

第 46 节　纯粹逻辑学的研究领域与纯粹数学的研究领域相似，它们都是观念的研究领域

诚然，随着这些指责的提出，我们又得离开结论而陷入论证。A 170
但如果我们看一下这些指责的内容，我们就能找到标志着对方观 B 170
点的基本错误的方法。我们将**纯粹逻辑学与纯粹数学进行比较**，

① 补充参阅纳托尔普的出色阐述：“关于认识的客观与主观论证”，载于：《哲学月刊》，第二十三期，第 265、266 页。此外参阅 G. 弗雷格的具有推动力的著述：《算术基础》，1884 年版，第 6、7 页。（我几乎无须再说，我不再赞同我过去在我的《算术哲学》第 129 页至 132 页中所作的对弗雷格的反心理主义立场的原则性批判。）值此机会我想指出，有关这个《导引》的全部讨论都可以参阅弗雷格的后期著作《算术的基本规律》，“前言”，第一卷，耶拿，1893 年。

后者是成熟地得到发展的姐妹学科，它无须再为自己的独立生存权利而战斗了，这种比较可以作为我们的可靠的主导动机。因而我们先来看一下数学。

任何人都不会把纯粹数学理论，例如尤其是纯粹数论理解为“心理学的部分或分支”，尽管我们不计数就没有数字，不做加法就没有和，不做乘法就没有积等等。所有算术的运算构成物都可以回归到算术运算的心理行为上去，只有在对这些心理行为的反思中，数、和、积等等才能“得以表明”。尽管算术概念有着这种“心理学的起源”，但每个人都会认识到，如果将算术规律看作心理学规律，就是一种极为错误的越度(μετάβασις)。这应当如何解释呢？这里只有一个回答。计数和算术运算作为事实、作为在时间上流动着的心理行为当然是与心理学有关的。心理学是一门普遍的关于心理事实的经验科学。算术则完全不同。它的研究领域是众所周知的，这个领域是完善的，并且通过我们所信任的一系列观念的种类1、2、3……而得到不可逾越的规定。在这个领域中根本谈不到个体的事实，谈不到时间性的规定性。数、数的和与积(以及其
A 171 他等等)不是偶然在这里或那里进行的加、乘等等计数方法的行
B 171 为。显而易见，它们也不同于它们在其中被表象出来的那些表象。5这个数不是我或某个其他人对5的计数，它也不是我或某个其他人对5的表象。就后者来看，5是表象行为的可能对象，就前者来看，5是一种形式的观念种类，它在某些计数行为中、在其客观之物方面、在被构造的集合方面具有其具体的个案。[3]在任何情况

[3] 在A版中还紧跟：——就像例如在对红的感觉行为中的颜色种类红。

下都可以毫无矛盾地不把它理解为心理体验的部分或方面，因而也可以将它不理解为一个实在之物。[4]我们可以明确地[5]想象一下，5这个数究竟是什么，亦即我们创造一个关于5的相即表象，那么我们首先将构造出一个关于某5个客体的集合表象的多项(gegliedert)行为。在此行为中，这个集合在某个分项形式(Gliederungsform)中直观地被给予，随之，5这个数的种类个案也直观地被给予[6]。就这个直观的个别之物来看，我们完成了一种“抽象”，即：我们不仅仅在被直观之物本身中抽取出[7]集合形式的不独立的因素，而且我们在被直观之物中把握住这个观念：5这个数作为形式的种类而出现在意指的意识中。现在这个被意指之物不是这个个案，不是作为整体的被直观之物[8]，而是一个虽然自身与这个被直观之物不可分割，但却并不寓居于这个被直观之物之中的形式；毋宁说，这里所意指的是观念的形式种类，无论它在什么样的行为中将自己在被构造的集合中个别化[9]，它在算术的意义上也始终是一，并且，它因此而不含有任何具有时间性和消逝性的行为的偶然性[10]。计数的行为产生并消失；而在涉及数字时，人们完全可以不去讨论这些行为。

算术定律——包括数字定律(即算术的特殊定律)和代数定律

[4]　在A版中还紧跟：在计数行为中，我们虽然可以找到相对于作为观念统一的种类而言的个体个别之物，但这个观念统一却并不是个别性的一个部分。

[5]　在A版中还紧跟：、完整地。

[6]　在A版中为：5这个数的种类个案作为其层次形式直观地被给予。

[7]　在A版中还紧跟：个别之物，抽取出。

[8]　在A版中为：具体表象。

[9]　在A版中为：即使它成为对象。

[10]　在A版中为：实在之物的个体个别性。

（即算术的总体定律）——的目的都在于这种观念的个别性（在一种突出的、明确区别于经验层次的意义上的最低种类）。它们绝对不表述任何实在的东西，即不表述被计数之物，也不表述计数的实
A 172 在行为，或者说，也不表述那些构造出这些或那些数学特征的实在
B 172 行为。具体的数字和数字定律属于那些包含着有关具体统一性的科学**领域**；相反，关于算术的思维过程的定律则属于心理学。因此，算术定律在严格的和真正的意义上不陈述："在我们对数字的单纯表象中有些什么"；因为算术定律很少谈及我们的表象以及其他的表象。毋宁说，它们所涉及的从来都是数字与数字联结，并且是在抽象的纯粹性和观念性之中涉及数字和数字的联结。普遍算术（arithmetica universalis）——或者我们也可以说算术函数论——的定律是那些**纯粹建基于数字的观念类本质之中**的规律。在这些规律范围中，**最终的个体**是**观念**个体，它们是在数量上确定了的数字，即：数字类最低的种差。因此，算术－个别的定律、数字算术（arithmetica numerosa）的定律便与这些差有关。这些定律的产生是由于人们将那些普遍的算术规律运用到在数量上被给予的数字上，它们表明：在这些被给予的数字的观念本质中包含着什么。在所有这些定律中，没有一个定律可以还原为经验－普遍的定律，即使这种普遍性是最大可能的普遍性，即使这种普遍性是实在世界的整个领域中的经验无例外性。

我们在这里就纯粹算术所做的陈述，完全可以转用于**纯粹逻辑学**。我们承认，对于纯粹逻辑学来说，逻辑概念具有心理学的起源，这个事实也是显而易见的；但我们在这里也否认由此而得出的心理主义结论。在我们所认可的逻辑学范围中，也就是在科学认

识的工艺论意义上的逻辑学范围中，我们当然也可以无疑地得出这样的结论，即：逻辑学在很大程度上与心理体验有关。显然，科学研究和科学证明的方法论要求充分顾及到了它们在其中进行的那些心理过程的本性。据此，逻辑术语如表象、概念、判断、推理、 A 173
证明、理论、必然性、真理等等也可以并且也必须作为心理体验与 B 173
素质构成物的种属名称出现。与此相反，我们否认这种情况合乎这里所谈到的工艺论的纯粹逻辑部分，我们否认这一点，即：可以作为独立的理论学科而划分出来的纯粹逻辑学曾经以心理事实为对象，而且纯粹逻辑学把可以被描述为心理学规律的那些规律当作自己的对象。我们已经认识到，倘若纯粹逻辑学的规律——例如，原始的"思维规律"或三段论公式——被刻画为心理学规律的话，那么它们也就完全丧失了它们的根本意义。因此，从一开始就很明显，组成那些规律或与它们类似的规律的概念不可能具有经验的范围。换言之，它们不可能仅仅具有那种普全的(unversell)、其范围被事实的个别性所充实了的概念的特征，恰恰相反，它们必然是真正的总体的(generell)概念，它们的范围仅仅是由观念的个别性、真正的种类所组成。此外，从中还明显地得出，上述这些术语以及所有在纯粹逻辑学语境中出现的术语必定都是模棱两可的(äquivok)，它们必然是这样一种术语，即：一方面，它们对于心灵构造物来说恰恰意味着心理学所包含的那种种属概念；另一方面，它们则意味着观念个别性的总体概念，这些概念属于纯粹规律性的领域。

第47节　对逻辑基本概念和逻辑命题的意义的证实性指明

A 174 只要我们匆匆地回顾一下历史上已有的对逻辑学的加工，
B 174 并且同时特别留意认识的主观－人类学统一和认识的客观－观念统一之间的基本区别，那么以上所说便会证实自身。然后，模棱两可的含义很快便又会出现，它们造成这样一种虚伪的假象，就好像在传统的"要素论"的标题下被探讨的是一些与心理学的材料内在同质的（homogen）材料，并且总的说来就是心理学材料一样。

这里首先要涉及表象（Vorstellungen），而且在很大程度上也是以心理学的方式涉及表象；表象产生于其中的统摄过程得到了尽可能深入的研究。然而，一旦涉及表象的根本"形式"之间的区别，这里的考察方式就已经在准备分裂了，这个裂痕一直延伸到判断形式的学说中，最后它还延伸到推理形式的学说中以及有关的思维规律的学说中。表象这个术语突然丧失了一个心理学类概念的特征。只要我们询问表象这个概念中的个别之物，这种情况就很明显。如果逻辑学确定例如特殊的和一般的表象（苏格拉底——一般的人、4这个数——一般的数）之间的区别，定语的表象和非定语的表象（苏格拉底、白色——一个人、一种颜色）之间的区别，如此等等；或者，如果逻辑学将表象的多种联结形式看作是新的表象，如联言的联结、选言的联结、定言的联结，如此等等；或者，如果逻辑学家对根本的表象关系，如内容关系和范围关系进行

分类，那么，每个人都必定会看到，这里谈的不是现象的个别性，而是种类的个别性。我们设想，有人将这样一句话作为逻辑例题陈述出来：对三角形的表象包含着对图形的表象，而三角形的范围包
含着图形的范围。这里面谈到了某个人的主观体验和现象在现象 A 175
之中现实的实在包含吗？在这里和在所有类似的情况中被称之 B 175
为**表象**的东西的范围中包含着作为**不同**成分的我现在具有的三角形表象和我一小时以后具有的三角形表象吗？或者是否更应当说，这个范围中包含着作为**唯一**成分的**这个**"三角形"表象，此外还有作为**个别性**的**这个**"苏格拉底"表象、这个"狮子"表象，如此等等？

所有逻辑学都常常谈到**判断**(Urteilen)；但这里也存在着模棱两可的含义。在逻辑工艺论的心理学部分中，人们将判断称作"**视之为真**"(Fürwahrhaltungen)，就是说，人们所谈的是特定种类的意识体验。而在那些纯粹逻辑学的部分中，人们根本不谈论这些。判断在这里差不多意味着**命题**(Satz)，而且它不是被理解为一种语法的**含义统一**，而是被理解为一种**观念的含义统一**。这也适用于所有那些对判断行为的划分，或者说，这也适用于所有那些为纯粹逻辑学规律提供了必要基础的形式。断言判断、假言判断、选言判断、实存判断，以及无论在判断标题下还有哪些行为，它们在纯粹逻辑学中都不是判断种属的称号，而是观念的命题形式的称号。这也同样适用于**推理形式**：实存推理、断言推理等等。与此有关的分析是含义分析，而决非心理学分析。被分析的不是个体的现象，而是意向统一的形式，不是对推理活动的体验，而是推论。谁带着逻辑分析的意图说："上帝是公正的"这个绝对判断具

有主体表象“上帝”，那么他谈的肯定不是他或其他个体所具有的作为心理体验的判断，也不是包含在这个体验中并通过“上帝”一词而引起的心理行为；他谈的是“上帝是公正的”**这个**命题，尽管有杂多的可能体验，此命题仍然只是**一个**命题，并且，他谈的还包括“上帝”**这个**表象，这个表象也仍然是**一个**表象，在**一个**整体的诸个别部分那里只能是如此。据此，逻辑学家的“每个判断”这个表述
A 176 所指的不是“每个判断行为”，而是“每个客观命题”。在判断这个
B 176 逻辑概念的范围内，我刚刚体验到的“2×2＝4”这个判断和昨天或其他时候曾被其他人体验到的“2×2＝4”判断并不是平等的。相反，在这些行为中，任何一个行为都不出现在这个相关的范围内，但“2×2＝4”以及毕达戈拉斯的定理“地球是一个立方体”等等这些判断则始终出现在这个范围内，并且是作为一个环节出现。当人们说“从**这个**判断 P 中推出**这个**判断 S”时，情况便当然与此相同；所有类似的情况都是如此。

这样，逻辑原理的真实意义才得以确定，它恰恰便是我们前面的分析所表述的那种意义。人们说，矛盾原则是关于判断的判断。但只要人们将判断理解为心理体验，理解为视之为真的行为，理解为信仰等等，那么这个理解就完全无效。谁说出这个原则，他便在做判断；然而这个原则和它所判断的东西都不是判断。谁陈述出：“在两个矛盾的判断中有一个为真，有一个为假”，那么（如果他没有误解自己的话，在以后的解释中有可能会出现这种情况），他也不是指判断行为的规律，而是陈述一个**判断内容**的规律，换言之，是我们习惯地简称为**观念含义**的规律。因此，这个陈述最好应当

是这样:“在两个矛盾的命题中有一个为真,有一个为假。”[①]还有 A 177
一点也很明显,我们为了理解矛盾律只需要想象一下对立的命题 B 177
含义的意义就行了。我们不须考虑作为实在行为的判断,而且它们无论如何也不会成为与此相关的客体。人们只须看一眼便可以明察到:在这个逻辑规律性的范围中只包含着在一种观念意义上的判断——根据这个意义,“2×2=5”“这个”判断是一个与“有龙存在”“这个”判断以及角的和“这个”命题等等相并列的判断——,而不包含任何在无限多样性中与这些完满统一中的任何一个统一相符合的真实的或想象的判断行为。与矛盾律相似的情况对所有纯粹逻辑定律,例如三段论的定律都是有效的。

心理学的考察方式将这些术语作为心理体验的种属术语来运用,而在客观的或观念的考察方式中这些术语却恰恰代表了观念的[15]种和属,这两种考察方式之间的区别不是一种微不足道的、

① 人们不应混淆矛盾律和判断的规范性定律,后者的明见的结论是:“两个相互矛盾的判断中有一个是正确的”。——正确性的概念是与真理性概念相关的。[11]如果一个判断把一个真实的东西认之为真,这个判断便是正确的。就是说如果一个判断的“内容”是一个真实定律,这个判断便是正确的。逻辑谓词“真”和“假”就其真正意义来说仅仅涉及定律,是在观念的陈述——含义意义上的定律。——矛盾判断的概念又与矛盾律有关。[12]在意向活动的[13]意义上,判断内容(判断的观念含义)如果处于那种可以描述规定的联系中,即处于我们称之为——在形式-逻辑的[14]意义上——矛盾的联系中,那个判断便叫作矛盾判断。

[11] 在A版中为:设定了真理概念。

[12] 在A版中为:矛盾判断的概念又设定了矛盾律。

[13] 在A版中为:转换的。

[14] 在A版中为:真正的。

[15] 在A版中为:亚里士多德的。

单纯主观的区别;这个区别规定了根本不同的科学的区别。作为关于某些种属的观念个别性(或关于先天地建基于这些种属的观念本质之中的东西)的科学,纯粹逻辑学和算术将自己区别于作为关于某些经验种类的个体个别性的科学的心理学。

第48节　关键性的差异

最后我们还要强调一些关键性的差异,对心理主义论据的整个态度都取决于对这些差异的承认或误认,这些差异如下:

1.在观念科学和实在科学之间存在着一个根本的、始终无法克服的区别。观念科学是先天科学,实在科学是经验科学。如果
A 178 前者阐述的是观念规律性的普遍性,这些普遍性以明显的确定性
B 178 建基于真正的总体(generell)概念之中,那么后者则是对实在规律性的普遍性的确定,这些普遍性的确定带有明显的、与事实的领域相关的或然性。普遍性概念的范围在前者那里是最低种差的一个范围,在后者这里则是个体的、时间上确定的个别性的范围;在前者那里,最终的对象是观念的种类,在后者这里是经验的事实。这里显然预设了自然规律和观念规律之间、关于事实的普全(universell)定律[它们也许伪装成总体(generell)定律:所有乌鸦都是黑的——这个乌鸦是黑的]和真正的总体定律(像纯粹数学的普遍定律这样的总体定律)之间、经验的种群(Klasse)概念和观念的性属(Genus)概念等等之间的根本区别。对这些区别的正确评价完全依赖于经验主义抽象理论的最终任务,而这种理论在目前的流行做法却是错误地理解了所有逻辑之物;对此我们在后面将详细

讨论。[①]

2. 在所有认识中，尤其是在所有科学中，有三种联系之间的基本区别应当加以注意：

a) 认识体验的联系，在这种联系中，科学主观地得以实现，因而这是表象、判断、明察、猜测、提问等等的心理学联系，在这些行为中，研究得以进行，或者，早已被发现的理论得到明确的思索。

b) 在科学中被探讨并且在理论上被认识的实事的联系，这些 A 179 实事本身构成这科学的领域。研究的和认识的联系显然不同于被 B 179 研究之物和被认识之物的联系。

c) 逻辑的联系，即理论观念的特殊联系，它构造了一门科学学科、特别是一门科学理论、一个证明或推理等等的真理统一，或者说，在真命题中的概念统一，在真理联系中简单真理的统一等等。

例如在物理情况中，我们将物理学思维者的心理体验联系区别于他所认识的物理自然的联系，并且又将两者区别于物理理论中，即分析力学、理论光学等等统一中的真理的观念联系。即便是控制着事实与假设的关系的或然性论证形式也属于逻辑之物这条线。逻辑关系是观念的形式，为此，人们在这里谈到的总是同一个真理、同一个推理和证明、同一个理论和理性学科，无论谁在思维"它们"，它们都是同一个。这个形式的统一是规律性的有效性统一。这种形式连同所有同类的形式所服从的规律，是纯粹逻辑学的规律，这些规律因而囊括地包含了所有科学，而且这种包含并不是对其心理学的和对象性的内涵的包含，而是对其观念的意义内

① 参阅本书第二卷，第二版，第 106－108 页〔第二项研究〕的"引论"部分。

涵的包含。显而易见，只有在那些构成一门确定科学的观念统一的概念、命题、真理之间的确定联系以个案的方式属于逻辑学的范围时，它们才能被称作逻辑联系；然而它们本身并不属于逻辑学的组成部分。

当然，就像这三种不同的联系适用于所有其他学科一样，它们同样适用于逻辑学和算术；只是在这两门学科中，被探讨的实事不像在物理中那样是实在的事实，而是观念的种类。在逻辑学领域内的观念种类的特殊性中产生出我们时常提到的这样一个特性，

A 180 即：构成逻辑学理论统一的观念联系作为特例属于逻辑学本身提

B 180 出的规律。逻辑学规律同时也是这些关系的部分和规则，它们属于理论的结合，并同时属于逻辑科学的领域。

第 49 节　第三个成见：逻辑学作为明见性理论

我们在下列语句中将第三个成见①表述为：所有真理都处于判断之中。但是我们只是在判断明见的情况下才将一个判断认知为真。“明见”(Evidenz)这个词——人们这样说——标志着一个特殊的、每人都从其内经验出发而熟悉的心理特征，标志着一种特别的感受[16]，它为与它相联结的判断的真实性提供保证。如果逻

① 在本书第三章〔所引用的心理主义〕的论据中，这个成见的作用特别表现在第19节中。

[16] 在A版中为：(它通常被称之为感觉)。

辑学是一门想在对真理的认识中对我们有所促进的工艺论的话，那么，逻辑学规律不言自明地就是心理学的规律。即是说，它们是这样一些定律，这些定律为我们澄清了那些心理学的条件，那种“明见性感受”(Evidenzgefühl)的此在还是缺失恰恰就取决于这些心理学条件。与这些定律相联接的自然便是实际的规定，它们应当在实现那些具有这些突出特征的判断的过程中给我们以促进。无论如何，当人们谈到逻辑规律或规范时，他们所指的也可能就是以心理学为基础的思维规则。

穆勒已接近于持此观点，他在意图为逻辑学和心理学进行划
界时指出：“与逻辑学有关的思维特征是思维的一些偶然特征，即 A 181
这样一些特征：它们的在场决定了人们能够将好的思维与坏的思 B 181
维区分开来。”[①]在进一步的阐述中，他一再地将逻辑学称为(须从心理学上加以理解的)“明见性理论”或“明见性哲学”(“Theory” oder “Philosophy of Evidence”)，[②]诚然，他在这里不是直接地指纯粹的逻辑学命题。在德国，这种观点时常在西格瓦特那里表现出来。他认为，“任何逻辑学的操作过程都只能是这样的，即：它意识到，这种必然的主观感受[在前一个段落中被称之为‘明见的内感受’]在哪些条件下得以出现，并且在哪些条件下得以普遍地表现出来”。[③] 冯特的一些表述也处在同一个方向上。例如我们在他的《逻辑学》中读到：“在一定的思维联系中包含着的明见性特征和

① J. St. 穆勒：《对威廉・汉密尔顿爵士的哲学的考察》，第五版，第 462 页。(这里引用的是穆勒的英文原文。——中译注)

② 穆勒：《对威廉・汉密尔顿爵士的哲学的考察》，第 473、475、476、478 页。

③ 西格瓦特：《逻辑学》，第一卷，第二版，第 16 页。

普遍有效性特征使得……逻辑学的思维规律从心理学的思维规律中产生出来。”这些逻辑学思维规律的“规范特征仅仅在这里得到论证，即：思维的心理学联系中有某些联系确实具有明见性和普遍有效性。因为只有这样，我们才有可能对思维一般提出要求：它应当满足明见性和普遍有效性的这些条件”。——“我们将那些为了得到明见性和普遍有效性而必须被满足的条件称之为逻辑思维规律……。”他还明确强调：“心理学的思维始终是更为广泛的形式。”[①]

在上世纪末的逻辑学文献中，将逻辑学诠释为朝向实践的明见性心理学的做法明白无疑地得到了精确化并得到广泛传播。这里特别要提到的是赫夫勒与迈农的逻辑学，因为它可以被视作真实得以实施的首个尝试，即：使明见性心理学的观点在整个逻辑学

A 182 中以尽可能的坚定性发挥效用。赫夫勒把逻辑学的主要任务称之

B 182 为“对这样一些（首先是心理学的）规律的研究，根据这些规律，明

见性的成立是依赖于我们的想象和判断的一定特征的”。[②] “在所有真实出现的或可想象为可能的思维现象中”，逻辑学应当“将这种一些思想的某些种类（‘形式’）突显出来，这些思维种类或者直接具有明见性，或者它们是明见性得以成立的必要条件”。[③] 其余的阐述表明，在心理学中，人们是极为认真地对待上述问题的。所

① W. 冯特：《逻辑学。对认识原则和科学研究方法的探讨》，第一卷；《认识论》，第二版，斯图加特，1893 年，第 19 页。冯特在这里始终把明见性与普遍有效性并列在一起。至于普遍有效性，他把它分成主观的普遍有效性——这在他看来只是明见性的结果——以及客观的普遍有效性——这已超出经验的可理解性的要求。但由于对这要求的证实和相应的满足仍以经验为基础，因此似乎就不能把普遍有效性引入到对出发点的原则说明中来。

② 《逻辑学》，在 A. 迈农的参与影响下由 A. 赫夫勒撰写。维也纳，1890 年，第 16 页，上半页。

③ 赫夫勒：《逻辑学》，第 17 页。

以，例如，只要逻辑学的方法涉及关于正确思维的学说的理论奠基，它就被标志为心理学对所有心理现象所运用的那种逻辑方法；它应当描述现象，尤其是正确思维的现象，并且尽可能将它们回溯到简单规律上去，即：从简单规律出发去说明复杂规律。① 接下来，关于推理的逻辑学说还获得了这样一个任务："提出这样一些规律……即：一个确定的判断是否可以从前提中明见地被推导出来，这个问题取决于这些前提的哪些标记。"如此等等。

第50节　将逻辑命题等值地改造为关于判断明见性的观念条件的命题。因果推理命题不是心理学的命题

现在我们转向批判。我们尽管还远未承认那个当前作为习常用语而流行的，然而却极需要澄清的命题的无疑性，即心理主义论据所提出的命题：所有真理都处于判断之中；但是，我们决不会怀疑，认识真理并合理地主张真理是以发现真理为前提的。我们也不会怀疑，逻辑的工艺论应当根据那些我们在其中发现判断中的 A 183
明见性的心理学条件进行研究。我们甚至还可以朝这个有争议的 B 183
观点再迈进一步。尽管我们现在也想再次表明纯粹逻辑学的命题和方法论的命题之间区别的有效性，但我们却必须明确承认，纯粹逻辑命题与明见性的心理学材料[17]有某种关系，并且在某种意义上提供了这种明见性的心理学条件。

① 赫夫勒：《逻辑学》，第18页。

[17] 在A版中为：心理特征。

然而这种关系在我们看来是一种纯粹观念的和非直接的关系。我们否认纯粹逻辑命题本身会对明见性和明见性的条件做出任何陈述。我们相信能够表明，这些命题只有通过运用的途径、或者说，通过转用的途径，才能获得那些与明见性的关系，亦即类似于以下情况：每个“纯粹建立在概念中”的规律都可以被转用于概念所具有的普遍被表象的经验个案的领域。然而，如此产生的明见性命题仍然与以前一样保留着它们的先天性特征，而它们现在所陈述的明见性条件决不是心理学条件，亦即决不是实在[18]条件。在这里和在任何同类情况中一样，纯粹概念性的命题毋宁说是自己转变成为关于观念的不相容性或可能性的陈述。

人们只要简单地思索一下便会明了。通过对某些明见性命题的先天可能的（明见的）改造，人们只要愿意便可以从任何纯粹逻辑学规律中发现明见性条件。矛盾与排中的组合原则的肯定是与
206 A 184 这样一个命题相等值的：明见性可以在一个判断中出现，但只能在
B 184 一对矛盾判断中的一个判断中出现。① 而“Barbara 式”又与下列

① 如果明见性理论确实需要赫夫勒在《逻辑学》的第 133 页中所提供的那种说明，那么我们以往对经验主义，对逻辑原则的误解的批判便已经建立起了这门明见性理论。赫夫勒写道：“对同一对象的一个肯定判断和一个否定判断是互不相容的。”确切地看，这个句子自身是错误的[19]，更不用说它可以作为逻辑学原则的意义有效了。在其对原因与结果的相关性的定义中也潜在着类似的错误，如果这一定义正确的话，它可以从所有推理规律中得出错误的命题。这个定义是这样的：“一个判断 F 是一个‘根据’G 的‘结论’：如果认A为真与认F为假两者不相容的话”（《逻辑学》，第 136 页）。人们注意到，赫夫勒是用不可共存的明见性来说明不相容性（同上书，第 129 页）。他显然将有关命题的观念的“不可共存”（更清楚些说：它们的不共同有效）与视其为真、想象等等相应行为的实在的不可共存混在一起。

[18] 在 A 版中为：因果性的。

[19] 在 A 版中还紧跟：或至少是可疑的。

命题是等值的："所有 A 是 C"，这种形式的命题的必然真理之明见性（或者更确切地说，这个命题的真理作为必然出现的真理所具有的明见性）只能在一个推理行为中出现，这个推理行为的前提具有"所有 A 是 B"以及"所有 B 是 C"的形式。对任何逻辑命题都可以作类似的处理。这是完全可以理解的，因为，"A 为真"和"某个人有可能明见地做这是 A 的判断"，在这两个命题之间明见地存在着普遍的等值性。当然，有些命题的意义就在于陈述：在真理的概念中规律性地包含着哪些东西，以及具有某些命题形式的命题的为真（Wahrsein）决定着具有相关性命题形式的命题的为真；这些命题允许人们对其进行等值的改造，在这些改造中，明见性的可能出现被纳入到与判断的命题形式的关系中。

但是，对这一联系的明察同时为我们提供了反驳将纯粹逻辑学化解为明见性心理学的企图的手段。"A 为真"这个命题本身并不意味着它的等值物"某个人有可能做这是 A 的判断"所意味的相同的东西。前一个命题并不谈论某个人的判断，甚至不谈论一般的某个人的判断。这里的情况完全和纯粹数学定律的情况一样。a + b = b + a 的陈述意味着，两个数的和的数值不依赖于这两个数在联结中的位置，但它并不谈论某个人的计数行为和加法运算。这些行为只有经过明见的和等值的改造才会出现。而在具体的情况中（in concreto）（这是先天确定了的），不计数就不会有数 A 185
字被给予，不做加法运算就不会有和被给予[20]。 B 185

然而，即使我们放弃了纯粹逻辑学命题的原本形式并将它们

[20] 在 A 版中为：不计数就没有数，不做加法就没有和。

改变成为相应等值的明见性命题,心理学也无法从中获得可以作为它的固有财产加以运用的东西。它们是一门经验科学、一门关于心理事实的科学。心理学的可能性因而是实在可能性的一种情况。然而那种明见性的可能性是观念的可能性。在心理学中不可能的东西却完全可以为人们观念地加以讨论。对普遍化了的“3体问题”的解决,也可以说是对“n体问题”的解决可能超越了任何人类的认识能力。然而这问题却得到了解决,并且因此,与此相关的明见性是可能的。我们具有十进制的上亿兆之数,并且我们具有与这些数目有关的真理。但任何人都无法真实地想象这些数字以及进行与这些数字有关的加、乘等等。在这里,明见性在心理学上是不可能的,然而,从观念上说,明见性却肯定是一种可能的心理体验。

将真理概念转变为明见判断活动的可能性概念,这种转变类似于个体存在概念与感知可能性概念的关系。这两个概念仅仅在这种情况下才无可争议地是等值的,即感觉被理解为明确无疑的感知。据此,可能存在着一种感知,它在一次直观中感知到整个世界,感知到物体[21]的极大的无限性。当然这种观念的可能性不是那种可以被某个经验主体所设想的实在可能性,尤其是因为这样一种直观将会是直观的无限延续:这种可能性是一种与康德的理念相一致的可能性。

我们强调这样一些可能性的观念性,这些可能性与判断的明见性有关,它们可以从逻辑规律中为人们所获得,并且在绝然的明

[21] 在A版中还紧跟:及其各部分、分子、原子以及所有关系与规定性。

见性中作为先天有效的可能性显示给我们。然而在强调这些可能性的观念性的同时，我们并不想否认它们的心理学的可利用性。A 186
如果我们从一个为真、一个为假的两个矛盾命题规律中推导出，在 B 186
一对可能的矛盾的判断中有一个，并且只有一个能够具有明见性的特征——而且这个推理是明见地合理的推理，只要我们将明见性定义为这样一种体验，在这种体验中，任何一个判断者都可觉察到他的判断的正确性，即判断与真理的相符性——，那么这个新的命题便表述了关于某些心理体验的相容性的真理，或者说不相容性的真理。但是，以此方式我们也可以从任何纯粹数学定律那里获得关于心理之物的领域中可能的和[22]不可能的事件的教益。任何经验的计数和计算，任何代数变换或几何构造的心理行为，只要它们与数学的观念规律相矛盾，便是不可能的。这些规律只能如此地为心理学服务。我们可以随时从这些规律中获得与某些心理行为、计数行为、加、乘……联结的行为等等有关的先天可能性和不可能性。但是这些规律并不因此就本身是心理学定律。作为关于心理体验的自然科学，心理学的任务在于研究这些体验的自然限定状态。因此，在它的领域中尤其包含着数学活动与逻辑活动的经验-实在[23]状况。然而它们的观念状况和观念规律则构成一个自为的王国。这个王国是在纯粹的总体定律中构造自身，它由“概念”组成，这些概念不是心理行为的种属概念，而是以这些行为，或者说，以它们的客观相关项为具体基础的观念概念（Ide-

[22]　在A版中为：或。

[23]　在A版中为：自然的（因果性的）。

A 187 albegriff)(本质概念)[24]。如我们所说,3这个数、以毕达戈拉斯
B 187 为名的真理以及如此等等,不是经验的个别性或个别性的种属,它们是我们在计数的、明见性的判断的等等行为相关项(Aktkorrelaten)[25]中本质直观地把握到的观念对象。

所以,就明见性而言,心理学的任务仅仅在于探讨在明见性标题中所包含的体验的自然条件,即探讨那些根据我们的经验的证实,明见性在其中产生并消失的实在情况。这种自然的条件是兴趣的集中、某种精神上的清醒、熟练等等。对它们的研究不会导致对精确内容的认识,不会导致真正的规律特征的明晰普遍性,而只会导致模糊的经验普遍性。但是,判断的明见性并不仅仅服从于这些心理学的条件,我们也可以将它们标志为外在的和经验的条件,因为这些条件并非单纯建基于判断的种类形式和质料之中,而是建基于判断的心灵生活中的经验情况之中;毋宁说,判断的明见性也服从于观念的条件。任何一个真理都是[26]那些具有同样形式和质料的正确陈述在可能性上无穷和无限的多样性的一个观念统一。任何一个隶属于这个观念多样性的现实判断都满足对其明见性的可能性而言的观念条件,无论是通过它的形式还是通过它的质料来满足。纯粹逻辑规律便是纯粹建基于真理的概念以及与其相近概念之中的真理。在将这些规律运用于可能判断行为的过程中,它们根据单纯判断形式所陈述的是明见性的可能性或不可能性的观念条件。在这两类明见性的条件中,有一类与出现在心

[24] 在A版中为:观念。
[25] 在A版中为:行为(Akt)。
[26] 在A版中为:体现着。

理学范围中的心理本质的种类的特殊构造有关，因为心理学归纳只能与经验延伸得一样远；但另一类条件作为观念的规律性条件却对任何可能的意识都完全有效。

第 51 节　这场争论中的几个关键点

A 188
B 188

在这场争论中，最终的澄清说到底首先也依赖于对最根本的认识论区别，即对实在之物和观念之物之间区别的正确认识，或者说，依赖于对所有在自身中体现了这个最根本区别的那些区别的正确认识。它们便是那些一再被强调的在实在的和观念的真理、规律、科学之间的区别，实在的和观念的（个体的和特殊的）普遍性和个别性等等之间的区别。当然，任何人都以一定的方式对这些区别有所了解，甚至像休谟这样走至极端的经验主义者也完成了对“观念的关系”（relations of ideas）与“实际的事情”（matters of fact）之间的基本划分，而这个划分在他之前已经由伟大的观念论者莱布尼茨在“理性的真理”（vérités de raison）和“事实的真理”（vérités de fait）的标题下予以指明。但是，完成认识论的重要划分并不意味着正确地把握住了它们的认识论本质。必须明晰地理解，观念之物自身是什么，它在与实在之物的联系中是什么，观念之物怎样与实在之物相联系，观念之物如何寓于实在之物中并且如何因此而能被认识。根本问题在于，观念的思维客体——为了表达得现代一些——是否真的仅仅是对“思维经济学的”被简化说法的告示而已，而如果将它们还原为它们真正的内容，那么它们就会完全化解为个体的个别体验，化解为关于个别事实的表象和判

断；或者，如果观念主义者说，那些经验主义的学说尽管在模糊不清的普遍性中进行陈述，但这门学说却是经不起推敲的，那么他是否有道理。任何一个陈述，例如也包括任何一个从属于此学说的陈述，都要求意义和有效性，而且任何将这些观念统一性还原为实
A 189 在统一性的企图都会纠缠在一些无法回避的荒谬性中；将概念化
B 189 解在个别性的某个范围中，而同时又没有某一个概念在思维中赋予这个范围以统一，这种做法是不可想象的，如此等等。

另一方面，要想理解我们对实在的和观念的"明见性理论"的区分，必须以明见性和真理的正确概念为前提。在近几十年的心理学文献中我们常听人这样谈到明见性，就好像它是一种偶然的感觉，这感觉在某些判断中出现，在某些判断中则不出现，我们最好这样说，这种感觉是普遍人类地——更确切地说，在每个正常的并且处于正常的判断情况中的人那里——与某些判断相联结地显现出来，而与另一些判断则不相联结。任何一个正常人在有些正常的情况中都会在 2+1=1+2 的定律中感觉到明见性，就像他在用火烧自己时会感觉到疼痛一样。当然人们会问，这种特殊感觉的权威建基于什么之上，它如何做到为判断的真理性提供保证，如何为判断打上"真理的印记"，如何"宣告"判断的真理性等等，还有许多其他诸如此类的形象用语。人们也会问，关于正常的人和正常情况的模糊用语有什么精确的特征，而且人们首先会指出，即使诉诸于正常之物也无法使明见的判断的范围与合乎真理的判断的范围相一致。最后，任何人都无法否认，即使对于正常的，且在正常情况下判断的人来说，可能的正确判断的绝大多数都会缺乏这种明见性。人们总不能将相关的正常性概念理解为：任何现实的

人以及在这种有限的自然限定状态中的可能的人都不能被称为是正常的人。

正如经验主义完全误认了思维中观念之物与实在之物的关系一样，它也误认了真理与明见性之间的关系。明见性并不是一种偶然地或有自然规律地与某些判断相联结的附带感觉。它决不是一种可简单地被附加在某一种判断（即所谓“真实”判断）中的任何一个随意的判断上的心理特征，以至于相关的、自在和自为地被考 A 190
察的判断的现象学内涵[27]无论具有这特征还是不具有这特征，都 B 190
始终是保持同一的。实事并不是像我们通常所想象的那种感觉内容和与其有关的感觉之间的关系，即：两个人具有相同的感性感受，但是这些感受在感觉中对他们有不同的触动。毋宁说，明见性无非就是对真理的“体验”而已。当然，真理被体验仅仅是在这个意义上，即：一个观念之物有可能是在实在行为中的体验。换言之，真理是一个观念，它的个案是在明见的判断中的现时体验。然而，明见的判断却是一个对本原被给予性的意识。非明见的判断与它的关系类似于对一个对象的随意的想象设定与对此对象相应的感知之间的关系。这个相应的被感知之物不仅仅是某一个被意指之物，而且作为被意指之物，它还是在行为中本原地被给予的，即，它是作为本身当下的和一览无余的而被把握到的。[28]与此相

[27]　在A版中为：就好像有关的，自在和自为地被考察的判断的心理学内涵。

[28]　在A版中为：所以可以形象地说，我们在明见性中看到、明察到、把握到真理、正如在感知的领域中看不到并不等于不存在一样，缺乏明见性也不意味着不真。真理与明见性的关系类似于一个个体之物的存在与对这个个体之物的相即感知的关系。直观被表象之物和被设为存在之物不只是一个被意指之物，而且作为这个被意指的东西，它在行为中也是当下的。

似，明见的被判断之物不仅仅被判断（以判断的、陈述的、断言的方式被意指），而且在判断的体验中作为自身当下的被给予[29]——当下是这个意义上的当下，即：一个实事状态如何能够在这个或那个意义理解中根据它的种类的不同而作为个别的或普遍的、经验的或观念的等等而是“当下的”。将所有本原的给予性的体验联结在一起的相似性导致了相似的话语：人们将明见性称作对自身被给予的（真实的）实事状态的看、明察、把握，或以可以理解的双关含义称作对真理的看、明察、把握。正如在感知的领域中看不见和不存在不是一回事一样，明见性的缺乏也并不意味着非真理性。对意指行为与被意指的自身当下之物[30]的一致性的体验、对现时
A 191 的[31]陈述意义和自身被给予的[32]实事状态之间的一致性的体验
B 191 是明见性，而这种协调性的观念是真理。但真理的观念性构成了它的客观性。一个此时、此地的命题思想与被给予的[33]实事状态相一致，这不是一个偶然的事实。这个情况更多地涉及同一的命题含义和同一的实事状态。“有效性”或“对象性”（或者说，“无效性”，“无对象性”）并不属于作为这个时间性体验的陈述，而是属于种属（in specie）陈述，属于 2×2＝4 等等这样一类（纯粹的和同一的）陈述。

只有根据这种理解，一个判断 U（即：一个对内容、对意义内涵

[29] 在A版中为：是自身当下的。

[30] 在A版中还紧跟：，被体验之物。

[31] 在A版中为：被体验到的。

[32] 在A版中为：被体验到的。

[33] 在A版中为：被体验到的。

U 的判断)才能以一种明晰判断的方式进行,人们才能明察到[34],超越出这个判断的真理 U 是存在的。与此相符,我们也明察到,其他人的明察——只要它是真正的明察——不可能与我们的明察发生争执。因为这仅仅意味着,被体验为真的东西也绝然是真的,不可能是假的。但这是从真理体验与真理之间的总体本质关系中得出的。因而,只有就我们对明见的理解而言,那种怀疑才是不可能的;而那种把明见性视为一种偶然附带感觉的理解,就无法逃避那种怀疑,它与彻底的怀疑主义显然是相同的;我们这里所说的怀疑是指这样一种怀疑:在我们明察到 U 的地方,另一个人是否能明察到一个〔与 U〕明见不相容的 U′呢?明察与明察之间是否会发生不可解的对立呢?如此等等。我们这样重又可以理解,明见性的"感觉"所具有的本质性的前提为什么只能是有关判断内容的真理。因为,显而易见,在没有东西的地方也就看不到东西,而同样显而易见的是,在没有真的地方也就明察不到真,换言之,也就没有明见性①。[35]

① 参阅本书第二卷,第六项研究,第五章。

[34] 在 A 版中为:才能明察到一个判断 U(即:一个对内容、对意义内涵 U 的判断),才能明察到 U 为真,才能明察到。

[35] 在 A 版中另起一行:但关于这个问题已经说得够了。对这些情况的进一步分析可以参阅这部著作后面的有关特殊研究。

A 192
B 192
第九章　思维经济学原则与逻辑学

第52节　引论

与我们至此为止所反驳的心理主义十分相近的是另一种形式的对逻辑学和认识论的经验主义论证，这种论证在近几年里有了相当广泛的传播：这便是阿芬那留斯所说的费力最小的原则或马赫所说的思维经济学原则，这是一种对逻辑学和认识论的**生物学**论证。这个新的学派最终仍然会流入到心理主义中去，这一点在科内利乌斯的《心理学》中已经得到最清楚的表明。在这部著作中，这个相关的原则明确地被称作是“理智的基本规律”并同时又被称作是一个“普遍的心理学基本规律”[①]。此书认为，建立在这个基本规律基础上的心理学同时也为整个哲学提供了基础。[②]

在我看来，在这些思维经济学理论的思想中——它们具有一定的合理性，在适当的限度内也是富于教益的——蕴藏着一个转折；如果这些思想为人们普遍地接受，那么这个转折一方面将意味

① H. 科内利乌斯：《心理学》，第82页和第86页。

② 同上书，第3-9页（“心理学的方法与地位”）。

着对所有真正逻辑学和认识论的败坏，另一方面将意味着对心理学的败坏。[①]

我们首先要说明，阿芬那留斯和马赫的原则具有目的论的适 A 193
应原则的特征；然后我们将规定这个原则对于心理人类学和实践 B 193
科学论来说所具有的重要内涵以及以此内涵为基础的各种研究的合理目的；最后我们将证明这个原则没有能力为论证心理学，主要是为论证纯粹逻辑学和认识论提供任何帮助。

第 53 节　马赫－阿芬那留斯原则的目的论特征和思维经济学的科学意义[②]

无论人们怎样称呼这个原则，它都具有进化原则或适应原则的特征，它涉及一种对科学的理解，即把科学理解为一种适应，也就是思想对各种不同的现象领域的、尽可能合乎目的的（经济的、省力的）适应。

阿芬那留斯在他的教授资格论文[③]的“前言”中对这个原则做了如下的说明：“在新的印象出现时，心灵便对其观念做出尽可能微弱的改变。”他接着又说：“但只要心灵服从有机生存的条件与合

① 我在这一章里必须对阿芬那留斯哲学的主要倾向进行否定性的批判，但这并不妨碍我极力地尊敬这位过早地离开科学的研究者和他所做的那些科学工作的严肃性。

② 在马赫的“思维经济”一词已被普遍运用的情况下，我们可以生造“思维经济学”一词来标识所有思维经济研究的科学总体——至少在下面几页中可以这样做。

③ R. 阿芬那留斯：《哲学作为根据费力最小原则进行的世界思维。纯粹经验批判导引》，莱比锡，1876 年，第Ⅲ页及后页。

乎目的的要求，这里所说的原则便成为一种进化的原则：心灵在进行统觉时并不必付出不必要的气力，并且，如果有几个可能的统觉，那么，心灵便偏好那个能获得相同功效而费力较少的统觉，或者说，心灵偏好那个费力相同却获得更大功效的统觉；在有利的情况下，心灵本身不愿做那种暂且费力较少，但效果也较小或较短的事，而情愿去做一件一时比较吃力，但却能得到大得多或长得多的效果的事。”

A 194 阿芬那留斯通过引入统觉概念而获得较大的抽象性，但却由
B 194 于这个概念的含义广泛和内容贫乏而付出昂贵的代价。马赫的做法是合理的，他把阿芬那留斯通过繁杂的，并且总的说来是可疑的演绎结果凸显出来，即认为：科学所导致的是一种在有关经验领域中进行的尽可能完善的目标确定，是一种我们的思想对经验领域的尽可能经济的适应。此外，他并不喜欢（这也是合理的）谈论原则，而是始终只谈科学研究的“经济本性”，始终只谈概念、公式、理论、方法等等的“思维经济成就”。

因此，这个原则并不是一种合理的理论意义上的原则，不是一种能够作为某种合理说明之基础而发生作用的精确规律（就像纯粹数学或数学物理学规律所能做到的那样），而是一种极有价值的目的论观点，这种观点在生物科学一般中有很大的效用并且可以合并到普遍的进化思想中去。

这里可以明显地看到这个原则与自我保存与种类保存的关系。动物的行为是受表象和判断规定的。倘若这些表象和判断不能充分适应各种事件的进展，那么以往的经验便无法被利用，新的事件便无法被预见，手段与目的便得不到妥当的相互配

合——所有这些至少是在大略的平均状况中，在相关个体的生活圈中，就那些威胁着这些个体的有害性或给这些个体带来利益的有益性而言的——，那么，保存也就不可能了。如果一个类似人的生物仅仅体验到感性内容，而不进行联想，不养成表象的习惯；也就是说，如果一个生物不具备能力对内容做**对象性解释**，对外部事物和事件进行感知，或合乎习惯地期待那些事物和事件或在回忆中将它们当下化（vergegenwärtigen），而且如果这个生物在所有这些经验行为中没有把握获得平均的成功——，那么这个生物 A 195
怎么可能一直生存下来？在这方面，休谟就已经谈到过“自然的进 B 195
程和我们观念的结果之间的一种前定和谐”。① 而现代的进化论则使人们继续注意这一观点并具体地研究与此有关的精神构造的目的论。对于心理生物学来说，这个观点肯定是会富于收益的，而且其收益不会小于它在物理生物学那里已经取得的收益。

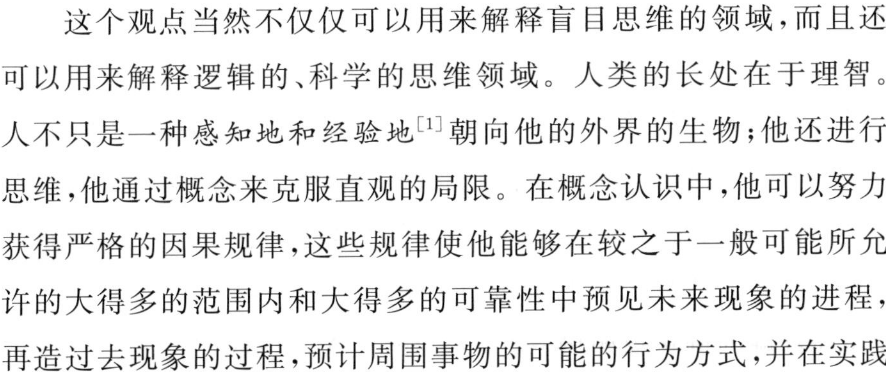

这个观点当然不仅仅可以用来解释盲目思维的领域，而且还可以用来解释逻辑的、科学的思维领域。人类的长处在于理智。人不只是一种感知地和经验地[1]朝向他的外界的生物；他还进行思维，他通过概念来克服直观的局限。在概念认识中，他可以努力获得严格的因果规律，这些规律使他能够在较之于一般可能所允许的大得多的范围内和大得多的可靠性中预见未来现象的进程，再造过去现象的过程，预计周围事物的可能的行为方式，并在实践

① 休谟：《人类理智研究》，第五篇，第二部分。（在格林和格罗瑟主编的版本中为：第二卷，第46页。）

[1] 在A版中为：表象地和判断地。

中征服它们。孔德说得很确切："科学就是预见，预见就是行动(Science d'où prévogance, prévogance d'où action)。"无论片面过激的认识欲常常会给个别的研究者造出多少烦恼，科学的成果和宝藏最终却会给整个人类带来好处。

A 196 诚然，在以上所述内容中尚未谈到思维的经济学。但只要我
B 196 们仔细考虑一下，适应这个观念所要求的究竟是什么，那么思维经济学的思想便会油然而生。一个生物要做出一些对它自身发展来说必要的或有利的成就，它能够做得愈快，费力愈少，那么显然它的构造便愈合乎目的，就是说，它对其生命条件的适应便愈好。就某一种通常属于一定的领域并以一定的频率出现的有害性或有益性而言，这个生物对于抵御这个有害性或把捉这个有益性所做的准备愈快，它所省下的力气便愈多，并且可以用这些力气来抵御新的有害性，或者说，去把捉新的有益性。当然，这里所涉及的还只是一些为我们大致估测的含糊的和粗糙罗列在一起的状况，但可以看出，我们可以对这些状况进行充分确定的讨论，而且至少在某些领域内，我们能够对这些状况做出在总体上富有教益的权衡。

这些肯定也对精神成就的领域有效。在认识到精神成就具有促进保存的功能之后，人们就可以从经济学的观点出发来考察这些成就，并且从目的论上来检验那些在人这里已真正实现了的成就。人们能够以一种可以说是先天的方式来说明某些完善性是思维经济所推荐的，而后在我们思维操作中——无论它是普遍的思维进程，还是一种在已进化了的思维中的或在科学研究方法中的思维操作的形式和途径——证实这些完善性已经得到实现。无论如何，这里开辟出了一个内容丰富的、值得一做的和富于教益的研

究领域。心理之物的领域恰恰是生物学领域的一个部分，因此，前者不仅为抽象的心理学研究——这些研究与物理学的研究相似，即以基本的规律为目的——，而且也为具体的心理学研究，尤其是目的论的研究提供了空间。这些目的论的研究构造出作为**物理**人 A 197
类学的必然对立面的**心理**人类学，它们是在人类的生活共同体中， B 197
并且进一步在整个地球生命的生命共同体中考察人类。

第 54 节　对思维经济学合理目标的进一步阐述，主要在纯粹演绎方法的领域。思维经济学与逻辑工艺论的关系

思维经济学的观点尤其在被运用于科学领域中时能够提供极为重要的结果；它可以清楚地揭示各种不同的研究方法的人类学基础。只有通过对我们心理构造特征的关注，一些最富于成果的和最具先进科学特征的方法才能得到令人满意的理解。对此，马赫的说法极为出色："谁从事数学而不设法在上述方向上做出澄清，他必然会常常获得不愉快的印象，就好像纸与笔在智力方面要超过他自己一样。"①

这里需要做如下思考。我们先考虑一下：人的智识力量是多么有限，而且那些能够完全为人所理解的抽象概念复合的范围是

① E. 马赫：《发展中的力学》，1883 年版，第 460 页。这一处值得全文引用。接下来是："以这种方式将数学作为一门教学对象来从事，这将不会比从事犹太教的神秘学主义和从事幻方使人得到更多的教益。由此而必然形成一个神秘的偏好，这种偏好有时得出其结果。"

多么狭窄，而仅仅理解那些以真正方式完成的复合就已经有多么艰难；我们再考虑一下，我们以类似的方式即使是在对那些相对复
A 198 杂的命题关系意义的真正理解时就已经是多么有限，而在现实、明
B 198 晰地进行相对复杂的演绎时就更是如此了；最后再考虑一下，那些主动的、完全明晰的、总是在思想本身之中进行的研究的原初活动范围又更不用说（a fortiori）有多么狭小；只要我们考虑到所有这一切，那么，那些较为广泛的理性理论和科学能够得以建立，这就不得不引起我们的惊叹。因此，例如像数学学科如何可能这样的问题便是一个严肃的问题，在这些数学学科中，人们不仅仅可以自由自在地调动相对简单的思想，而且可以调动一些真正的思想与千头万绪的思想联系之塔，并且人们还可以通过研究来愈来愈复杂地创造这些思想和思想联系。

工艺和方法能够做到这一点。它们克服着我们精神构造的不完善性并允许我们间接地、借助象征的过程以和通过对直观性、本真理解与明见性的放弃来推导出这样一些结果，这些结果是完全可靠的，因为对方法成就力量的**普遍**论证为这些结果提供了一劳永逸的保证。这里所说的所有工艺性（人们在一种确切的意义上谈论方法时大都是指这种工艺性）都具有这种思维经济的保证措施的特征。它们是从某些**自然的思维经济过程**中历史地和个体地产生出来的，因为研究者的实践逻辑反思使人明晰地理解这种工艺性的优点，现在便有意识地将它们加以完善，加以工艺的联结并以此方式而制造出一些较之于自然的思维机构更为复杂的，但却无比有效的思维机制。所以，开创性的研究者是以一种**明晰的**方

式并在始终顾及我们精神构造的情况下[①]发明出各种方法，他们证明了这些方法的普遍合理性。这些方法一经发明，便可以在 A 199
任何一个个别的情况中被模糊地，也可以说是机械地加以遵循， B 199
其结果的客观正确性已经得到了保证。

这种将明晰的思维过程广泛地还原成机械的思维过程的做法通过一条间接的途径克服了无法以直接的途径进行的思维成就所不得不兜的大圈子，这种还原是建立在符号－象征思维的心理学本性的基础上。这种思维所具有的不可估量的作用不仅表现在对盲目程序的构造上——即四则运算以及更高的十进位数运算的计算规定，有了这些规定，结果（有时需借助于对数表、三角函数表等等）会在无任何明晰的思维一同作用的情况下产生出来——，而且也表现在明晰的研究与证明的关系中。这里需要提及的是，例如所有纯粹数学概念都具有奇特的双重性，这种双重性尤其表现在算术中：普遍算术符号首先是在原初定义的意义上作为有关数学概念的符号，尔后却更多地是作为纯粹运算符号在起作用，即作为这样一种符号起作用，这种符号的含义仅仅受外在运算形式的规定；任何一个符号现在只被看作是某种能够以特定的形式在纸上被操作的东西。[②] 这些代表性的、使符号成为一种玩具的运算概

① 当然这不是指：在科学的心理学的帮助下。

② 如果不考虑外部运算形式，而是考虑内部运算形式，那么人们就会在“某些客体思维”的意义上理解符号，这些客体处于“一定的”相互关系中，可以对这些客体作出“一定的”联结，但这种相互关系和联结只能是这样进行的，即：运算规律和关系规律对这些客体有效，并且是在相应的形式的意义上有效：a + b = b + a 等等。——这样，便有一系列新的概念产生。这些概念将导致那些原初的学科的“形式”一般化，这里我们很快就会谈及这一点。

念在算术思维，甚至在算术研究的最广泛范围中具有决定性的作
A 200 用。它们意味着对这些算术思维和研究工作的巨大减轻，它们将
B 200 算术思维和研究从抽象的艰难高度移置到舒适直观的轨道中，在
这里，明晰的想象只能在规定的范围内自由地活动并且花费相对来说较少的力气，就像在有规则的游戏中的情况一样。

与此相关也须要指出，在纯粹数学的学科中，真正的思维以思维经济学的方式被推卸给了表征性的符号思维，这种推卸在开始时以不为人注意的方式提供了对原初的思想系列，甚至对科学进行形式普遍化的契机，而正是以这种方式，几乎在没有进行特别指向的精神工作的情况下，具有无限广阔视域的演绎科学便形成了。从原初是关于数和量的学说的算术中产生出、并且在某种程度上是自发地产生出被普遍化了的形式算术，在这种算术中，数和量已不再是基本的概念，而只是一些偶然被运用的客体而已。通过那种有意识的反思的进行，流形论作为进一步的扩展而得以形成，它在自身形式上包含所有可能的演绎系统，并且，对于流形论来说，甚至形式算术的形式系统也只表现为一种个案而已。[①]

对这些和其它类似的方法类型的分析以及对它们成就的有效说明构成一门科学理论的领域，尤其构成关于演绎方法（在最广泛的意义上是数学方法）的如此重要和富于教益的理论所具有的，也许是最美丽的并且至少是最少受到开垦的领域。当然，仅仅概而括之、仅仅含糊地谈论符号的表征作用，谈论省力的程序以及如此等等，这些还不是分析；这里处处都需要深入的分析，必须对每个

① 此处参阅本书第六章，第 69－70 节。

不同类型的方法进行切实的研究，并对方法的经济学成就做出仔细的说明和切实的证明。

如果人们明确地把握了这里有待解决的任务的意义，那么，那 A 201
些前科学的和非科学的思维所需解决的思维经济学的问题便获得 B 201
了新的澄清和新的形式。自身保存要求我们对外在的自然做出某种适应；我们可以说，自身保存要求我们具有一种在一定程度上正确判断事物、预见事物的进程、正确估测因果顺序等等的能力。但是，如果我们能够获得关于这一切的真正认识的话，那也只能是在科学中获得。能够提供明察的不是天赋，而是科学，我们如何能够在无明察的情况下实际地做出正确的判断和推理呢？某些极为复杂和极有成效的操作方式是为前科学生活的实际需要服务的——只要想一想十进制数字系统便可。如果它们不是明晰地被发明的，而是自然形成的，那么就必须考虑这样一个问题：这类事情是如何可能的，盲目机械的操作如何能够最终与明察所要求的东西相一致。

我们前面简单论述的那些思考为我们指明了一条道路。为了澄清前科学的和非科学的操作方式的目的论，人们将首先通过对相关表象联系与判断联系的详细分析，以及通过对那些起作用的素质的详细分析来确定实际性的东西，即澄清关于思维操作的心理学程序。只要我们证明，可以间接地、在逻辑上明晰地论证这种思维操作的结果——无论这个结果是必然的，还是带有某种较大的或然性——必定与真理相一致，那么这个思维操作的思维经济
功效便会显现出来。最后，要想避免把思维经济程序的自然形成 A 202
看作是一种奇迹（或看作是上帝智慧的特殊创造结果），人们就必 B 202

须对日常人的自然的和主要的表象状况和表象动机做出详尽的分析，并在分析的基础上证明，一种如此有效的操作如何可能是而且也如何必定是“自动地”、出于纯粹自然的原因而形成的。[①]

以此方式，我们在一定程度上明确说明了思维经济学所具有的、在我看来是合理的和有益的观念；思维经济学有待解决的问题、它的主要方向也得到了大致的特征描述。它与**逻辑学**这门实践意义上的科学认识工艺论的**关系**是完全可以理解的。显然逻辑学为这门工艺论提供了一个重要的基础，它为构造关于人类认识的技术方法观念、为对这些方法做出有益的专门研究，以及为推导出估测和发现这些方法的规则提供了根本性的帮助。

第 55 节　思维经济学对于纯粹逻辑学和认识论来说是没有任何意义的。思维经济学与心理学的关系

只要这些思想与 R. 阿芬那留斯和 E. 马赫的思想走在一起，
这里便不存在分歧，我可以愉快地赞同他们。我的确坚信，E. 马
赫的历史－方法论的研究尤其会给逻辑学带来丰富的教益，即便
A 203 人们不能完全服从（或完全不能服从）他所得出的结论。我觉得，
B 203 E. 马赫可惜没有把握住演绎的思维经济学的最富于成果的问题，

① 要想澄清这里须解决的，并在前面已简短阐述过的任务的本质，数列的例子是最合适不过了。正因为它对我极富于启发性，所以我在我的《算术哲学》（1891 年）一书的第七章中详细地探讨这个例子，这个例子可以典型地说明这类研究的进行方式，我坚信这类研究必须以这种方式进行。

我在前面曾试图简短地，但也足够确定地表述这些问题。而他之所以没有这样做，其原因至少有一部分在于他对认识论的错误解释，他相信这种错误的解释必须构成他的研究的基础。但与此相关联的恰恰是马赫著述所产生的强大影响。这同时也是他的思想中与阿芬那留斯思想相同的一面，而我恰恰在这一点上不得不对他持反对态度。

如我们所见，马赫的思维经济学说以及阿芬那留斯的费力最小学说是与某些生物学的事实有关，它们说到底是进化论的一个分支。因此，不言而喻，与此有关的研究虽然可以澄清实践的认识论，可以澄清科学研究的方法论，但却无法澄清纯粹的认识论，尤其是无法澄清纯粹逻辑学的观念规律。然而恰恰相反，在马赫-阿芬那留斯学派的著述中却表现出对认识论作思维经济学论证的意图。如果这样来理解或运用思维经济学的话，那么我们在上面对心理主义和相对主义所做的所有指责当然也都可以运用在这里。因为，对认识论的思维经济的论证最终会回溯到心理学的论证上去，所以这里不需要对我们已提出的论据进行重复，也不需要对它们进行特别加工了。在科内利乌斯那里有许多明显的不利因素，这是因为他企图从心理人类学的目的论原则中推导出心理学
的基本事实，而这些基本事实本身又是推导这个原则的前提，而 A 204
且，他还企图借助于心理学来对哲学一般进行认识论的论证。我 B 204
提醒一下，这个所谓的原则决不是一个能做出最后说明的理性原则，而只是对各种适应事实（Anpassungstatsachen）之复合体的概括而已，这些事实最终还要——观念性地——还原到基本事实和基本规律上去，无论我们是否能够进行这种还原。

用作为基本规律的目的论原则来为心理学奠基，以图通过这些原则来说明各种心理作用，这种做法并不会开辟心理学的前景。证明心理作用以及更为重要的心理构成物的目的论含义，亦即个别地证明：那些事实上在进行自身构造的心理要素的复合体是如何、并通过什么而拥有了那种对我们先天期待的自身保存而言的有益性关系——这种证明肯定能为我们带来教益。但是，如果把以这种方式描述的被给予之物当作那些原则的“必然结果”提出来，以至于使人产生出这样的印象，好像这里是在进行真正的说明，甚至是在进行与此有关的科学论述，即主要用来揭示心理学的最终基础的论述，那么这种做法只能造成混乱。

如果一个心理学的规律或认识论的规律所谈的是对最大可能的功效的追求，那么这个规律一定是荒唐的。在事实的纯粹领域中没有什么最大可能，在规律性的领域中也没有什么追求。就心理学而言，在每一个情况中都发生一个确定的事件，仅此而已，不多也不少。

经济学原则的事实性可以归结为：人们拥有如表象、判断和其他思维体验这类东西，并且与此相关还拥有感情，这种感情以快乐(Lust)的形式促进着某些构成的方向，以不快(Unlust)的形式而
A 205 从这些构成方向中缩回。而后，表象和判断的构成具有一个普遍
B 205 的、粗略的、前进的过程，即：从原初无意义的要素中首先形成个别分散的经验，然后随着经验的进一步结合，一个或多或少有序的经验统一得以形成。根据心理学规律，对我们所有人都共同的这一个世界的表象和对此世界之此在的经验-盲目的信仰是产生在笼统一致的第一批心理组合(Kollokationen)的基础上。但人们可

以注意到：这个世界对每一个人来说都不完全是同一个世界，它仅仅从整体上来说是同一个世界，它只是就此而言是同一个世界，即：共同的表象和行动的可能性在实践上得到充分的保证。对于普通人和科学研究者来说，它不是同一个世界；对于前者来说，它只是一种粗略的规则之间的联系，充满了千万个偶然，而对科学研究者来说，它是受绝对严格的规律性主宰的自然。

可以证明，正是通过心理学的途径和手段，这个足以满足实践生活需要的（足以保存自身的）世界的观念才发展成并确立为经验的对象，这种证明工作肯定是一项具有重大科学意义的事业；接下来还要进一步证明，正是通过心理学的途径和手段，在历代科学研究者们的精神中才形成了一个经验统一体的客观适当的观念，这个经验统一体具有严格的规律性，带有不断增长的科学内容。但是，所有这些研究在认识论上是无关紧要的。这些研究至多只能间接地有益于认识论，即可以用来批判在心理学动机上的认识论成见。问题不在于经验是如何形成的，不论是素朴的还是科学的经验，而在于经验为了具有有效性必须包含哪些内容；问题在于，A 206
哪些观念要素和规律为这些实在认识（更一般地说，整个认识）的 B 206
客观有效性奠定了基础，并且，究竟应当如何来理解这种成就。换言之，我们所感兴趣的不是世界表象的形成和变化，而是科学的世界表象所具有的客观权利，正是这种客观权利使得科学的世界表象区别于其他的世界表象，并使科学的世界表象能够声称**它的**世界是客观真实的世界。心理学想要明晰地说明，世界表象是怎样形成的；世界科学（作为各种实在科学的总和）想要明晰地认识，什么是作为真正的和现实的世界的实在（realiter）；而认识论则想明晰地理解,是什么构成了对实在之物的明晰认识的可能性,并且,是什么构成了客观观念方面的科学和认识的可能性。

第56节 续论:思维经济学对逻辑之物的论证是倒逆的

不管是认识论原则还是心理学原则,节省原则似乎毕竟是一种原则——实际上这是一个假象,这个假象之所以产生,原因主要在于人们混淆了事实被给予之物和逻辑观念之物,后者是前者隐含的前提。我们明晰地认识到,所有以超出单纯描述为目的的说明具有的最高的目标和观念上合理的趋势在于:用尽可能普遍的规律来整理那些自在的“盲目”事实(起初是在一个经过概念改写的领域中的事实),并且在这个意义上尽可能合理地概括这些事实。这里很明显,“最大可能的”、“概括性的”成就在于那个贯穿一切和包纳一切的合理性的理想。如果所有事实性的东西都根据规

A 207 律而得到整理,那么必定会有一个尽可能普遍的,且在演绎上互相
B 207 独立的规律的最小总和,从这些规律中可以纯粹演绎地推导出所有其他的规律[2]。于是,这些“基本规律”便是那种具有尽可能大的包容、尽可能大的功效的规律,对这些规律的认识可以使我们获得对这个领域的绝对最大的明察,可以使我们能够对这个领域中的所有能够说明的东西做出说明[当然,演绎和归纳的无限能力在这里以理想化(idealisierend)的方式被设定为前提]。所以,几何

[2] 在A版中为:所有其他的规律都可以纯演绎地回溯到这些规律上。

学的公理作为基本规律说明或包容了全部空间事实；每个普遍的空间真理（换言之，每个几何学的空间真理）都通过这些基本规律而被明晰地还原到那些可以做出最终说明的根据之上。

因此我们可以明晰地认识到，最大可能的合理性这个目标或原则也就是理性科学的最高目标。对那些比我们已掌握的规律更普遍的规律的认识确实是更好的认识，因为这种认识可以追溯到更深层的和更全面的根据上去，这是明见无疑的。但这个原则显然不是一个生物学的和单纯思维经济学的原则，而毋宁说是一个纯粹观念的而且更多是规范的原则。因而这个原则在人类的实践生活和共同生活的事实中是无法以任何方式被取消或被改变的。将最大可能的合理性这个趋向等同于一个生物学的适应趋向，或者，从后者中推导出前者，然后再赋予前者以心理基本力量的作用——这都是错误的，与这种错误相似的唯有心理主义对逻辑规律的误释，即将逻辑规律作为自然规律来理解的做法。如果认为我们的实践生活事实地受这个原则管理，那么这就违背了一个明显的真理；我们的事实性思维恰恰不是根据理想来进行的——就好像理想之物是某种类似自然力量的东西一样。

逻辑思维本身的观念趋向是朝向合理性的。思维经济学家 A 208
［恕我如此称呼（sit venia verbo）］将这种趋向改变成一个贯穿在 B 208
人类思维中的实在趋向，并通过模糊的省力原则以及最后通过适应来论证它；而现在这位思维经济学家又认为他澄清了我们应当如何进行思维的规范，甚至澄清了合理科学的客观价值和意义。关于思维中的经济学，关于用普遍命题来思维经济地“概括”事实，用更高的普遍性来思维经济地“概括”较低的普遍性等等，所有这

些说法都是有根据的。但这种说法只有通过对事实性思维与明晰地被认识到的观念规范的比较才能获得其根据，这些观念规范因而是一种在自然的秩序中在先的东西（πρότερον τῇ φύσει）。规范的观念有效性是任何一种关于思维经济学的有意义说法的前提，因而它不是这种经济学学说的可能说明结果。我们用观念的思维来衡量经验的思维，并且发现事实上后者在某些范围内是这样进行的，就好像它是从观念的原则中被推导出来的一样。与此相应，我们可以合理地说，我们的精神组织本来就具有一种自然目的论，由于这种目的论的缘故，我们的表象和判断总的说来（即在满足通常生存进步的情况下）是以一种仿佛受到逻辑制约的方式进行的。除了少数个别的情况以外，真正明晰的思维并不保证自身具有逻辑有效性，它自身并没有明晰地或间接地受到以往明察的有目的的整理。但它事实上具有某种表面的合理性，以至于我们的思维经济学家能够在反思经验思维途径的同时明晰地证明，这种思维途径必定能够提供与严格的逻辑结论——在大略的平均值上——相一致的结论；正如我们在前面已论述过的一样。

A 209 因此，这里的“倒逆”（ὕστερον πρότερον）[①]是可以认识到的。
B 209 我们在所有思维经济学之前就必定已经知道什么是理想，在我们对有关基本规律和推导规律的认识所具有的思维经济作用做出解

① 这里的“倒逆”和本节标题所说的“倒逆”或“逆序”（拉丁化后为：hysteron próteron），指的是一种逻辑错误，即由对自然秩序和逻辑秩序的混淆而导致的颠倒说明：把在先的解释为在后的，或将在后的解释为在先的。例如尼采曾批评，传统形而上学把思想最后才达到的抽象理论解释为本体上最首要的东西，从而是一种倒逆论证。而胡塞尔在这里则恰恰相反，他认为思维经济学把经验科学看得先于观念科学，是犯了倒逆论证的错误。——中译注

释和估量之前，我们就必定知道，科学在理想上（idealiter）追求的是什么，理想上的（idealiter）规律性的关系是什么，基本规律和推演规律是什么，它们有何种成效。当然，在对这些观念进行科学研究之前，我们就具有关于这些观念的某些模糊概念，因此，人们也可以在建立一门纯粹逻辑科学之前就去谈论思维经济学。但本质状况却并没有因此而改变，纯粹的逻辑学自身要先于所有的思维经济学，而将纯粹逻辑学建立在思维经济学基础上的企图将永远是一个背谬。

还有一点。不言而喻，所有科学说明和理解都是按照心理学规律并在思维经济学的意义上进行的。但如果人们因此而相信能够抹消逻辑思维与自然思维之间的差别，能够把科学活动说成是仅仅对自然的和盲目的行为的"继续"，那就错了。虽然并非毫无疑义，人们仍可以像谈论逻辑理论那样去谈"自然"理论。但人们而后却不应忽视，真正意义上的逻辑理论所做的工作与自然理论所做的工作绝不相同。逻辑理论与自然理论所具有的目标也不相同，或者毋宁应当这样说：逻辑理论具有一个目标，而"自然理论"中的目标是被我们安置进去的。如上所述，我们用逻辑理论——这是真正意义上的理论——来衡量某些自然的（在这里是指那些不明晰的）思维过程，我们之所以将这些自然的思维过程称为自然理论，只是因为它们能够导致心理学的结果，这些结果就好像是从逻辑明晰的思维产生出来的，就好像它们真的是理论一样。但一旦我们将这些自然思维过程称为理论，我们便不由自主地犯了一个错误，即把真正理论的本质特征强加于这些"自然"理论，把"自然"理论也看作是真正的理论性的东西。作为心理过程，这种理论

的相似者与真正的理论或许是极为相似的，但这两种理论却始终具有根本差异。逻辑理论是受观念必然联系制约的理论；而在这里被称为自然理论的东西，则是偶然的表象或信念的进程，它不具
A 210 有明晰的联系，没有约束的力量，但在实践上却通常是有用的，就
B 210 好像这里的基础是某种像理论一样的东西。

思维经济学派之所以犯下这些错误，原因在于其代表人物——与一般心理主义者们一样——的认识兴趣仍保留在科学的经验方面。他们在某种程度上只见树木，不见森林。他们致力于作为生物学现象的科学，却没有注意到，他们根本没有接触到作为客观真理之观念统一的科学的认识论问题。他们认为，以往的认识论是一条歧途，这种认识论把观念之物看作是问题；这种认识论之所以还能成为科学活动的对象，乃是因为可以用它来证明，相对的思维经济学作用已经显露在哲学发展的更深层次上了。但是，这样一种对认识论主要问题和主要方向的评价愈是有成为哲学时髦的危险，那么我们就愈是有必要通过研究来抵制它，同时我们也愈是有必要通过对原则性的争论问题的尽可能全面的解释，尤其是通过对在实体领域和观念领域中各种根本不同思潮的尽可能深入分析来获得一种明晰的澄清，这种澄清是对哲学进行一个最终有效奠基的前提。而这部著作正是希望能够对此做出微薄的贡献。

第十章　批判性考察的结尾 A 211 B 211

第 57 节　对我们逻辑追求的种种明显误释以及对此的思考

我们迄今为止的研究主要是批判性的。我们相信，这些研究已经表明，经验逻辑学或心理主义逻辑学的任何一种形式都是站不住脚的。在科学方法论意义上的逻辑学的最重要基础是在心理学之外的。“纯粹逻辑学”是一门理论的、独立于所有经验，因而也独立于心理学的科学。它才使科学认识的技术论（通常的理论实践意义上的逻辑学）得以可能；必须承认这样一门纯粹逻辑学的观念是有充分根据的，必须认真地完成建立这门独立的科学的必要任务。——我们能满足于这些结论吗？我们甚至能否希望人们承认它们是结论呢？因为这不就意味着我们这个时代的逻辑学——
这门成功在握的、由重要研究者加工过并广泛受到承认的科 A 212
学——是在歧途上做着徒劳无效的努力吗？[①] 人们几乎不会想承 B 212

① O. 屈尔佩说：逻辑学“无疑不仅仅是发展得最好的哲学学科之一，而且也是最可靠的和最封闭的哲学学科之一”（《哲学引论》，1897 年，第 44 页），这也许是正确的，但是根据我对逻辑学的科学可靠性和封闭性的估计，我不得不同时也把这种状况理解

认这一点。观念主义的批判也许在对原则问题的考虑上会引起人们的不安；但大多数人只要看一眼从穆勒到埃德曼和利普斯的一系列卓越著作就会重新恢复他们动摇不定的信念。人们会对自己
A 213 说，总有一些办法能解开这些论据，并且使它们和这门繁荣的科学
B 213 的内容相和谐，而如果没有这种办法，那么问题也许仅仅在于对这门科学做认识论上的重新估价而已，这种重新估价取消了这门科

为我们这个时代科学的哲学的落后状况的标志。而且我要提出一个与此相关的问题：如果将所有科学的思维力量都用来解决那些可明确规定的，并且首先是肯定可解决的问题，无论这些问题显得多么有限、多么平凡，甚或显得多么无聊，人们不就有可能逐渐了解这样一种令人悲伤的境况了吗？毫无疑问，这首先关系到纯粹逻辑学和认识论。这里有大量精确的、确定的和可以一劳永逸地解决的工作要做。只须人们动手去做了。“精确科学”（人们肯定也把纯粹逻辑学和认识论看作是精确科学）的伟大也正应当归功于它们的谦虚性，它们从最小处着手，并且用一句名言来说，它们“将其全部力量凝聚在最小点上”。这些在整个立场中微小然而可靠的开端一再地向这些科学证明它们是以后大跃进的基础。当然，这种志向如今在哲学中也十分普遍；但我清楚地看到，它是在一个错误的方向上发展的，即：最好的科学精力都被用于心理学——即作为说明性自然科学的心理学，哲学对它的兴趣实际上仅仅在于它是一门关于心理过程的科学。但人们当然不承认这一点，人们甚至认为，心理学对哲学学科的奠基是一个巨大的进步。这种观点在逻辑学中也不罕见。如我没有看错的话，这是一种流行的观点，埃尔森汉斯最近这样来表述它：“当代逻辑学对逻辑问题的处理日趋有效，这首先要归功于它对其对象在心理学方面的深化。”（《哲学杂志》，第109期，1896年，第203页）在这里的研究开始之前，或者说，在认识到由数学哲学中的心理主义观点给我带来的那些不可解决的困难之前，我也说过同样的话。但现在，当我能最明晰地觉察到这个观点的错误时，我虽然为科学心理学的此外大有可为的发展而高兴，并非常关心它的发展，但我不期待它能够提供真正哲学的澄清。然而，为了不引起误解，我必须立即补充：我严格地区分经验心理学和作为它的基础的（也以另一种方式作为认识批判之基础的）现象学；后者被理解为关于体验的纯粹本质学说[1]。在本书的第二卷[2]中，这一点将得到清楚的阐述。

[1] 在A版中为：关于内经验的描述现象学在我看来是一个例外，它是经验心理学的基础，并且同时在完全另一种方式上也是认识批判的基础。

[2] 在A版中为：部分。

学的本质内涵，这种重估虽然不无重要性，但却不会具有革命性的成就。无论如何，对某些东西的把握应当更准确些，对个别轻率的阐述应当做适当的限制，或者对这些研究的顺序要进行修改。将一些纯粹的逻辑定律纯粹地组合在一起，并且把经验心理学的阐述与逻辑工艺论区分开来，这或许确实有独到之处。——那些感受到了观念主义论据的力量，但没有足够的勇气做出结论的人便满足于上面那些想法。

此外，我们所理解的逻辑学必须受到彻底改造，这种改造之所以遭到反对和怀疑，是因为它可能很容易，尤其是很容易在浮浅的考察中被人看作是一种**纯然的反应**。只有仔细地考察我们分析的内容才能得知，我们的目的不在于做出纯然的反应，重新接触近代哲学所具有的合理倾向的做法并不意味着要修复传统逻辑学；然而我们很难希望能够通过这些指明来克服所有的不信任以及能够预防对我们的意向的误解。

第 58 节　我们与过去时代伟大思想家之间的联系，首先是与康德的联系

我们实际上能够诉诸如康德、赫巴特、洛采以及在此之前莱布 A 214
尼茨这些**伟大思想家们的权威**，但在流行的偏见面前，也许这种状 B 214
况并不能为我们提供支撑，甚至这更可能会加深人们的不信任。

最一般地说，我们已回溯到康德对纯粹逻辑学与应用逻辑学的区分上了。事实上，我们可以赞同他在这方面论述中最出色的部分，当然要附带适当的条件。例如，为康德所十分喜爱并被他用来进行相关划界的那些概念，我指的是知性和理性的概念，当然不能在其原来的心灵能力的意义上为我们所接受。知性、理性作为某个规范的思维行为的能力在其概念中便预设了纯粹逻辑学——纯粹逻辑学对规范做出定义，因此，我们即使回溯到这些概念上也不会变得更聪明，就像通过舞蹈能力(即艺术地跳舞的能力)来说明舞蹈艺术、通过绘画能力来说明绘画艺术等等也不会使我们变得更聪明一样。不如说，知性和理性的术语仅仅被我们用来标志那种对“思维形式”及其观念规律的指向，逻辑学的这个指向是与经验的认识心理学的指向完全相反的。因此，在做出这些限制、解释和进一步的规定之后，我们会感受到与康德的学说已经很接近了。

但这种调和难道不会有损于我们的逻辑观的名誉吗？纯粹逻辑学(实际上是唯一的科学)在康德看来是“**简短**而**枯燥**”的，而“对知性的基本学说的学术阐述就应当是如此”。[①] 大家都熟悉由耶舍编辑的康德讲座并且知道，逻辑学确实在令人忧虑的程度上与这些特征要求相符。因此，难道我们所追求的楷模就是这种贫困
A 215 得无可形容的逻辑学吗？没有人会愿意习惯于[3]这种将科学还原
B 215 到亚里士多德－经院哲学逻辑学立场上去的想法。而这里的结果却似乎在于像康德自己所教导的那样：逻辑学自亚里士多德以来便具有一门封闭科学的特征。经院哲学所做的几个堂而皇之的概

① 康德：《纯粹理性批判》，“先验逻辑学引论”，哈腾斯坦版，第三卷，第 83 页。

[3] 在 A 版中为：参与。

念规定以及由此而导出的对三段论的尽情发挥——并不是一种令人感到振奋的景观。

对此，我们当然要进行反驳：我们感到自己距离康德的逻辑观要比距离穆勒和西格瓦特的逻辑观更为接近，这并不意味着我们赞同康德逻辑观的全部内容，并不意味着我们赞同他对他的纯粹逻辑学观念的特定构设。我们在主要倾向上与康德一致，但我们并不认为他明晰地看透了这门学科的本质并且阐明了这门学科本身的相应内涵。

第 59 节　与赫巴特和洛采的联系

此外，比康德距离我们更近的是赫巴特，这主要是因为赫巴特更鲜明地突出了一个主要观点，并且用它来明确地划分纯粹逻辑之物和心理学之物，这一点就是“**概念的**”**客观性**，亦即**纯粹逻辑意义上的表象的客观性**。

赫巴特在其心理学主要著作[①]中写道：“每个**所思**仅就其性质来看，都是逻辑学意义上的一个概念。”这里的问题“不在于思维主体；思维主体本身只能在心理学的意义上拥有概念，而人的概念、
三角形的概念等等并不属于某一个人特有。总的说来，任何概念 A 216
在逻辑含义中都**只是一次现存的**；如果概念的数目会随表象这些 B 216
概念的主体的数目，甚至随不同的思维行为的数目一同增长，因而从心理学上看会产生和形成一个概念，那么情况就不是如此了。”

① 赫巴特：《心理学作为科学》，第二卷，第 120 节（原版，第 175 页）。

我们(在上书第六节中)继续读到:"近代哲学的'本质'(entia)即便在沃尔夫那里也只是逻辑学意义上的概念而已……。'事物的本质是不变的'(essentiae rerum sunt immutabiles)这个旧命题也说明了这个问题。这个命题仅仅意味着:概念是某种完全非时间性的东西;只要概念在其所有逻辑关系中为真,那么由概念构成的科学定律和推理对古人和对我们——对天上人和地上人——就都为真并且始终为真。但这个意义上的概念,即体现了对所有人和所有时间都有效的共同知识的概念,完全不是一种心理学的东西……。从心理学来看,概念是这样一种表象,这种表象将逻辑含义上的概念当作其被表象之物;或者说,这种表象使概念(被表象之物)现实地被表象出来。如此看来,每个人便都有他自己的概念;阿基米德研究他自己的圆圈概念,牛顿同样研究他自己的圆圈概念;这样在心理学的意义上便有两个圆圈概念,而在逻辑学看来,所有数学家都只有一个圆圈的概念。"

类似的论述我们在《哲学引论教程》的第二篇中也可以找到。这里的第一句话便是[①]:"我们的整个思想的考察可以从两个方面进行:一方面是将这些思想当作我们精神的活动来考察,另一方面则是考察通过这些活动所思的东西。在后一种情况中,它们叫作概念(Begriffe),这个词标志着被把握到的东西(Begriffene),因而它们必须从我们接受思想、产生思想和[4]再造思想的方式与方法中抽象出来。"在同书的第35节中,赫巴特否认两个概念完全相

① 赫巴特:《哲学引论教程》,第五版,第34节,第77页。

[4] 在A版中为:或。

同的可能性；因为“如果这样的话，这两个概念在通过它们而被思 A 217
考的东西方面便无法相互区分，就是说，它们作为概念便完全无法 B 217
相互区分。相反，对同一个概念的思维却可以被重复多次，可以在不同的情况下被造出和被引发，可以为无数理性生物所从事，而这个概念却并不因此而变为多个概念”。他在注释中提醒人们：“应当记住，概念既不是思维的实在对象，也不是现实的思维行为。后一种谬误现在仍有影响；因而有些人将逻辑学看作是理智的自然史，并相信在其中认识到了理智的天生规律和思维形式；心理学便因此而遭到毁坏。”他在另一处[①]还说，“如果有必要，人们可以通过一种完整的归纳来证明，在所有那些无可争议地属于纯粹逻辑学的学说中，从有关概念的对立关系和主从关系的学说到演绎推理学说，没有一个学说是以某种心理学的东西为前提的。整个纯粹逻辑学都与所思之物的状况、与我们表象的内容有关（尽管不是专门与此内容本身相关）；但与思维的活动、与思维的心理学的，亦即形而上学的可能性完全无关。只有应用逻辑学才像应用伦理学那样需要心理学知识，这是指在这样一种程度上的需要，即：人们对他们按已有规定而想构建的材料必须根据其属性来对它进行斟酌。”

我们在这方面可以找到一些富于教益的重要阐述，而流行的心理学与其说对这些阐述做严肃的思考，不如说是把它们放在一边置之不理。但与赫巴特权威的联系也不应遭到误解。这种联系绝不是一种向赫巴特所设想的，并由他的真正学生德罗比施出色

① 赫巴特：《心理学作为科学》，第 119 节（原版，第二卷，第 174 页）。

地实现了的逻辑学观念和操作方式的回复。

赫巴特的伟大功绩，尤其就上面所述三点而论，肯定在于他对
概念的观念性的强调。他所创造的概念之概念便已是一大贡献，
A 218 无论人们现在是否赞同他的术语。但另一方面我觉得，赫巴特没
B 218 有能超越出那些零碎的和不完全成熟的启示性想法的范围之外，
而且他用一些错误的，但可惜却造成了重大影响的想法完全毁坏
了他的最好意向。

赫巴特没有注意到内容、被表象之物、所思这些表达所具有的基本双关含义，它们一方面标志着相应表达的观念的、同一的含义内涵，另一方面又标志着各种被表象的对象性。依我之见，赫巴特在对概念之概念的规定中没有说出这样一句唯一能做出澄清的话，即：逻辑学意义上的概念或表象无非就是相应表述的同一含义。

然而更为重要的是赫巴特的一个根本疏忽，他认为逻辑概念的同一性本质在于它的**规范性**。这样，他便偏离了真正的同一性的意义，即偏离了在分散的体验杂多性中含义统一的意义。这里丧失的恰恰是同一性的基本意义，根据这个意义，观念之物与实在之物被一条不可逾越的深壑分割开来；而取而代之的规范性意义则给逻辑学的基本观点造成了混乱。① 与此密切相关，当赫巴特将**逻辑学作为对思维而言的道德**与作为理智的自然史的心理学对立起来时，他以为找到了一个拯救的公式。② 他没有想象过隐藏

① 参阅本书第二卷[5]中有关种类的统一性一章。

② 赫巴特：《心理学教本》，第三版，第 180 节，第 127 页，1882 年特版。

[5] 在 A 版中为：部分。

在这个道德后面的纯粹理论科学(在通常意义上的道德那里情况 A 219
与此相似),更没有想象过这门科学的范围和自然界限以及它与纯粹数学的内在统一性。因而在这一点上,有关贫困性的指责在切中康德逻辑学和亚里士多德－经院哲学逻辑学的同时,也不无合理地切中了赫巴特的逻辑学,尽管后者另一方面通过在其狭窄范 B 219
围内进行的那些自发而精确的研究的习性而显示出优越性。与这种根本疏忽相关联的还有赫巴特认识论上的混乱,他的认识论自己表明,它完全无法认识到,在逻辑思维的主观过程与外在现实的实在过程之间貌似深刻的和谐问题本身——如我们在后面将会证实的那样——是一个由于含糊不清才得以产生的假问题。

所有这些情况也适用于那些处在赫巴特影响域中的逻辑学家,尤其适用于洛采,他采纳了赫巴特的某些启发性思想,极其敏锐地对它们进行透彻的思考,并对它们做出原创性的进一步阐释。我们在许多方面要感谢他;但可惜,我们发现赫巴特在种类的[6]和规范的同一性上的混乱也毁掉了洛采的出色开端。他的逻辑学巨著尽管极富原创性的[7]、与这位深刻的思想家相匹配的思想,但却因此而成为一种心理主义逻辑学和纯粹逻辑学的不和谐的杂凑。①

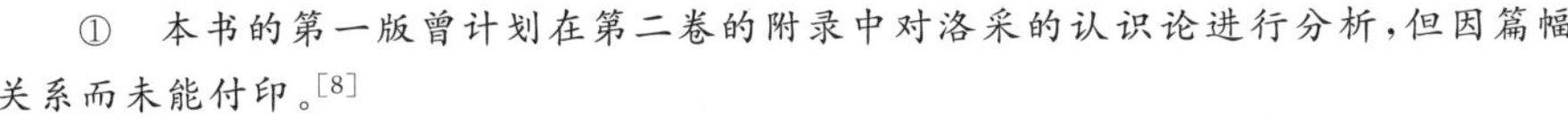

① 本书的第一版曾计划在第二卷的附录中对洛采的认识论进行分析,但因篇幅关系而未能付印。[8]

[6] 在A版中为:可以说是柏拉图的。

[7] 在A版中为:极为奇特的。

[8] 在A版中为:我们在此书的后面部分将有机会深入地批判分析洛采的认识论学说,尤其是他关于逻辑之物的实在和形式含义的那一章。

第 60 节　与莱布尼茨的联系

莱布尼茨也是这里倡导的逻辑学观点所依据的伟大哲学家之
A 220 一。我们相对来说与他离得最近。我们之所以感到赫巴特的逻辑学信念比康德的距离我们更近，也正是因为他相对于康德而更新了莱布尼茨的观念。但显然，赫巴特自身表明，他没有能力哪怕只是接近于吸取莱布尼茨的所有财富。他远远地落在莱布尼茨这位
B 220 哲学巨人所做的将数学、逻辑学合而为一的伟大设想之后。我们要就这些尤为触发我们同情感的设想说几句话。

近代哲学在开始时所具有的动机，即对科学进行完善和重构的观念，促使莱布尼茨为改造逻辑学做出了不懈的努力。但他比他的前辈更明晰地把握了经院哲学的逻辑学，他不是把它诋毁成空洞无物的公式垃圾，而是把它理解为真正逻辑学的一个宝贵的前阶段，它虽不完善，但却能为思维提供真实的帮助。① 他锲而不舍地力图达到这样一个目标：将经院哲学的逻辑学进一步发展成为一门具有数学形式和严格性的学科，一门在最高和最广泛意义上的普遍数学。

我在这里以《人类理智新论》②中的论述为依据。③ 在这些论

---

① 例如可以参阅莱布尼茨在给瓦格纳的信中对传统逻辑学的详细辩护——尽管这种辩护“无论如何也不如传统逻辑学本身来得伟大”。——《莱布尼茨哲学著作集》，埃德曼版，第 418－420 页。

② 以下简称为《新论》。——中译注

③ 第四卷，第十七章，例如可以参阅，第 4 节，《莱布尼茨哲学著作集》，埃德曼版，第 395 页 a。

述中，三段论形式的学说被扩展为关于“形式论证”（arguments en forme）的完全普遍的学说，莱布尼茨将这种“形式论证”的学说标志为“一门其重要性尚未被充分认识的普遍数学”。他接下来说：“自然，人们必须知道，我不仅仅把形式的论证理解为那种在学院中所用的经院哲学式的论证，而且还把它理解为那种借助于形式的力量而得出的合理推论，这种合理推论不需要补充任何其他的成分；所以一个复合推理（sorites）（一个避免了各个成分重复的三段论系列），甚至一篇开列得正确的账目、一种代数的演算、一种无 A 221
穷小的分析，在我看来都差不多是‘形式论证’，因为它们的推理的形式都是已预先得到证明了的，以致我们可以肯定不会出错。”[①]
这里所构想的普遍数学（Mathématique universelle）的领域因而 B 221
比莱布尼茨所构想的逻辑演算的范围还要广大得多，他曾经竭力想构想这样一种逻辑演算，但最后未能完全成功。实际上在莱布尼茨的普遍数学中必定也包含着通常的量的意义上的整个普全数理模式（Mathesis universalis）（即莱布尼茨的**最狭窄的**普遍数理模式概念），尤其是因为他自己也一再地将纯粹数学的论证标志为“形式论证”。同样，普遍数学也必定包含着像“组合术”（ars combinatoria），或“普遍种类”（speciosa generalis），或“抽象形式论”（doctrina de formis abstracta）这样一类东西[②]，这一类东西构成

① 胡塞尔在这里引用的是莱布尼茨《人类理智新论》法文版原文。中译文根据德文版（莱比锡，1926 年，由 E. 卡西尔翻译并加序、加注，第三版，第 580 页、第 581 页）并参照中文版（商务印书馆，1982 年，由陈修斋翻译并加序、加注）译出。——中译注

② 参阅《莱布尼茨数学著作集》，佩尔茨版，第七卷，第 24 页、第 49－51 页、第 54 页、第 159 页、第 205－207 页，等等。

较广泛意义上的普全数理模式，但并不构成上述最广泛意义上的普全数理模式，而最广泛意义上的普全数理模式又与作为从属学科的逻辑学相区别。我们在这里尤其感兴趣的是“组合术”，莱布尼茨在上书的第七卷第 61 页上将它定义为“对形式或规则、相似性、关系等等进行普遍陈述的学说”[1]，他在那里将它当作质的普遍科学（scientia generalis de qualitate）而与量的普遍科学（scientia generalis de quantitate）（即通常意义上的普遍数学）相对立。对此可以参阅《莱布尼茨哲学著作集》，格哈特版，第七卷，第 297 页及后页上的重要说明：“此外，在我看来，组合术就是这样一门科学——或者可以一般地说——就是这样一种特征描述或描述术，它探讨事物的形式或公式，就是说，它探讨事物的一般的质（qualitate）或探讨事物的相似和不相似的关系；例如，在已有的要素 a、b、c 等等之中——它们可以表示事物的质或者其他东西——能够通过相互联结而产生出各种完全不同的公式。它因此而与代数区别开来，代数所探讨的是〔事物的〕量（quantitates）的公式或〔事物的〕相等和不相等的关系。因而代数隶属于组合术，并且始终要运用组合术的规则，这些规则是一些更为总体的规则，它们不仅在代数中得到运用，而且也在破译术中，在各种类型的游戏中，甚至在综合几何学中按古代的方法而得到运用，简言之，它们在所有涉及
A 222 相似性关系的情况中都得到运用。”[2]——在那些了解现代“形式”

[1] 这里引用的是《莱布尼茨哲学著作集》中的拉丁文原文。——中译注

[2] 这里引用的是《莱布尼茨哲学著作集》中的拉丁文原文。译文根据德文版莱布尼茨《有关哲学奠基的主要著作集》（莱比锡，1924 年，由 A. 布亨瑙翻译，由 E. 卡西尔审阅并作序、加注出版，第一卷，第二版，第 50 页）译出。——中译注

数学和数理逻辑学的人看来，莱布尼茨的这些远远赶在他的时代前面的直觉具有明确的界限，并且极为令人赞叹。我在这里要强调的是，莱布尼茨关于“总体科学”(scientia generalis)或关于“推理计算”(calculus ratiocinator)的残篇也同样极为令人赞叹，只是特伦德伦堡的批判虽然高雅，但却肤浅，他无法从这些残篇中读出多少有用的东西。[①]

同时，莱布尼茨在他的表述中一再强调指出将逻辑学扩展为 B 222
一门数学的概率论的必要性。他要求数学家们解决赌博中所隐含的那些问题，并认为这样能给经验思维以及对经验思维的逻辑批判带来巨大的促进。[②] 简言之，莱布尼茨以他天才的直觉预见到了逻辑学自亚里士多德以来的最伟大收获：概率论以及在十九世纪后半期才成熟起来的对(三段论和反三段论)推理的数学分析。他的《论组合术》一书[③]使他成为纯粹流形论这门与纯粹逻辑学相近，甚至内在地结合在一起的学科的精神之父。[④]

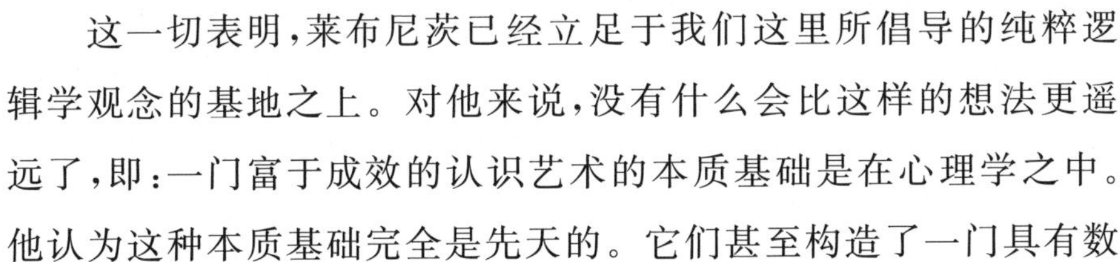

这一切表明，莱布尼茨已经立足于我们这里所倡导的纯粹逻辑学观念的基地之上。对他来说，没有什么会比这样的想法更遥远了，即：一门富于成效的认识艺术的本质基础是在心理学之中。他认为这种本质基础完全是先天的。它们甚至构造了一门具有数

① 参阅：特伦德伦堡：《历史的哲学文献》，第三卷。

② 例如可以参阅《新论》，第四卷，第六章，第 5 节，《莱布尼茨哲学著作集》，埃德曼版，第 388 页及后页；同上书，第四卷，第二章，第 14 节，第 343 页。也可参阅同上书，“普遍科学”残篇，第 84 页、第 85 页等等。

③ 即莱布尼茨发表于 1666 年的著述《论组合术》(*Dissertatio de arte combinatoria*)。——中译注

④ 参阅本书后面第 69 节和第 70 节。

学形式的学科，这门学科本身与纯粹数学一样，在自身中便包含了实际支配认识的天职。[①]

第 61 节　从具体研究到认识批判的证实 A 223 以及纯粹逻辑学观念的部分实现的必然性

然而，较之于康德和赫巴特，莱布尼茨的权威所得到的承认更少，尤其是因为他无法为这些伟大的意图加上已实施了的成就的分量。他属于一个过去的时代，而新科学相信自己已远远超越了
B 223 这个时代。在一个已得到广泛实施的、被误以为富有成果和可靠的科学面前，权威显得无足轻重。尤其是在这些权威那里缺少关于这门相关学科的足够明确的和得到实际扩展的概念，于是这权威的影响必然也就更小。很明显，如果我们不想半途而废，不想让我们的批判性思考毁于一旦，我们就必须完成这样一个任务，即：在充分宽泛的基础上构造起纯粹逻辑学的观念。我们要在含有实事的具体论述中提供关于纯粹逻辑学的本质研究的内涵与特征的更准确的描述，并且更明确地规定纯粹逻辑学的概念，只有这样，我们才能排除一种偏见，这种偏见认为纯粹逻辑学所涉及的是一个由一些相当平凡的命题所构成的狭窄领域。与此相反，我们可

① 例如莱布尼茨认为，在最狭窄意义上的普全数理模式（Mathesis universalis）是与“数学逻辑”（Logica Mathematicorum）相重合的（同上书，佩尔茨版，第七卷，第 54 页），而他又把这个数学逻辑[又称为“数学的逻辑”（Logica Mathematica），同上书，第 50 页]定义为“与量有关的判断术和发现术”（Ars judicandi atque inveniendicirca quantitates）。这当然也适用于在较广意义上和最广意义上的普全数理模式。

以看到，这个学科的范围是可观的，这不仅是指它所拥有的系统理论的内涵而言，而且首先是指它的哲学奠基和评价所需的那些困难而重要的研究而言。

此外，即使人们误以为纯粹逻辑学的真理领域狭小，这种看法本身也不能作为一个论据来说明，应当把纯粹逻辑学仅仅作为逻 A 224
辑工艺论的一种辅助手段来对待。纯粹理论的旨趣要求我们对这个在自身中构成一个理论封闭统一的东西加以阐明，而且是在这种理论的封闭性中，而不是将它仅仅作为某个用于外在目的的辅助手段来加以阐明。另外，如果至此为止的研究至少已经表明：对纯粹逻辑学本质以及它相对于所有其他科学所具有的特殊地位的 B 224
正确理解是整个认识论中最重要的问题之一，那么对纯粹逻辑学及其纯粹性和独立性进行真实的阐述，也就是这门哲学基础科学〔认识论〕的生动旨趣所在。[9] 当然，认识论只是不应被理解成一门追循形而上学的学科，或者甚至被理解为一门与形而上学相重合的学科，而应理解为一门先于形而上学，同样也先于心理学和所有其他学科的科学。

附录：F. A. 朗格和 B. 鲍尔查诺的提示

无论我的逻辑观与朗格的相距有多远，我同意他的下列做法，并且认为这种做法是对我们这门学科的一个贡献，即：在一个普遍

[9]　在 A 版中还紧跟：我甚至不知道，认识论究竟是否还配得上一门完整的科学的称号，假如整个纯粹逻辑学不能被看作是认识论的组成部分，或者反过来说，假如认识论研究不能被看作是纯粹逻辑学的哲学附录。

低估纯粹逻辑学的时代，他坚定不移地相信："对逻辑学的纯粹形式要素进行分类处理的努力将会给科学带来本质的促进。"[①]我对他的赞同所涉及的范围还要更广一些，就最一般方面而言，涉及这门学科的观念，只是朗格没有能够从本质上对它加以澄清。他不无理由地认为对纯粹逻辑学的分类可以导致他称之为"逻辑学的绝然之物"的诸学说的形成，"这些学说与数学定理相同，能够以绝
A 225 对强制性的方式发展自身……"值得注意的是他又补充说："强制性真理现存（Vorhandensein）的单纯事实是一个如此重要的事实，以至于人们必须认真地探讨这个事实的任何一个痕迹。从这点上看，如果有人因为形式逻辑价值小或因为它作为人类思维活动理论的不充分而放弃这种研究，那么他便是混淆了理论目的和实践目的，因而必须对之予以拒绝。对他的批评可以看作一种类
B 225 似于我们对这样一位化学家的批评：这位化学家拒绝分析一个化合物，理由是它在化合中极有价值，而个别的组成部分则预计根本没有价值。"[②]在另一处他同样正确地指出："形式逻辑作为绝然的科学具有完全独立于其有用性的价值，因为任何一个先天有效真理的系统都应受到最高的尊重。"[③]

朗格在如此热烈地主张纯粹形式逻辑学的观念的同时，却并不知道，这个观念早已在相对而言很高的程度上得到实现。我当然不是指对形式逻辑学的众多论述，这些论述主要是在康德和赫巴特的学说中形成的，而且这些论述与它们所提的主张极少相

① 朗格：《逻辑研讨》，第 1 页。

② 同上书，第 7－8 页。

③ 同上书，第 127 页。

符[10]；我这里所指的是帕思哈特·鲍尔查诺于1837年所著的《科学论》，这部著作在逻辑"要素论"中远远超出了世界文献所能提供的所有逻辑学体系设想。鲍尔查诺虽然没有明确地说明和赞同我们意义上的纯粹逻辑学的独立界域；但事实上(de facto)，在此著作的第一、二卷中，纯粹逻辑学已作为他所理解的意义上的科学论之基础而受到纯粹地和科学严格地阐述，他赋予纯粹逻辑学以如 A 226
此丰富的原创的、有科学保证的和至少是有用的思想，以至于人们为此必须将他视为所有时代中最伟大的逻辑学家之一。历史上他与莱布尼茨的关系较为接近[11]，他在重要的思想和基本观点上与莱布尼茨一致，在哲学的其他方面他也首先依据莱布尼茨。当然，他也没有充分利用莱布尼茨逻辑直觉的财富，尤其是数学三段论和普遍数理模式方面的直觉财富。但当时人们对莱布尼茨的遗稿知之甚少，而且当然还缺乏理解莱布尼茨之钥匙的"形式"数学和"流形论"。

在这部令人赞叹的著作的字里行间处处都证明，鲍尔查诺是一位敏锐的数学家，他用同样的科学严格的精神来管理逻辑学，他本人第一个将此精神运用于对数学分析的基本概念和公理的理论 B 226
探讨上并因此而为数学分析提供了新的基础。数学的历史将会永远记载这一光辉业绩。我们在鲍尔查诺——这位黑格尔的同时代人——那里找不到体系哲学的深刻多义性的痕迹，这种哲学的目的不在于成为理论分析性的世界知识，而在于成为富于思想的世

[10]　在A版中为：极少能满足他们所提的要求。

[11]　在A版中为：就他的位置来看，他紧靠莱布尼茨。

界观和世界智慧，而且它在对根本不同意向的不幸混淆中严重地阻碍了科学的哲学的进步。鲍尔查诺的思想构成具有数学的朴实性和平淡性，但也具有数学的清晰性和严格性。只有在更深入地探索了这门学科总体构成的意义与目的之后才能揭示，在冷静的定义或公式的阐述中隐涵着多么伟大的精神工作和精神成就。一位在观念主义学派的偏见和思维习惯以及语言习惯中成长起来的哲学家——而我们大家都还没有完全脱离它们的影响——会很容易把这种科学方式看作是一种无观念的浅薄，或者还会把它看作是一种笨拙和繁琐。但作为科学的逻辑学必须建立在鲍尔查诺著作的基础之上，逻辑学必须从这部著作中学会对它来说必需的东

A 227 西：数学区分的准确性、数学理论的精确性。而后它会在另一种立场上来评价数学家们置哲学的蔑视不顾而成功地建立起来的逻辑学的“数学化理论”。因为他们可以完全吸收鲍尔查诺逻辑学的精神，尽管鲍尔查诺本人还没有预料到这门逻辑学的形成。至少，未来的逻辑学史编纂者不会再犯像于伯韦格（他通常是极为缜密的）所犯的那种疏忽，他居然把一部《科学论》级别的著作与克尼格尔的《女人的逻辑学》放在同一个层次上。①

鲍尔查诺的成就越是一气呵成，人们就越不能把它（完全是在这位真诚的思想家本人的意义上）看作是最终完成了的成就。这里只提一点：认识论方向上的缺陷是极为明显的。他没有研究（或

B 227 者，没有足够地研究），如何真正从哲学上对逻辑思维的成就进行

① 于伯韦格从一开始便可以从这两部书的书名看出差异。此外，人们日后也会觉得，像于伯韦格那样根据各个伟大的哲学家来历史地处理逻辑学，是一种奇特而不正常的现象。

说明，如何从哲学上对逻辑学科本身做出评价。无论如何，一位在已经可靠划定界限的领域中像数学家那样在理论上建造理论的研究者，并不需要去过多关心那些原则问题，这样一种研究者是可以回避上面的问题的；但是，如果一个人面临这样的任务，他要向一个看不到并且也不承认这个学科或者将这个学科的本质任务混同于异质任务的人说明这样一门学科的特殊权利以及它的对象本质，那么这个人便不能回避上面的问题。对面前的这部《逻辑研究》与鲍尔查诺的著作的比较将会表明，这些研究决不是对鲍尔查诺的思想构成的单纯评论或批判性的修补说明，尽管从另一方面来看，这些研究确实受到了由鲍尔查诺——此外还有洛采——所发出的决定性的推动。

A 228 # 第十一章　纯粹逻辑学的观念

至此为止的批判性考察已经在一定程度上为纯粹逻辑学观念的提出做了准备，我们在这里则要试图从概念上澄清纯粹逻辑学的观念，这样，我们便可以了解下面第二卷[1]的具体研究所要达到的目的，至少可以获得关于这个目的的一个暂时的，由几个基本特征所规定的大致印象。

第 62 节　科学的统一性。实事的关系和真理的关系

科学首先是一种人类学的统一，即思维行为、思维素质连同某
B 228 些有关的外在活动的统一。我们的兴趣并不在于去了解：是什么东西将这个统一规定为人类学的统一，尤其是规定为心理学的统一。我们的兴趣毋宁在于了解，是什么东西使得科学成为科学，而它无论如何也不是思维行为被归于其中的心理学联系以及整个实在的联系，而是某种客观的或观念的联系，这种联系赋予这些思维行为以统一的对象关系，也包括在此统一性中的观念有效性。

---

[1]　在 A 版中为：部分。

但这里还须要更大的确定性和明晰性。这里所说的客观的联系观念地（ideell）贯穿在科学思维之中，并且赋予科学思维并因此而赋予科学本身以“统一”，对这个客观的联系，我们可以做双重的理解：一方面是实事的联系，这些实事意向地关系到思维体验（现实的和可能的思维体验）；另一方面是真理的联系，在这种联系中，实事的统一本身获得其客观有效性。前者与后者是一起先天地（a priori）被给予的，是相互不可分离的。没有什么事物的存在 A 229
不受到这样或那样的规定；而一个事物受到这样或那样的规定，这恰恰便是自在真理（Wahrheit an sich），它构成自在存在（Sein an sich）的必然相关项。显然，对于个别真理或事态有效的东西，也对真理的联系或事态的联系有效。但这种明见的不可分割性并不就是同一性。在有关的真理或真理联系中显露出实事和实事联系的存在[2]。但真理的联系不同于“真实地”处在真理联系中的实事联系；这一点会立即表现在下面的情况中：对真理有效的真理并不等于就是对在那些真理中被设定的实事有效的真理。①

被给予我们的是这样两种在判断中的统一，或者更确切地说， B 229
在认识中的统一，它们只能抽象地、相互独立地被想象——一方面是对象性的统一，另一方面是真理的统一。这个表达已经足够宽

① 为了避免产生误解，我明确强调：对象性、对象、实事等等这类词在这里始终是在最广泛的意义上，即在与我所偏爱的认识这一术语相一致的意义上被运用的。（认识的）对象既可以是一个实在之物，也可以是一个观念之物；既可以是一个事物或一个过程，也可以是一个种类或一个数学关系；既可以是一个是（Sein），也可以是一个应是（Seinsollen）。当然这也适用于像对象性的统一、实事的联系等等这类表述。

[2] 在A版中为：构造出实事和实事联系的有效性。

泛,它既可以把简单的认识行为,也可以把无论有多么复杂的、逻辑统一的认识联系包容在自身之中:任何一个认识联系作为整体本身就是一个认识行为。在我们现在进行一个认识行为时,或者,
A 230 我更喜欢这样说,在我们生活在这个认识行为中时,我们“所从事的是一个对象之物(Gegenständliches)”,这个对象之物被认识行为以认识的方式所意指、所设定;如果这个认识行为是最严格意义上的认识,就是说,如果我们所做的判断带有明见性,那么这个对象之物便是本原地(originär)被给予的。这个事态现在并非单纯臆指地(vermeintlich),而是现实地(wirklich)出现在我们的眼前,而在其中的这个对象是作为它本身所是出现在我们眼前,即是说,不是作为别的东西,而是完全作为这个认识中被意指的那个对象:作为这些特性的载体、作为这些关系的环节等等。这个对象并非单纯臆指地,而是现实地具有这些特性,而且它正是作为现实具有这些特性的对象而被给予我们的认识;而这无非意味着,作为这样一种对象,它不是单纯地被意指(被判断),而是被认识;或者:这对象如此存在着,这就是已成为现时的真理,是在明见的判断体验中个别化了的真理[3]。如果我们反思这种个别化的过程并进行观
B 230 念化的(ideirend)抽象[4],那么,被把握的对象便不是那个对象之物,而是真理本身[5]。我们在这里[6]将真理把握为短暂的主观认

[3] 在A版中为:是在明见的判断中的体验。

[4] 在A版中为:这个行为。

[5] 在A版中为:对象便不是那个对象之物,而是真理本身,并且,真理以对象的方式被给予。

[6] 在A版中还紧跟:——在观念化的抽象中——。

识行为的观念相关项，把握为相对于可能的认识行为和认识个体的无限杂多而言的那个一。

与认识联系观念地(idealiter)相符合的是真理联系。如果理解是正确的，那么真理的观念性联系就不仅是真理的复合，而且还是复合的真理，因此它们本身作为整体服从于真理的概念。这其中也包括科学，对“科学”一词要做客观理解，即是说，科学是被统一了的真理。在真理与对象之间存有的普遍关系这里，同一门科学的真理的统一是与统一的对象性相符合的：统一的对象性也就是科学领域的统一。与科学领域的统一有关，这门科学的所有个别真理都可以叫作实事上共属的(zusammengehörig)，当然，我们在后面将会看到，“共属”这个表达的意义要比通常所理解的更广泛。[①]

第 63 节　续论：理论的统一　A 231

现在我们要问：是什么规定了科学的统一以及领域的统一。因为，并不是只要把诸真理归集为一个真理的集合体，就能建造出一门科学，这种归集有可能是非常外在的。我们在第一章中说过，[②]科学包含着某种论证联系的统一。然而这也仍然不够。因为，这个说法尽管指出：论证本质上属于科学的观念，但却没有说

① 参阅本书后面第 64 节的结尾部分。

② 参阅本书前面第 6 节。诚然，我们在那里所说的科学是一个有局限性的概念，它指的是理论－说明的、抽象的科学。但这并不构成本质性差异，只要我们特别关注一下抽象科学的突出地位便可以了，下面我们会对此加以说明。

明，哪一种论证的统一构成了科学。

B 231 为了达到明晰性，我们首先要做出几个普遍的确定。

科学认识本身是源于根据（Grund）的认识。认识某个事物的根据，这就是说，明察到有这样状况或那样状况的必然性。必然性作为一个真理的客观谓语（这样它便叫作必然真理）差不多就意味着有关事态的规律有效性。① 因而，明察到一个事态是合规律的或明察到这个事态的真理是必然有效的，以及，认识到这个事态的

A 232 根据或认识到这个事态的真理，这两种表述是等值的。诚然，人们常常在自然的双关意义中也把每个自身陈述一个规律的普遍真理都称为必然真理。如果我们使这种真理与前面所规定的意义相符，那么它毋宁应当被标识为一种说明性的规律根据（Gesetzgrund），从这个根据中产生出一批必然真理。

真理又分为个体的（individuell）真理和总体的（generell）真理。个体的真理（明确地或隐蔽地）包含着有关个体个别性的现实实存的论断，而总体的真理则完全不含有这些论断，而且只允许对个体的（纯粹出自概念的）可能实存做出阐明。

个体真理本身是偶然的。如果人们在个体真理这里谈及源自根据的说明，那么在这里就涉及在某些被预设的境况中对这些说

① 因而这里所指的不是有关判断所具有的一种主观的、心理学的特征，例如，这里所指的根本不是一种迫不得已的感觉，如此等等。我们在第 39 节中已经大致说明，观念对象以及观念对象的观念谓语与主体行为的关系是怎样的。详细论述可参阅第二卷[7]。

[7] 在 A 版中为：部分。

明的必然性的证明。就是说，如果一个事实与其他事实的联系是一种规律性的联系，那么，根据那些规定着这类联系的规律，并且在与此相应境况的前提下，这个事实的存在便被规定为是必然的存在。

如果我们涉及的不是对一个事实真理的论证，而是对一个总 B 232
体真理（就它可能被运用于它自身所包含的各个事实本身这一点而言，它又具有一个规律的特征）的论证[①]，那么我们便会看到某些总体的规律，这些规律在殊相化（Spezialisierung）［而非个体化（Individualisierung）］的过程中以及在演绎的推导过程中提出那些须要论证的定律。对总体规律的论证必然会引导到某些按其本质无法再论证的规律上去。这些规律就叫作根据规律（Grundgesetz）[②]。

观念上封闭的各个规律都建立在一个根据规律的基础上，并且通过演绎而从这个根据规律中产生出来，这个根据规律是诸规律的最终根据；这些观念上封闭的规律之总体的系统统一就是系统完善了的理论的统一。这个根据规律或是由一个根据规律，或是由一组同质的（homogen）根据规律组成。

我们在普遍算术、几何学、分析力学、数学天文学等等学科中 A 233
拥有这种严格意义上的理论。人们通常把理论这个概念理解为一

① 德文中“论证”的原本词义就是“给出根据”（den Grund angeben）。——中译注

② “根据规律”（Grundgesetz）本来应当译作“基本规律”。但胡塞尔在这里将它与“规律根据”（Gesetzgrund）相对照。所以这里便也相应地译作“根据规律”，但此后便仍维持“基本规律”的译法。——中译注

个相对的概念,即:一个相对于它所制约的杂多个别性而言的概念,它为这些个别性提供说明的根据。普遍算术为数量定律和具体的数字定律提供说明性的理论;分析力学为力学事实提供说明性的理论;数学天文学为万有引力的事实提供说明性的理论,如此等等。但是,理论之所以有可能运用这种说明的功能,这乃是在我们的绝对意义上的理论之本质的自明结果。——人们在一种松散的意义上把理论理解为一个演绎的系统,在这个系统中最终的根据还不是严格词义上的根据规律,但却作为真正的根据而使得我们更接近根据规律。在封闭理论的阶段顺序中,这种松散意义上的理论构成一个阶段。

B 233 我们还要注意下列区别:每个说明关系都是一个演绎关系,但不是每个演绎关系都是说明关系。所有根据都是前提,但不是所有前提都是根据。尽管每个演绎都是必然的,即:每个演绎都服从于规律;但是,推论是**遵循**规律(推理规律)进行的并不意味着,推论**源于**规律而且在确切的意义上"建基于"(gründen)规律之中。当然人们也习惯于把每个前提,尤其是一个普遍的前提,标志为从中得出的"结论"之"根据(Grund)"——这是一个必须加以注意的双重含义。

第64节　赋予科学以统一的本质性原则和非本质性原则。抽象的、具体的和规范的科学

现在我们能够回答上面所提的问题了,这些问题就是:是什么

在规定着一门科学所具有的诸真理的共属性？是什么构成了一门科学的“实事性”(sachlich)统一？

赋予科学以统一的那些原则可以分为两种，即本质性的和非本质性的原则。 A 234

一门科学所具有的诸真理是本质一致的，只要它们之间的联结是立足于那些首先使科学成为科学的东西之上的；而且如我们所知，这种东西就是源于根据的认识，就是说，它们是指(确切的意义上的)说明或论证。一门科学的诸真理的本质统一就是说明的统一。但所有说明都指明一个理论，并在对根据规律、对说明原则的认识中得以完结。因此，说明的统一就意味着理论的统一，根据上面所述，也就意味着论证规律的同质统一，最终也就意味着说明原则的同质统一。

在一些科学中，理论的着眼点(Gesichtspunkt)、原则性统一的着眼点规定了这些科学的领域，因而它们在观念的封闭性中包含了所有可能的事实和总体的个别性，而这些事实和个别性的说明原则就在一个基本规律之中。这种科学被人们并不十分合适地称之为抽象科学。对它们最恰当的表述实际上是理论科学。可是这个表述是在与实践科学和规范科学的对立中被运用，我们在前面也正是让它保留了这种意义。根据J. v. 克里斯的建议[①]，人们也可以把这种科学几乎同样特征性地标识为“法理学的科学”，只 B 234

① J. v. 克里斯：《概率计算原则》，1886年版，第85－86页，以及《科学哲学季刊》，第十六期(1892年)，第255页。但v. 克里斯是用“法理学的(nomologisch)”和“本体论的(ontologisch)”这两个术语来区分判断，而不是像这里所做的那样，用它们来区分科学。

要它们在规律中拥有统一的原则以及本质的研究目的。说明的科
A 235 学这个一同被运用的名称也是确切的，如果这个名称所要强调的是说明的统一而非说明本身。[8]

但对于第二点来说还存在着一些将诸真理归整为一门科学的特别着眼点[9]，其中最容易理解的一个着眼点便是一种毋宁说是字面意义上的实事的统一。人们将所有在内容上与同一个个体对象或与同一个经验的种属有关的真理联结在一起。这便是具体的，或用克里斯的术语来说，“本体论的科学”的状况，如地理学、历史学、天文学、自然史、解剖学等等。地理学真理的统一在于它们与地球的关系，气象学的真理则更受限制，它们涉及地球的气候现象，如此等等。

人们也习惯于把这些科学标识为描述的科学，而且我们的确
B 235 可以承认这些名称的有效性，只要描述的统一受对象的或种类的经验统一所规定，而且在这些科学中确实存在着这种规定科学的统一的描述统一。但是，人们当然不能这样来理解这个名称，就好像描述科学的目的仅仅在于描述，这便违背了那个对我们来说具有决定作用的科学概念。

由于那种面向经验统一的说明有可能会进入到一些彼此相距甚远，甚至完全不同类的理论之中，因此我们有理由把具体科学的统一称之为一种非本质的统一。

无论如何有一点很明显，抽象的或法理学的科学是真正的基

[8] 在A版中还紧跟：因为，说明属于任何一门科学本身的本质。

[9] 在A版中为：非本质的。

础科学，从这些科学的理论组成中，具体科学可以获得所有使它们 A 236
成为科学的东西，亦即理论性的东西。可以理解，具体科学只要把它们所描述的对象之物与法理学的科学的较低级规律相联接，而且无论如何还要指明上升着的说明的主要方向就够了。因为向诸原则的还原以及建立说明理论一般（erklärende Theorien überhaupt），这些工作属于法理学的科学的特有研究领域，并且，在那些充分发展了的法理学的科学中，这些工作已经在最普遍的形式上得到了完成。当然这里尚未对这两种科学的相对价值做任何陈述。理论的兴趣并不是唯一的兴趣，也不是独自规定价值的兴趣。美学的、伦理的、最广泛词义上的实践的兴趣可以与个体之物相联结，并且赋予对它们的个别描述与说明以最高的价值。但只要纯粹理论的兴趣是决定性的，那么个体的个别之物和经验的
联结便是自为地无效的，或者它们仅仅作为方法论的贯穿点而对 B 236
普遍理论的构造有效。理论的自然研究者，或者说，纯粹理论思考和数学化思考语境中的自然研究者，他们是用一种与地理学家或天文学家不同的眼光来观看地球和星球的；对于理论的自然研究者来说，地球和星球本身是无所谓的，它们只是一些受万有引力作用的事物的例子而已。

最后我们还要提到科学统一的另一个**同样非本质的原则**。这个原则产生于一个统一的评价的兴趣，即是说，这个原则在客观上受一个统一的基本价值（或者说，受一个统一的基本规范）的规定，我们在本书第二章的第 14 节中已详细地讨论过这一点。因而，这个原则在**规范**学科中构成了真理的**实事**共属性，或者说，构成了领域的统一。显然，人们在谈到**实事的**共属性时会最自然地把它理

解为一种建立在实事本身之中的共属性；因而人们所说的实事的
A 237 共属性是指那种源自理论规律的统一或具体实事的统一。在这种理解中，规范的统一和实事的统一相互对立。

根据我们前面已做的阐述，规范的科学依赖于理论科学——首先是依赖于在“法理学”科学的最严格意义上的理论科学——，这种依赖的方式在于，我们重又可以说，规范科学从理论科学中获得所有那些使它们成为科学的东西，这种东西就是理论性的东西。

第65节　关于科学或理论一般的可能性的观念条件问题

A.与现实认识有关的问题

现在我们提出“**科学一般的可能性条件**”的重要问题。由于科学认识的本质目的只有通过在“法理学”科学的严格意义上的理论
B 237 才能达到，所以我们用“**理论一般的可能性条件**”的问题来取代“科学一般的可能性条件”的问题。理论本身由诸真理组成，这些真理的联结形式是演绎形式。故而对我们问题的回答还包含着对一个更一般的问题的回答，即**真理一般**（Wahrheit überhaupt）的可能性条件以及**演绎的统一一般**（deduktive Einheit überhaupt）的可能性条件的问题。——当然，之所以采用这种提出问题的形式，乃是因为顾及到了历史上的相似问题。我们在这里所做的显然就是对“经验的可能性条件”问题进行十分必要的普遍化。经验的统一对康德来说是对象的规律性的统一；就是说，经验的统一从属于理论统一的概念。

然而我们对这个问题的意义还须要做更仔细的阐明。首先可 A 238
以在主观的意义上理解它，在这个意义上，我们最好把它表述为关于理论认识一般的可能性条件的问题，更一般地说，关于推理一般的和认识一般的可能性条件的问题，也就是对于任意一个人类生物而言的可能性问题。这些条件部分是实在的，部分是观念的。我们在这里忽略不计第一类条件，即心理学条件。不言而喻，与心理学有关的认识可能性包含了我们在思维中所依赖的所有因果性条件。根据我们前面的阐述，[①]观念条件可以是双重的类型，它们
或者是意向活动的条件，即：它们建基于认识本身的观念之中，而 B 238
且是先天地建基于这个观念之中，它们并不顾及人的认识在其心理约束性方面的经验特殊性。或者，它们是纯粹逻辑的条件，就是说，它们纯粹地建基于认识的"内容"之中。从一方面来看，先天明见的是，例如思维主体必然能够进行所有类型的行为，理论的认识就是在这些行为中得以实现的。特别是我们作为思维生物必须具备这样一种明察的能力，即：明察到作为真理的命题以及作为另一些真理之结论的真理；并且，明察到规律本身、作为说明的根据的规律、作为最终原则的根据规律，如此等等。但从另一方面来看同

① 参阅本书前面第 32 节。那里的目的在于确定怀疑主义的确切概念，因而我没有做出如此细致的区分，而只是将这两者相互对立：理论认识的意向活动条件和理论本身的客观－逻辑条件。但在这里，我们必须最清晰地说明所有与此有关的关系。因此，有必要先把逻辑条件也看作是认识条件，然后再将它们与客观理论本身直接联系起来。这当然不会影响我们观点的本质，相反会使我们的观点得到更明晰的澄清。同样的情况也适用于对经验－主观认识条件的考虑，它们与意向活动的和纯粹－逻辑的认识条件相并列。显然我们在这里利用了对逻辑学明见性理论所做的批判性考察。参阅本书前面第 50 节结尾部分。明见性无非就是认识本身的特征。

A 239 样明见的是，无论真理本身，尤其是规律、根据、原则是否被我们明察到，它们本身仍然是它们所是。并不是它们只有在能够为我们明察到时才有效，而是我们只有在它们有效时才能明察到它们，因此我们必须将它们看作是对它们的认识之可能性的客观的或观念的条件。据此，属于真理本身、属于演绎本身、属于理论本身（即属于这些观念统一的普遍**本质**）的**先天规律**必须被描述为这样一种规律，这种规律表达着认识一般的，或者说表达着演绎认识一般和理论认识一般的可能性的观念条件，而且这些条件纯粹建基于认识的“内容”之中。

这里所涉及的显然是先天的认识条件，它们可以在脱离于所有与思维主体和主体性观念之关系的情况下受到考察和研究。这些相关的规律在其含义内涵中根本不具有这种与主体的关系；正如我们在前面所详细阐述过的那样，[①]这些规律从不谈论，甚至不

B 239 以观念的方式谈论认识活动、判断活动、推理活动、表象活动、论证活动这类东西，而是谈论真理、概念、命题、推论、根据和结论等等。但不言而喻，这些规律也会经历明见的转变，通过这种转变，它们获得与认识和认识主体的明确联系，并且自身做出与认识的实在可能性有关的陈述。在这里也和在其他地方一样，关于实在可能性的先天论断是通过将观念的（通过纯粹总体命题而表达出来的）关系转用于经验的个别性而逐渐形成的。[②]

A 240 我们已经把作为意向活动条件的观念的认识条件与客观－逻

① 参阅本书前面第 47 节。

② 参阅本书前面第 47 节中算术的例子。

辑学的条件区分了开来，从根本上看，这些观念的认识条件无非就是那些属于纯粹认识内容的规律性明察的转变而已，这些明察通过这种转变可以有效地用来对认识进行批判，并且通过进一步的转变可以有效地用来对认识进行实践－逻辑学的规范。（因为即便是纯粹逻辑学规律的**规范性**转变在这里也与前面所说的课题相衔接。）

第 66 节　B. 与认识内容有关的问题

从这些考察中可能得出这样的结论，在**认识**一般的可能性，尤其是理论认识的可能性的观念条件问题上，我们最终还要回溯到某些**规律**上去，这些规律纯粹地建基于认识的内容之中，或者说，纯粹地建基于认识内容所隶属的范畴概念之中，而且这些规律如此抽象，以至于它们不再包含任何作为一个认识主体的行为的认识。正是这些规律，或者说，正是构建这些规律上的范畴概念，才构成了那些在客观－观念意义上可以理解为**理论**一般的可能性条 B 240
件的东西。因为我们不仅可以在理论的认识方面提出可能性条件的问题，正如我们至今为止所做的那样，而且我们也可以在理论认识的**内容**方面，亦即直接就理论本身提出这个问题。必须反复强调的是，我们这样就把理论，同样也把真理、规律这类东西理解为可能认识的一个确定的**观念内容**。与对这个内容的杂多个体个别认识行为相符合的是这样一个真理，这个真理也就是这个观念同一的内容。以同样的方式，与杂多的个体复合认识——在任何一个这样的复合认识中，同**一个**理论现在或以后、在这些或那些主体 A 241

中得到认识——相符的是这样一个理论,即作为此观念同一内容的理论。这样,这个理论便不是由行为构造起来的,而是由纯粹观念的要素、由真理构造起来的,而且这种构造是在纯粹观念的形式中进行的,是在根据与结论的形式中进行的。

如果我们现在把可能性条件的问题直接与这个客观意义上的理论相联系,即与理论一般相联系,那么这个可能性便只能具有纯粹概念地被思维的客体所具有的那种意义。这样我们便从客体被带回到概念,而可能性就意味着有关概念的"有效性",或者说得更确切些,意味着有关概念的有本质性(Wesenhaftigkeit),这和常常被标识为概念的"实在性"(Realität)的东西是一回事,它与"虚象性"(Imaginarität)相对立,或者我们最好说,它与无本质性(Wesenlosigkeit)相对立。人们在这个意义上谈论实在定义,这些定义保证了概念的可能性、有效性、实在性,人们同样也在这个意义上谈论实数和虚数的对立,谈论各种几何构成的对立等等。显然,可能性这个措辞由于转用到概念上而具有双重意义。真正意义上可能的是包含在有关概念之中的对象的存在。这种可能性通过对概念本质的认识而得到先天的保证,而对概念本质的认识
B 241 例如是根据对一个包含在概念中的对象的直观表象而明晰地显现给我们的。但由于这种转用,概念的本质性本身也被标识为可能性。

与此相关,关于一种理论一般的可能性问题以及关于这门理论所依据的条件的问题便获得了一个可轻易把握的意义。理论一般的可能性或本质性当然是由对某个确定的理论的明晰认识来保证的。但进一步的问题在于:是什么在观念-规律的普遍性中决

定了这种理论一般的可能性？也就是问，是什么构成了理论本身 A 242
的观念"本质"？理论的"可能性"是由原始"可能性"构成的，这种原始的可能性是什么？换言之，理论的本质概念是由原始的本质概念构成的，这种原始的本质概念是什么？再进一步的问题是：那种建基于这些概念之中、赋予所有理论本身以统一的纯粹规律是什么？也就是问，那种包含在所有理论的形式之中并先天地规定了这些理论可能的（本质的）变化与方式的规律是什么？

如果这些观念概念（Idealbegriffe）或规律划定了理论一般的可能性的范围，换言之，如果它们表达了本质上包含在理论这个观念中的东西，那么就可以直接得出：任何一个被主张的理论只有在与这些概念或规律相一致时，它才是理论。对一个概念的逻辑论证，即对这个概念的观念可能性的论证，乃是通过向此概念的直观的或演绎的本质的回复而完成的。因而，对一个已有理论本身的（就是说，根据它的纯粹形式而进行的）逻辑论证需要回复到理论形式的本质上去，从而也需要回复到这样一些概念和规律上去，这些概念和规律构成理论一般的观念成分（"理论可能性的条件"），
而且还先天地和演绎地支配着理论这个观念向任何可能的理论类 B 242
型的转化。这里的情况与更广泛的演绎领域中的情况完全一样，例如与各种简单的三段论的情况一样。尽管这些三段论自身可以被明察到，但它们却只有在向形式的推理规律的回复中才能得到最终的和最深刻的论证。由此便逐渐产生了对三段论关系的先天根据的明察。在任何一个更复杂的演绎那里，特别是在一个理论那里，情况也是如此。在明晰的理论思维中，我们明察到被说明的事态的根据。如果我们要想更深刻地明察构成这种思维的理论内容的理

A 243 论关系本质，以及更深刻地明察这种思维的成就的先天规律根据，我们就只有回溯到形式和规律上去，以及回溯到这些形式和规律所属的完全不同的认识层次的理论关系上去。

指明更深刻的明察和论证也许会有助于使理论研究的无与伦比的价值得以显现，这些理论研究可以帮助我们解决前面所提的问题：这里所谈的是**建立在理论的本质之中的系统理论**，或者说，这里所谈的是**先天的、理论的、法理学的科学，它与科学本身的观念本质**有关，也就是说，它与科学本身所具有的、在系统理论方面的内涵有关，与科学本身的经验的、人类学方面无关；在更深的意义上也可以说，这里所谈的是理论的理论、科学的科学。不过，使我们的认识得以丰富的这种成就当然必须与这些问题本身以及与解决这些问题的内涵本身区分开来。

第 67 节　纯粹逻辑学的任务。第一：确定纯粹含义范畴、纯粹对象范畴以及它们的规律性复合

我们努力的目标在于更深入地理解纯粹逻辑学这门先天学科

B 243 的观念，根据这里对这个观念所做的暂时确定，我们可以把它所须解决的任务大致分成三组：

第一项任务在于确定或科学地澄清较为重要的概念，并且主要是确定所有**原始的概念**，这些概念使客观联系之中的认识关系，特别是使理论关系“成为可能”。换言之，这里的目的在于那些构造了理论统一这个观念的概念，或者也在于那些与上述概念有着观念规律联系的概念。可以理解，这里已经出现了一些第二层次上的构造性概念，即：有关概念的概念以及其他观念统一的概念。A 244
已有的理论是一种对被给予的各种定律的演绎联结，而这些定律本身则是某种对被给予的各种概念的联结。如果这些被给予性尚不确定，理论所具有的“形式”的观念便得以产生，于是素朴的概念便为概念的概念以及其他观念的概念所取代。在它们之中已经包括这样的概念：概念、命题、真理等等。

基本联结形式的概念当然是构造性的，那些完全一般地对于定律的演绎统一而言的基本联结形式的概念尤其是构造性的，例如，联言的、选言的、假言的联结形式，它们将定律结合成为新的定律。此外还有将较低级的含义要素结合成为简单定律的联结形式，并且这又会导向各种类型的主语形式、谓语形式，导向联言的、选言的结合形式，导向复数形式等等。确定的规律规整着逐步进行的复合，通过这种复合，新的和更新的形式的多样性便从原初的形式中产生出来。这里要考察的研究范围自然还包括这些**复合** B 244
规律，这些规律使我们有可能获得那些可以根据原初概念和形式推导出的诸概念的组合性概况，这里要考察的研究范围自然也包括这个组合性概况本身。[①]

与至此为止所提到的概念以及与**含义范畴**有着切近的规律性联系的是另一些与它们相关的概念，如对象、事态、一、多、数、关系、联结等等。这些概念是纯粹的或**形式的对象范畴**。它们因而也必须受到考察。这两个方面所涉及的都始终是这样一些概念，

① 参阅本书第二卷，第四项研究。

这些概念的功能已经表明，它们是不依赖于任何一种认识质料的特殊性的，所有在思维中特别出现的概念和对象、命题和事态等等都必须纳入到它们之中；因而这些概念唯有在涉及不同“思维功
A 245 能”时[10]才能产生，就是说，这些概念唯有在可能的思维行为本身之中或在它们之中可把握到的相关项中，才可能拥有其具体的基础。①

现在我们必须确定所有这些概念，必须个别地研究它们的“起源”。并不是我们对纯粹逻辑学的有关概念表象或概念表象素质的产生这类心理学问题的兴趣不大。这里涉及的不是这个问题；这里涉及的是现象学的[11]起源，或者说——如果我们宁可完全排除关于起源的不合适的、模糊的措辞的话——这里涉及的是对有关概念的本质的明察，就方法论方面而言，这里涉及的是对单义的、明确区分了的语词含义的确定。要想达到这个目的，我们就只能通过在相即的观念化（Ideation）中对各个本质进行直观的当下化（Vergegenwärtigung），或者，如果我们所涉及的是复杂的概念，就只能通过对寓居于这些概念之中的基本概念之本质性的认识，以及对它们的联结形式的概念之本质性的认识。

B 245 所有这些都仅仅是准备性的，而且看起来是微不足道的任务。它们在很大程度上必然带有术语阐释形式的外观，并且很容易被外行看作是小题大做的枯燥文字游戏。但只要这些概念尚未被区

① 参阅本书前面第 62 节结尾部分或第二卷，第六项研究，第 44 节。

[10] 在 A 版中为：通过对不同的“思维功能”的反思。

[11] 在 A 版中为：逻辑学的。

分，只要这些概念尚未通过在观念化的直观中向它们本质的回溯而得以澄清[12]，那么任何进一步的努力都将是毫无希望的。概念的模棱两可在逻辑学领域所带来的厄运要大于在任何一个其他的认识领域；只有在逻辑学领域，概念的混乱才会如此严重地阻碍认识的进步，甚至阻碍着认识的开端；只有在逻辑学领域，概念的混乱才会如此严重地妨碍对真正目标的明察。这部《导引》所做的批判性考察处处都指明了这一点。

对此第一组问题的意义做再高的估价也不为过，而且问题在于，整个逻辑学学科的最大困难是否恰恰就在它们这里。

第68节　第二：建立在这些范畴中的规律和理论

A 246

273

第二组问题涉及对这样一些规律的寻找，这些规律建基于两个种类的范畴概念之中，而且这些规律不仅涉及这些概念的复合的可能形式以及通过这种复合而完成的对理论统一的变化改造的可能形式①，而且更多地是涉及已形成的构成形式的客观有效性，即：它们一方面涉及纯粹建立在范畴构成形式上的含义一般的真与假，另一方面（就它们的对象相关项而言）又涉及建立在它们的单纯范畴形式上的对象一般、事态一般等等的有与无。[13]这些朝

① 参阅本书第二卷，第四项研究。

[12] 在A版中为：被澄清。

[13] 在A版中为：这些规律建立在范畴概念之中，并且，这些规律不仅涉及这些概念的复合，而且更多地是涉及由这些概念所构成的已形成的理论统一的客观有效性。

B 246 向含义与对象一般的逻辑－范畴普遍性，因而也是可想象的最高普遍性①的规律，本身又在构造着理论。一方面，即在含义这方面，是推论的理论，例如三段论，但它只是一个推论的理论。另一方面，即在相关项这方面，纯粹多的学说（Vielheitslehre）建基于多的概念之中，纯粹数的学说（Anzahlenlehre）建基于数的概念之中，如此等等。——每一门学说都是一个自身封闭的理论。因此，所有与此有关的规律都导向在有限数量上的一批原始的或基本的规律，它们直接植根于范畴的概念之中，并且必然（借助于它们的同质性）论证着一门包罗万象的理论，这门理论将那些个别的理论作为相对封闭的组成部分包含在自身之中。

这里的意图在于规律的领域，因为在这些规律的形式普遍性中包含着所有可能的含义和所有可能的对象，所以任何特殊的理论和任何特殊的科学都服从于这些规律，任何一门只要是有效的理论和科学都必须根据这些理论来运行[14]。并不是说任何一门个别理论都把这些规律中的每个个别规律预设为其可能性和有效性的根据。毋宁说是那些观念上完善的范畴理论和规律构成了一个包罗万象的基础，任何一个确定的、有效的[15]理论都从这个基础中获得属于其形式的本质性观念根据：它们是这样一种规律，任何理论都根据这些规律来进行，任何理论都只有从这些规律出发才能作为有效的理论而在其“形式”方面得到具有最终根据的合理

① 参阅本书第二卷，第一项研究，第 29 节结尾部分。

[14] 在 A 版中为：任何一项理论研究都必须根据这些规律来运行。

[15] 在 A 版中为：（即真实的、有效的）。

证实。只要理论是一种由个别真理和联系构成的全面统一，那么显而易见，那些包含在真理的概念之中以及包含在这种或那种形式上的联系的可能性之中的规律就一同被包容在这个被划定的领域之内。尽管理论的概念是一个较为狭窄的概念，或者毋宁说，由于理论的概念是一个较为狭窄的概念，对此概念的可能性条件的 A 247 研究是一个比对真理一般和对命题联系的原始形式的研究[①]更加全面的任务。

第69节　第三：有关可能的理论形式的理论或纯粹流形论 B 247

如果我们完成了所有这些研究，那么一门与理论一般可能性条件有关的科学的观念便会得到充分的展示。但我们马上看到，这门科学超出自身又指明了一门填补性的科学，这门填补性的科学先天地涉及理论的本质种类（形式）以及从属的关系规律。一言以蔽之，如此便产生出一个关于理论一般的更全面科学的观念，这门科学在其基础部分中研究那些构造性地包含在理论的观念中的本质概念和本质规律，然后过渡到对这观念的区分上，而且它并不研究这理论本身的可能性，而是先天地研究这些可能的理论。

就是说，在充分完成了上述任务的基础上，我们有可能用纯粹范畴的概念来确定地构造出可能理论的多种概念，我们有可能构造这样一些理论的纯粹“形式”，这些理论所具有的本质性已得到

① 参阅本书前面第65节，第236页及后页（边码 A 236f./B 235f.）。

规律性的证明。但这些不同的形式并非相互之间没有联系。我们会遵照一定的程序来构造可能的形式，遵照一定的程序来纵观这些形式之间的规律性联系，就是说，我们也能够遵照一定的程序将一些通过变更而起着规定作用的基本要素转移到另一些这样的要素之中，如此等等。即使我们不是拥有所有普遍定律，我们也将至少会拥有一些对于特定种属的理论形式而言的普遍定律，这些定律在这个已划定的范围内统治着这些形式的合乎规律的展开、联结和变化。

A 248 显然，这里所要提出的定律必然会具有与第二组理论的原理
B 248 和定理不同的内涵和特征，例如与三段论规律或算术规律不同的内涵和特征。但另一方面，从一开始就很明显，对这里提出的定律的演绎（因为这里不可能有真正的基本规律）必定只能立足于第二组理论。

这是一门关于理论一般的理论科学的最终的和最高的目标。这一目标对于认识实践来说也不是一个无关紧要的目标。毋宁说，将一门理论纳入到它的形式等级之中，这种做法具有最重大的方法论意义。因为，随着演绎的和理论的领域的展开，理论研究的自由活力也开始增长，诸方法的财富和成果也开始增长。因此，通过极为有效方法的帮助、通过向范畴的类型的回溯，或者（这完全是一回事）通过向理论形式的回溯，此外也有可能进一步通过向更广泛的形式或形式种群（Formklasse）及其规律的过渡，我们能够解决那些在一个理论学科之内或在这学科的某一个理论之内所提出的问题。

第70节　对纯粹流形论这个观念的阐释

前面所做的这些论述可能会使人感觉有些模糊。但它们所涉及的不是一些含混不清的想象，而是一种具有确定内涵的构想，对这一点，最普遍意义上的“形式数学”或现代数学的最高成果**流形论**已做了证明。实际上这门理论恰恰就是（在相关性的变化中）对我们刚才所提出的理想的部分实现。——这当然不是说，原初受数字领域和数值领域方面的兴趣引导并因此也被此兴趣所限的数学家本身正确地认识到了这门新学科的观念本质，而且在自己完全上升到对一门包罗万象的理论的最高抽象上。这门可能的、仅 A 249
仅在形式上被确定的理论的概念之**对象相关项**就是一个**可能的、** B 249
由此形式理论来主宰的认识领域一般的概念。但这样一个概念被数学家（在他的那个圈子里）称之为一个**流形**（Mannigfaltigkeit）。因而对这个领域的规定仅仅在于：它隶属于那种形式的理论，或者说，它的客体之间可能具有**某种**联结，这些联结服从于**某些**具有这种或那种形式（形式在这里是唯一确定性的东西）的基本规律。这些客体在质料方面是完全不确定的。——数学家在论述它们时宁可说“思维客体”。这些思维客体既不被直接地规定为个体的个别性或种类的个别性，也不间接地受它们质料的[16]种或属所规定，而是仅仅通过被划归为它们的各种联结所具有的形式而得到规定。这些联结本身和它们的客体一样，在内容上是未被规定的，被

[16]　在A版中为：内在的。

规定的仅仅是它们的形式，也就是说，那些被认为对它们有效的基本规律的形式在规定着这些联结。而这些基本规律的形式又像规定**领域**那样，或者毋宁说，又像规定**领域形式**那样规定着构造性的理论，或者更确切地说，规定着**理论形式**。例如，在流形论中，+ 不是数字相加的符号，而是一种联结一般的符号，对这种联结有效的是 a + b = b + a 等等形式的规律。流形的思维客体使这种“运算”（以及其他据此而可被证明为先天相容的“运算”）得以可能，这便是对流形的规定。

一门流形论的最普遍观念就是一门这样的科学，它确定地组
织各种可能理论（或领域）的本质类型并研究它们相互间的规律性
关系。这样，所有现实的理论都是那些与它们相应的理论形式的
殊相化，或者说，单项化（Singularisierungen），正如所有经过理论
A 250 加工的认识领域都是**个别的**流形一样。如果在流形论中有关的形

B 250 式理论果真得到施行，那么，为建立这种形式的所有现实理论而做
的全部演绎性工作便也随之得到了完成。

这是一个具有最高方法论含义的着眼点，没有这个着眼点，对数学方法的理解便无从谈起。同样重要的是前面已用向纯粹形式的回复加以说明的那种做法，即把纯粹形式纳入到更全面的形式或形式种群之中。这里实际上就是数学所具有的那种出色的方法论工艺的主要部分所在，这一点不仅可以通过对流形论的观察来证明，它是几何理论和几何理论形式普遍化的结果，而且，这种方式的第一个，且是最简单的一个事例也可以提供证明，这个事例就是实数领域（或者说，实数的相应理论形式，“实数的形式理论”）扩展为形式的、有了双重延伸的普通复数领域。事实上，只有从这个

见解中才能找到钥匙来解决那些始终未澄清的问题，例如，在数的领域中怎么可能在方法上探讨像实在概念这类不可能的（无本质的）概念。然而这里并非是对此做进一步阐释的地方。

当我在前面谈到产生于几何理论的普遍化之中的流形论时，我指的是关于 n 维流形的学说，无论它是欧几里得的流形，还是非欧几里得的流形，此外还指格拉斯曼[①]的因次论和 W. 罗万・汉密尔顿[②]的理论，后者与前者相近，首先在几何学上可以替代前者。这些流形论中也包括李[③]变换群的学说，G. 康托尔[④]对数和流形的研究，以及许多其他的学说和研究。

通过曲律的变更，类似空间的流形的不同种属可以相互过渡，
与此方式相同，只要一位哲学家对黎曼－黑尔姆霍尔茨[⑤]理论有 A 251
初步的了解，他便可以大致地想象出，规律性的纽带是如何把不同类型的纯粹理论形式联结在一起的。我们可以轻易地证明，只要
认识了这些作为纯粹范畴理论形式的理论的真实意向，所有形而 B 251
上学的迷雾、所有那些属于数学研究的神秘色彩都将被荡之殆尽。

① 海尔曼・格拉斯曼（1809－1877 年），德国数学家和语言研究家，格拉斯曼规律的发现者。——中译注

② W. 罗万・汉密尔顿（1805－1865 年），英国数学家和天文学家，在数学和力学领域均有建树。——中译注

③ S. 李（1842－1899 年），挪威数学家，在几何学、微分方程式方面有创见，建立了连续变换群理论。——中译注

④ G. 康托尔，即 G. F. Ph. 康托尔（1845－1918 年）。参阅本书前面第 22 节中的相关译注。——中译注

⑤ G. F. B. 黎曼（1826－1866 年）。德国数学家，一生中对数学各个领域都作出了划时代的贡献。H. 封・黑尔姆霍尔茨（1821－1894 年），德国自然研究家，从数学上确定了由 R. 迈耶所发现的力的守恒定律。——中译注

如果我们称空间为现象世界的排列形式，那么，关于“诸空间”的说法，例如平行公理所指的“诸空间”，便是一个背谬。同样[17]，如果几何学被称之为关于现象世界的空间的科学，那么各种几何学的说法便也是一个背谬。但如果我们把空间理解为世界空间的范畴形式，并且与此相关地把几何学理解为一般意义上的几何学的范畴理论形式，那么空间就被纳入到一个有规律地划定了范围的种属之中，这个种属是纯粹范畴性地被规定的流形的种属，在涉及这个种属时，人们自然便可以在更全面的意义上谈论空间。同样，几何学理论也就被纳入到一个相应的种属之中，这个种属是那些理论上相互联系着的、受到纯粹范畴性规定的理论形式的种属，这样，人们便可以在相应扩展了的意义上将这个种属称之为这些“空间”流形的“几何学”。无论如何，这门关于“n 维空间”的学说实现了前面所定义的理论学（Theorienlehre）所具有的一个理论上封闭的部分。这些先天的、纯粹在范畴上得到规定的各个理论形式（形式演绎系统）相互有规律地联系成为一个系列，在这个系列中，欧几里得关于三维空间流形的理论是一个最终的观念个别性。“我们的”空间，即通常意义上的空间，与这种流形本身的关系在于，流形是“我们的”空间所具有的一种纯粹的范畴形式，也就是说，流形是这样的一个观念种属，“我们的”空间构成这个观念种属中的一个个体个别性，但它并不构成这个观念种属中的一个最终的特殊差异。——另一个出色的例子是关于复数系统的学说，在这些系统以内，关于“普通”复数的理论既不是单个的个别性，也不

[17] 在 A 版中为：还有。

是最后的种差。与相应的理论有关，总数、序数、量数、向量(quantité dirigée)以及如此等等的算术在某种程度上是纯粹个体的个别性。与每个个别性相符合的是形式的种类观念，或者说，是关于绝对的总数、关于实数、关于普通复数等等的学说，我们应当 B 252
在更为普遍的形式意义上理解这里的“数”的概念。

第71节　工作的分配。数学家的成就和哲学家的成就 A 252

因而这是一些被我们在前面所定义过的意义上视为属于纯粹逻辑学或形式逻辑学领域的问题，同时我们对这门逻辑学的领域进行了尽可能的扩展，使它与我们所设想的一门关于理论的科学的观念相一致。在这门科学所包含的理论中，有很大一部分早已将自身构造成为“纯粹分析学”，或者更确切地说，构造成为形式的[18]数学，并且和其他一些不再是在完整[19]意义上的“纯粹”学科，即形式学科，例如几何学(作为关于“我们的”空间的科学)、分析力学等等一起受到数学家们的探讨。而从这些实事的本性来看，人们的确必须进行一种分工。建构理论、严格地在方法上解决所有形式问题，这将始终是数学家的本真研究领域。特别的方法与研究素质在这里设为前提，而且它们在所有纯粹理论那里本质上都是相同的。近来可以看到，数学家们甚至也要求学习和掌握

[18]　在A版中为：纯粹的(尤其是形式的)。

[19]　在A版中为：同一。

以往被归入哲学最本己领域的三段论理论——这门长期以来一直被误认为是业已完结了的理论，而且这门理论在数学家们的手中获得了意想不到的发展。同时，在数学家们这方面还发现并以真正数学的精致构造了关于新的推理种属的理论，这些理论或是被传统的逻辑学忽视了，或是被传统逻辑学误识了。没有人能够禁止数学家们去利用所有那些可以根据数学形式和方法来进行探讨
B 253 的东西。只有那些不了解作为现代科学，尤其是不了解作为形式数学的数学并且仍然用欧几里得和亚当·里泽①来衡量数学的人，才会仍保留那种普遍的偏见，就好像数学之物的本质是在于数和量一样。如果哲学家反对“数学化”的逻辑学理论，并且不想把他暂时的养子转交给亲生的父母，那么超出其自然权限的不是数
A 253 学家，而是哲学家。哲学的逻辑学家们在谈到数学推理理论时喜欢带着轻蔑的态度，但这种态度却无法改变这样一个事实，即：在这些理论中和在所有严格发展了的理论中一样（我们当然必须在严格的意义上来理解这句话），数学的探讨形式是唯一科学的形式，只有它才能提供系统的封闭性和完整性，只有它才能为所有可能的问题以及解决这些问题的可能的形式提供一个概观。

但如果对所有真正理论的探讨都属于数学家的研究领域，那么留给哲学家的东西还有什么呢？这里必须注意，数学家实际上并不是纯粹的理论家，而只是一个富于创造的技术师，他仿佛是一个仅仅关注着形式联系的构造师，把理论作为一个艺术作品建造

① A. 里泽（1492－1559年），德国计算大师，有许多计算方面的论著。——中译注

起来。就像实践的机械师在建造机器时并不须要去最终明察自然的本质和自然规律的本质一样，数学家在构造数、值、推理、流形的理论时，也不须要去最终明察理论一般的本质以及决定着这些理论的概念和规律的本质。所有“特殊科学”的情况也与此相似。“自然秩序上的在先之物”(πρότερον τῆ φύσει)恰恰不是“为我的在先之物”(πρότερον προς ἡμᾶς)。① 使通常的、富有实践成效的科学成为可能的东西幸好不是这种本质性的明察，而是科学的直觉和方法。正因为如此，我们不仅需要个别科学的创造工作和方法工作，它们更多是以实践的解决和统治为目的，而不是以本质性的明察为目的，而且我们还需要一种持续的“认识批判的”和唯一属 B 254
于哲学的反思，这种反思仅仅听从理论兴趣的支配，并且帮助理论 A 254
兴趣获得它应有的权利。哲学研究以完全不同的方法和素质为前提，同样，哲学研究要达到的是完全不同的目的。哲学不想插手特殊研究者的工作，而只想明察他在方法和实事方面的成就的意义和本质。对于哲学家来说，我们熟悉这个世界，我们拥有作为公式的规律，根据这些规律，我们可以预言事物未来的进程，可以重构事物过去的进程，但这还不够；他还要弄清“事物”、“进程”、“原因”、“结果”、“空间”、“时间”等等的本质[20]；此外，他还要弄清，这些本质对思维着它们的思维的本质，对认识着它们的认识的本质，

① 对“自在的(在自然秩序中的)在先之物”和“为我的在先之物”的划分源自亚里士多德：实际上原因是在先之物，但我们在先认识的往往是结果，因此这两者是不尽相同的。——中译注

[20] 在A版中为：在本质中的“事物”、“进程”、“自然规律”等等。

对意指着它们的意指(Bedeutung)的本质等等具有哪些奇特的亲和力。如果说科学为了系统地解决它的问题而建造起各种理论，那么哲学家则要询问，理论的本质是什么，是什么使理论得以可能，如此等等。只有哲学研究才为自然研究者和数学家的科学成就提供了补充，从而使纯粹的和真正的理论认识得以完善。特殊研究者的发现术(ars inventiva)和哲学家的认识批判是相互补充的科学活动，只有通过这些科学活动，那种完整的、包容了所有本质关系的[21]理论明察才能得以形成。

以下的个别研究是对纯粹逻辑学这门学科的哲学方面所做的准备性工作，这些研究将揭示，哪些是数学家不愿做也不能做的工作，然而却是人们非做不可的工作。

284

第72节　对纯粹逻辑学观念的扩展。纯粹或然性学说作为经验认识的纯粹理论

B 255 我们至此为止所阐述的纯粹逻辑学概念包含着一个理论上封闭的问题范围，这些问题与理论的观念有本质的关系。只要任何一门科学都不可能不具有那些出于根据的说明，即不可能不具有理论，那么纯粹逻辑学就最普遍地包含着科学一般的可能性的观
A 255 念条件。但另一方面要注意，如此理解的纯粹逻辑学决不因此而将经验科学一般的观念条件作为特别案例包含在自身之中。诚然，有关这些条件的问题是更为有限的问题；经验科学也是科学，

[21] 在A版中为：和全部的。

而且从它的理论内涵来看，经验科学显而易见要服从于前面所划定的纯粹逻辑学领域中的规律。但是观念规律不仅仅以演绎统一规律的形式规定着经验科学的统一；正如经验科学也不能被还原为单纯的纯粹理论一样。理论光学，亦即光学的数学理论并不会穷尽光学的科学；同样，数学力学也不会穷尽整个力学，如此等等。但经验科学的理论产生于认识过程之中，并在科学进步过程中发生多重的变化，而这整个认识过程的复杂机制同样也不仅仅服从于经验的规律，而且还服从于观念的规律。

经验科学中的所有理论都只是假设性的理论。它们不提供那种出自明晰确然的基本规律的说明，而只提供出自**明晰或然**的基本规律的说明。所以，这些**理论本身**只具有明晰的或然性，它们只是暂时的，而非永久的理论。这在某种方式上也是针对那些需要在理论上得到说明的**事实**而言。虽然我们是从这些事实出发，它们被我们视作被给予的，我们只是想要“说明”它们。但是，由于我们上升到了说明性的假设，由于我们通过演绎与证实——有可能在多次改变之后——而把它们设定为或然性规律，这样，事实本身也不会保持原状不变，而是在不断进步的认识过程中发生了变化。借助于这种被看作是可行的假设的认识的增长，我们越来越深入 B 256
到实在存在的“真实本质”之中，我们在不断进步的过程中修正我 A 256
们对显现出的事物的理解，这些理解总是或多或少地带有不相容性。对我们来说，事实原初只是在感知的意义上（以及类似在回忆的意义上）“被给予”。在感知中，我们误以为在我们面前的是事物本身和过程本身，也可以说，我们误以为我们可以无间隔地直观和把握事物本身和过程本身。我们在感知判断中表述我们在感知中

直观到的东西;这便是科学最初的"被给予的事实"。但在认识进步的过程中,我们所承认的那些感知现象在"现实的"事实内涵方面的东西却发生了变化;那些直观地被给予的事物——"第二性质的"现象——被看作是单纯的"现象";而为了规定在它们之中的真实之物,换言之,为了客观地规定认识的经验对象,我们需要一个与这种客观性意义相适合的方法,以及一个通过这种方法而获得的[22](并且不断扩展的)科学的规律认识的领域。

但是,正如笛卡尔和莱布尼茨所认识到的那样,在所有客观科学的经验操作之中起主宰作用的不是心理学的偶然性,而是一个观念的规范。[23]我们要求:在对说明性规律的价值评判中以及在对现实事实的规定中,每次只有一种被合理证实了的做法,而且这是对于科学所达到的任何阶段而言。如果因为新的经验事例的涌现,一个或然性规律或理论被证明为不可靠,那么我们并不能从中推出这样的结论,即:对这门理论的科学论证也必然是错误的。在以往经验的领域中,以往的理论是"唯一正确的"理论,在扩展了的经验领域中,有待重新论证的理论是"唯一正确的"理论,它是唯一
B 257 通过具体的经验思考[24]而得到合理证实的理论。与此相反,尽管通过其他客观合理的途径已经表明,某一门经验理论在已有的经验认识的水平上是唯一合适的理论,我们也许仍然会判断说,这门
A 257 经验理论的论证是错误的。我们从这里可以看出:即使在经验思

[22] 在A版中为:一个相当大的。

[23] 在A版中为:但是,正如莱布尼茨——他也许是第一个如此敏锐地——强调过的那样,我们在所有这些过程中的操作都不是盲目的,都并非不具有观念的权利。

[24] 在A版中为:或然性思考。

维的领域中、在或然性的领域中也必定有观念的要素和规律，经验科学一般的可能性、关于实在之物的或然性认识的可能性[25]便先天地建基于这些要素和规律之中。与这个纯粹规律性领域有关的不是理论这个观念，或者更普遍地说，不是真理这个观念，而是经验说明的统一这个观念，或者说，或然性这个观念；这个纯粹规律性的领域构成了逻辑工艺论的第二大基础，并且一同属于这个应做相应扩展理解的意义上的纯粹逻辑学的领域。

在下面的个别研究中，我们将限制在更为狭窄的领域内，限制在质料的本质顺序中的首要领域内。

[25]　在A版中为：经验科学的可能性、关于一般实在之物的或然性认识的可能性。

作者本人告示[①]

埃德蒙德·胡塞尔:《逻辑研究》

第一部分:《纯粹逻辑学导引》,马克斯·尼迈耶出版社,哈勒/萨尔河畔,[*]1900 年,前言 XII 页,正文 257 页。

《纯粹逻辑学导引》构成《逻辑研究》的引论部分,它想为一种新的逻辑学观点和逻辑学探讨开辟道路。它试图指明,我们这个时代所极为崇尚的对逻辑学的心理学奠基,乃是建立在对各个本质不同的问题层次的混淆之上,建立在对这里所涉及的两门科学——经验心理学与纯粹逻辑学——所具有的特征与目的的原则错误的前设之基础上。在详尽的分析中,心理主义逻辑学所具有的认识论方面的欠缺,尤其是其怀疑论方面的欠缺将会得到揭示,并且同时也会证明,至此为止的逻辑学之所以具有不相应的探讨方式,之所以缺乏明晰性和理论严格性,其原因就在于它对最本质的基础和问题的误识。因此,在反对流行的心理主义的同时,《导

① 载于:《科学哲学研究季刊》,第 24 期,1900 年,第 511 - 512 页。

* 由于在 1899 年 12 月和 1900 年 7 月寄出的几册书上标明的是莱比锡的法伊特公司出版社,因此我在此还要明确地指出,此书在公开出版前已经更换了出版社。

引》试图重新复活，但也重新构建一门纯粹逻辑学的观念。它将导致对一门在理论上独立于所有心理学和事实科学的科学之界定，这门科学在其自然界限中也一同包含着整个纯粹几何学和流形论。它与作为方法论、作为科学认识工艺论的逻辑学——这门逻辑学的合法性当然没有受到怀疑——的关系被理解为与纯粹几何学和土地丈量术之间的关系相类似。逻辑工艺论的根本理论基础并不是在认识心理学之中——尽管它也受到考察——，而是在纯粹逻辑学之中。

这门纯粹逻辑学无非是一种对传统形式逻辑学的改造而已，或者也是对康德或赫巴特学派的纯粹逻辑学的改造。虽然作者将后一种尚未被忘却的努力看作是极具价值的前阶段，但他仍然坚信，这些努力在这门相关学科的目标与界限方面缺乏足够的清晰性；它们还在理论趋向和实践趋向之间、在心理学趋向和纯粹观念趋向之间踌躇徘徊。

纯粹逻辑学是观念规律和理论的科学系统，这些规律和理论纯粹建基于观念含义范畴的意义之中，也就是说，建基于基本概念之中，这些概念是所有科学的共有财富，因为它们以最一般的方式规定着那些使科学在客观方面得以成为科学的东西，即理论的统一性。在这个意义上，纯粹逻辑学是关于观念的“可能性条件”的科学，是关于科学一般的科学，或者，是关于理论观念的观念构成物的科学。

对纯粹逻辑学的充分澄清，亦即对这门逻辑学的本质概念和理论的澄清，对它与所有其他科学的关系以及对它如何制约所有其他科学的方式的澄清——这种澄清需要极为深入的现象学的

（亦即纯粹描述的、非发生心理学的）和认识论的研究。人们可以说，这项在认识论上对逻辑学进行澄清的任务与批判地澄清思维和认识一般，即批判地澄清认识论本身的任务基本上是一致的。在本书第二部分中将会进行现象学的和认识论的单项研究，这些研究试图解决对逻辑学和逻辑思维之澄清的主要问题。

《导引》的文字在 1899 年 11 月底已经印出，由于偶然的情况而推迟了出版，第二部分已经付印并将在今年冬天出版。

文献索引

（本索引仅含胡塞尔本人所引用的书目）

Avenalius, R.〈阿芬那留斯〉:《哲学作为根据费力最小原则进行的世界思维。纯粹经验批判导引》,莱比锡,1876年(简称为:《哲学作为根据费力最小原则进行的世界思维》)(*Philosophie als Denken der Welt gemäß dem Prinzip des kleinsten Kraftmaßes. Prolegomena der reinen Erfahrung*, Leipzig 1876)。(胡塞尔藏书)

Bain, A.〈拜因〉:《逻辑学》,伦敦,1879年版(*Logic*, London 1879)。(胡塞尔藏书)

Beneke, F. E.〈贝内克〉:《作为思维工艺论的逻辑学教程》,柏林,1832年(*Lehrbuch der Logik als Kunstlehre des Denkens*, Berlin 1832)。(胡塞尔藏书)

——《作为思维工艺论的逻辑学体系》,柏林,1842年(*System der Logik als Kunstlehre des Denkens*, Berlin 1842)。(胡塞尔藏书)

Bergmann, J.〈贝格曼〉:《逻辑学的基本问题》,第二版,柏林,1895年(*Grundprobleme der Logik* 2., Berlin 1895)。(胡塞尔藏书)

——《纯粹逻辑学:普通逻辑学》,第一部分,柏林,1879年(*Reine Logik: Allgemeine Logik*, I. Theil, Berlin 1879)。(胡塞尔藏书)

Bolzano, B.〈鲍尔查诺〉:《科学论。对逻辑学的一个详细的和大部分是新的论述,顾及到迄今为止的逻辑探讨者》,苏尔茨巴赫,1837年(*Wissenschaftslehre. Versuch einer ausführlichen und größtentheils neuen Darstellungen der Logik mit steter Rücksicht auf deren bisherigen Bearbeiter*, Sulzbach, 1837)。(胡塞尔藏书)

Cornelius, H.〈科内利乌斯〉:《心理学作为经验科学》,莱比锡,1897年(简称为:《心理学》)(*Psychologie als Erfahrungswissenschaft*, Leipzig 1897)。

（胡塞尔藏书）

Drobisch，M. W.〈德罗比施〉：《逻辑学新论：根据其最简单的状况并顾及到数学和自然科学》，第四版，莱比锡，1875 年（*Neue Darstellung der Logik nach ihren einfachsten Verhältnissen mit Rücksicht auf Mathematik und Naturwissenschaft*，4.，Leipzig 1875）。（胡塞尔藏书）

Erdmann，B.〈埃德曼〉：《逻辑学》，第一卷，第一版，哈勒，1892 年（*Logik* 1. Band，Halle 1892）。（胡塞尔藏书）

Ferrero，G.〈费雷罗〉：《心理学规律作为符号论》，巴黎，1895 年（*Les lois psychologiques du Symbolosme*，Paris 1895）。

Frege，G.〈弗雷格〉：《算术基础。对数的概念的一个逻辑学、数学研究》，布雷斯劳，1884 年版（*Die Grundlagen der Arithmetik. Eine logisch mathematische Untersuchung über den Begriff der Zahl*，Breslau 1884）。（胡塞尔藏书）

——《算术的基本规律。从概念文字派生的》，第一卷，耶拿，1893 年（*Die Grundgesetze der Arithmetik，begriffschriftlich abgleitet*，I. Bd.，Jena 1893）。（胡塞尔藏书）

Hamilton，W.〈汉密尔顿〉：《逻辑学讲座》，第三版，第一册，载于：《形而上学和逻辑学讲座》，主编：H. L. 曼则尔、J. 韦奇，共四册，第三册出版于：爱丁堡/伦敦，1874 年（*Lectures on Logic*，vol. I，3d ed.，revisted：*Lectures on Metaphysics and Logic*，ed. by H. L. Mansel and J. Veitch in 4 volums，vol. III，Edinburgh and London 1874）。（胡塞尔藏书）

Herbart，J. Fr.〈赫巴特〉：《心理学作为科学。新建在经验、形而上学和数学的基础上》，第二卷，分析的部分，哥尼斯堡，1825 年（简称为：《心理学作为科学》）（*Psychologie als Wissenschaft，neu gegründet auf Erfahrung，Metaphysik und Mathematik*，II.，analytischer Theil，Königsberg 1825）。（胡塞尔藏书）

——《心理学教本》，第三版，G. 哈滕斯坦编，汉堡和莱比锡，1883 年（*Lehrbuch zur Psychologie*，3.，hrsg. von G. Hartenstein，Hamburg und Leipzig 1883）。（胡塞尔藏书）

——《哲学引论教程》，第五版，G. 哈滕斯坦编，汉堡/莱比锡，1874 年（*Lehrbuch zur Einleitung in die Philosophie*，5.，hrsg. von G. Hartenstein，Hamburg/Leipzig 1874）。（胡塞尔藏书）

Heymans，G.〈海曼斯〉：《科学思想的规律与要素。认识论基础教程》，第一版，二卷本，莱比锡，1890 年和 1894 年（*Die Gesetze und Elemente des wissenschaftlichen Denkens. Ein Lehrbuch der Erkenntnistheorie in Grundzüge*，1.，2 Bde.，Leipzig 1890 und 1894）。（胡塞尔藏书）

Höfler，A. u. Meinong，A〈赫夫勒和迈农〉:《逻辑学。哲学概论》，在迈农的参与影响下由赫夫勒撰写，上半部分，维也纳，1890 年（简称为:《逻辑学》）（*Logik. Philosophische Propädeutik*，unter Mitwirkung von A. Meinong verfaßt von A. Höfler，erster Halbteil，Wien 1890）。（胡塞尔藏书）

Hume，D.〈休谟〉:《人类理解研究》，主编:T. H. 格林、T. H. 格罗瑟，伦敦，1882 年（*An Enquiry concerning Human Understanding*，ed. by T. H. Green and T. H. Grose，London 1882）。（胡塞尔藏书）

Husserl，E.〈胡塞尔〉:《算术哲学。心理学和逻辑学的研究》，第一卷，萨尔河畔的哈勒，1891 年（简称为:《算术哲学》）（*Philosophie der Arithmetik. Psychologische und logische Untersuchungen*，I. Band，Halle－Sale 1891）。

——"关于 1895－1899 年德国逻辑学著述的报告。第一条项"，载于:《系统哲学文库》，第九卷（1903 年），第 113－132 页;"第三条项"，第 393－408 页（„Bericht über deutsche Schriften zur Logik in den Jahren 1895－99"，„Erster Artikel"：*Archiv für systematische Philosophie*，9，1903，S. 113－132；„Dritter Artikel"：S. 393－408）。

——《科学哲学研究季刊》，第 24 期，1900 年，第 511－512 页（*Vierteljahrsschrift für wissschaftliche Philosophie*，24，1900，S. 511－512）。

——《纯粹现象学和现象学哲学的观念》，第一卷:《纯粹现象学通论》，哈勒，1913 年（简称为:《观念》）（*Die Ideen zu einer reinen Phänomenologie und phänomenologischer Philosophie* I，*Allgemeine Einführung in die reine Phänomenologie*，Halle 1913）。

Kant，I.〈康德〉:《纯粹理性批判》，载于:《康德全集。按年代顺序排列》，G. 哈滕斯坦编，莱比锡，第三卷，1867 年（*Kritik der reinen Vernunft*，in: *Sämtliche Werke in chronologische Reihenfolge*，hrsg. von G. Hartenstein，3. Bd.，Leipzig 1867）。（胡塞尔藏书）

——第八卷，《逻辑学。一个讲座手册》，G. B. 耶舍编，载于:《康德全集。按年代顺序排列》，G. 哈滕斯坦编，莱比锡，第八卷，1868 年（简称为:《逻辑学》）（*Logik. Ein Handbuch zu Vorlesungen*，hsrg. von G. B.

Jäsche, in: *Sämtliche Werke in chronologische Reihenfolge*, hrsg. von G. Hartenstein, 8. Bd., Leipzig 1868)。

Knigger, Ph.〈克尼格尔〉:《一种为女人而写的逻辑学论述》,汉诺威,1789年(*Versuch einer Logic für Frauenzimmer*, Hannover 1789)。

Kries, J. v.〈克里斯〉:《概率计算原则。一个逻辑研究》,布莱斯高的弗莱堡,1886年(*Die Prinzipien der Wahrscheinlichkeitsrechnung. Eine logische Untersuchung*, Freiburg i. Br. 1886)。(胡塞尔藏书)

——"论实在判断和关系判断",载于:《科学哲学季刊》,第十六期,1892年,第253－288页("Über Real- und Beziehungsurteil", in: *Vierteljahrsschrift für wissschaftliche Philosophie*, 16, 1892, S. 253－288)。

Kroman, K.〈克罗曼〉:《我们的自然认识》,(德文版)翻译:菲舍尔－本松,哥本哈根,1833年(*Unsere Naturerkenntnis*, übers. von Fischer－Benzon, Kopenhagen 1883)。(胡塞尔藏书)

Külpe, O.〈屈尔佩〉:《哲学引论》,第一版,莱比锡,1897年(*Einleitung in die Philosophie*, 1., Leipzig 1897)。(胡塞尔藏书)

Lasson, A.〈拉松〉:"1894－1895年法国哲学文献出版年报",载于《哲学杂志》,新序列,第113卷,1899年,第65－110页(„Jahresbericht über Erscheinungen der philosophischen Literatur in Frankreich 1894－1895", in: *Zeitschrift für Philosophie und philosophische Kritik*, Neue Folge, 113, 1899, S. 65－110)。

Lange, F. A.〈朗格〉:《逻辑研讨——对形式逻辑学和认识论的新论证》,H.柯亨编,伊瑟隆,1876年(简称为:《逻辑研讨》)(*Logische Studien. Ein Beitrag zur Neubegründung der formalen Logik und Erkenntnistheorie*, hrsg. von H. Cohen, Iserlohn 1876)。(胡塞尔藏书)

Leibnitz, G. W.〈莱布尼茨〉:"致加布里尔·瓦格纳的信。论理性批判或逻辑学的用处"〈1696年〉,载于:《莱布尼茨哲学著作集》,J. E. 埃德曼主编,柏林,1840年,第418－426页("Schreiben an Gabriel Wagner. Vom Nutzen der Vernunftkritik oder Logik"(1696), *Opera Philosophica quae extant latina, gallica, germanica omnia*, hrsg. von J. E. Erdmann, Berlin 1840)。(胡塞尔藏书)

——《人类理智新论》,载于:《莱布尼茨哲学著作集》,J. E. 埃德曼主编,柏林,1846年(简称为:《新论》)(*Nouveaux essais sur l'entendement humain*, in: *Opera Philosophica quae extant latina, gallica, germanica om-*

nia, hrsg. von J. E. Erdmann, Berlin 1840)。(胡塞尔藏书)

——《哲学著作集》,格哈特编,第七卷(*Die philosophischen Schriften*, Gerhardts Ausgabe, Bd. VII)。(该书在正文中被胡塞尔引用,但在校勘版中未列入文献索引。——中译注)

——《数学著作集》,第二组,第三卷,C. I. 格哈特编,载于:《莱布尼茨全集。源自汉诺威皇家图书馆手稿》,G. H. 佩尔茨编,第三序列,数学,第七卷,哈勒,1863 年(*Mathematische Schriften*, 2. Abteilung, III. Band, hrsg. von C. I. Gerhardt, in: *Gesammelte Werke. Aus den Handschriften der Königlichen Bibliothek zu Hannover*, hrsg. von G. H. Pertz, 3. Folge, Mathematik, VII, Band, Halle 1863)。(胡塞尔藏书)

Liebmann, O.〈利普曼〉:"必然性的种类",载于:《思想与事实。哲学论文、格言和研究》,第一册,斯特拉斯堡,1882 年,第 1 - 45 页(*Gedanken und Tatsachen. Philosophische Abhandlungen, Aphrorismen und Studien*, 1. Heft, Straßburg 1882, S. 1 - 45)。(胡塞尔藏书)

Lipps, Th.〈利普斯〉:"认识论的任务和冯特的逻辑学,第一部分",载于:《哲学月刊》,第二十六期,1880 年,第 529 - 539 页(简称为:《认识论的任务》)("Die Aufgabe der Erkenntnistheorie und die Wundt'sche Logik", I, in: *Philosophische Monatshefte*, Nr. 26, 1880, S. 529 - 539)。(胡塞尔藏书)

——《逻辑学的基本特征》,汉堡/莱比锡,1893 年(*Grundzüge der Logik*, Hamburg u. Leipzig 1893)。(胡塞尔藏书)

Lotze, H.〈洛采〉:《逻辑学。关于思维、研究、认识的三部书:哲学体系》,第一部分,第二版,莱比锡,1880 年(简称为:《逻辑学》)(*Logik. Drei Bücher vom Denken, vom Untersuchen, vom Erkennen: System der Philosophie*, I. Teil, 2. Aufl., Leipzig 1880)。(胡塞尔藏书)

Mach, E.〈马赫〉:《发展中的力学:对其历史 - 批判的阐述》,莱比锡,1883 年(*Die Mechanik in ihrer Entwicklung historisch - kritisch dargestellt*, Leipzig 1883)。(胡塞尔藏书)

Mill, J. St.〈穆勒〉:《演绎的和归纳的逻辑学体系。对证明学说的原理和科学研究方法的原理 之阐述》,经作者同意并在其参与影响下由 Th. 贡佩尔兹译成德文并加注,莱比锡,1872/1873 年(简称为:《逻辑学》)(*System der deductiven und inductiven Logik. Eine Darstellung der*

Grundzüge der Grundsätze der Beweislehre und der Methoden wissenschaftlicher Forschung, mit Genehmigung und unter Mitwirkung des Verfassers übersetzt und mit Anmerkung versehen von Th. Comperz. Leipzig 1872/73)。(胡塞尔藏书)

——《对威廉·汉密尔顿爵士的哲学以及对他著述中讨论的原则性哲学问题的考察》,第五版,伦敦,1878 年(简称为:《对威廉·汉密尔顿爵士的哲学的考察》或《考察》)。(*An Examination of Sir William Hamilton's Philosophy and of the Principal Philosophical Questions discussed in his Writings*, 5th ed., London 1878)。(胡塞尔藏书)

Natorp, P.〈纳托尔普〉:"关于对认识的主观的和客观的论证",《哲学月刊》,第二十三期,1887 年("Über objektive und subjektive Begründung der Erkenntnis", in: *Philosophische Monatshefte* XXIII, 1887)。

——《根据批判方法进行的心理学引论》,弗莱堡,1888 年(简称为:《心理学引论》)(*Einleitung in die Psychologie nach kritischer Methode*, Freiburg 1888)。

——《社会教育学。在共同体基础上进行的意志教育的理论》,斯图加特,1889 年(简称为:《社会教育学》)(*Sozialpädagogie. Theorie der Willenserziehung auf der Grundlage der Gemeinschaft*, Stuttgart 1899)。(胡塞尔藏书)

——《根据批判方法进行的普通心理学》,第一卷:《心理学的客体与方法》,图宾根,1913 年版(简称为:《普通心理学》)(*Allgemeine Psychologie nach kritischer Methode*, Band I, *Objekt und Methode der Psychologie*, Tübingen 1913)。(胡塞尔藏书)

Riehl, A.〈里尔〉:《哲学批判主义及其对实证科学的意义》,三卷本,第二卷,1876－1887 年。*Der philosophische Kritizismus und seine Bedeutung für die positive Wissenschaft*, 3 Bde., II. Band, 1876－1887.(胡塞尔藏书)

Sigwart, Chr.〈西格瓦特〉:《逻辑学》,第一卷,第三版,《关于判断、概念、推论的学说》,布莱斯高的弗莱堡,1889 年(*Logik* I, 3, *Die Lehre vom Urteil, vom Begriff, vom Schluß*, Freiburg i. Br. 1889)。

Stumpf, C.〈施顿普夫〉:"心理学与认识论",载于:《巴伐利亚皇家科学院哲学语言学组论文集》,第十九卷,第二组,1891 年,第 466－516 页("Psychologie und Erkenntnistheorie", in: *Abhandlungen der philosophisch-*

philologischen Classe der königlich bayerischen Akademischen Wisss-chaften, XIX. Band, II. Abtheilung, 1891, S. 466－516)。(特印本为胡塞尔所藏)

Trendelenburg, F. A.〈特伦德伦堡〉:“论莱布尼茨关于一门普遍描述方式的构想”,载于:《历史的哲学文献》,第三卷:《论文杂集》,柏林,1867年,第1－47页(“Über Leibnizens Entwurf einer allgemeinen Charakteristik”, in: *Historische Beiträge zur Philosophie*, III. Band, *Vermischte Abhandlungen*, Berlin 1867, S. 1－47)。(胡塞尔藏书)

Windelband, W.〈文德尔班〉:“批判的方法还是发生的方法?”,载于:《序曲。有关哲学引论的文章和讲话》,第一版,布莱斯高的弗莱堡,1884年(简称为:《序曲》)(“Kritische oder genetische Methode”, in: *Präludien. Aufsätze und Reden zur Einleitung in die Philosophie*, 1. Auflage, Freiburg i. Br. 1884)。

Wundt, W.〈冯特〉:《逻辑学。对科学研究的认识原则与方法的一个探讨》,第一卷:《认识论》,第二版,斯图加特1893年(简称为:《逻辑学》)(*Logik. Eine Untersuchung der Prinzipien der Erkenntnis und der Methoden wissenschaftlicher Forschung*, I. Band, *Erkenntnislehre*, 2. Auflage, Stuttgart 1893)。(胡塞尔藏书)

人名索引

（人名后的数字为原书 A、B 版页码，即本书边码）

298

G

H

K

L

M

N

O

P

Q

S

T

W

X

概念索引
（德－汉）

（人名后的数字为原书 A、B 版页码，即本书边码）

A

B

D

E

F

G

H

I

K

L

M

N

O

P

Q

R

S

T

U

V

W

Z

概念索引
（汉－德）

（人名后的数字为原书 A、B 版页码，即本书边码）

G

H

J

K

L

M

N

O

P

Q

R

S

T

W

X

Y

Z

译后记

胡塞尔的《逻辑研究》一书共分两卷,第一卷“纯粹逻辑学导引”发表于1900年;第二卷“现象学和认识论研究”发表于1901年,由六项研究组成,前五项研究构成第二卷的上册,第六项研究单独构成第二卷的下册。全书的德文原版共有一千三百多页。1913年,在经胡塞尔本人做了较大程度的修改之后,《逻辑研究》又发行了第二版。

海德格尔和胡塞尔本人都将《逻辑研究》称之为现象学的“突破性著作”①。直至今日,这部著作始终被公认为是胡塞尔现象学的最重要著作并且被普遍看作是哲学自近代以来最重要的创作之一。其原因在于,这部著作不仅在很大程度上规定了胡塞尔的同时代人如海德格尔、舍勒、尼古拉·哈特曼、萨特、梅洛-庞蒂、英加尔登、古尔维奇、舒茨等一大批重要哲学家的思维方向,而且它的作用已经远远超出了哲学领域。用比利时鲁汶大学胡塞尔文库的教授、著名现象学家R.贝耐特博士的话来说:“这部著作的影

① 参阅M.海德格尔:《存在与时间》,图宾根,1979年,第38页;中译本:陈嘉映、王庆节译,北京,1987年,第48页;参阅E.胡塞尔:《逻辑研究》,第一卷,“第二版前言”。

响几乎是无法界定的：从新康德主义、现象学基础本体论和早期结构主义语言学，到当今语言哲学和认知心理学所提出的问题上，它的影响无处不在。”[①]所以，如果说这部著作提供了理解二十世纪西方哲学或西方思维的基础，那么这绝非是一种夸张。就目前而言，西方哲学界一方面有愈来愈多的人看到了现象学分析和当代语言分析哲学之间所具有的亲和力，另一方面有愈来愈多的现象学家和非现象学家开始拒绝在胡塞尔后期思想中所形成的现象学观念主义，在这种情况下，胡塞尔的这部早期著作所引起的兴趣和关注便愈来愈大。

与他的哲学研究一样，胡塞尔在发表著述方面对自己也要求极严。他生前发表的著作与他一生写下的手稿相比可以说是微乎其微的[②]。并且，除了《逻辑研究》之外，其他著作几乎都是现象学的引论性著作[③]。与其他著作相比，《逻辑研究》在这样两个方面表现得最为清晰：一方面是胡塞尔的特殊思维方式，另一方面是他的具体操作方法。换言之，《逻辑研究》一方面可以引导人们进入胡塞尔的思维体系，另一方面，它又以极为具体的方式表现了胡塞尔的“工作哲学”；因此，在这两方面，尤其在后一个方面，《逻辑研

① R. 贝耐特：《哲学著作辞典》，斯图加特，1988 年，第 425 页。

② 即使加上在他去世后由一批现象学家根据其手稿整理发表的、现已出至第二十八卷（目前已出至第四十卷——中译者补记）的《胡塞尔全集》，目前我们所能看到的胡塞尔著述也只占他写下的全部手稿的极小一部分。

③ 由海德格尔整理出版的《内时间意识现象学讲座》（哈勒，1928 年。中译本：倪梁康译，北京，2010 年）是一个例外。而按照胡塞尔的意图、由胡塞尔的助手 L. 兰德格雷贝根据胡塞尔手稿整理并由胡塞尔本人审阅过的《经验与判断》（布拉格，1939 年。中译本：邓晓芒、张廷国译，北京，1999 年），虽然也是一部非引论性著作，但可惜却未能在胡塞尔去世前出版。

究》的作用是胡塞尔生前发表的其他著作所无法比拟的。

这里发表的是《逻辑研究》第一卷的中文译本："纯粹逻辑学导引"。此卷的前十章主要是胡塞尔对当时在哲学领域占主导地位的心理主义（这也是他自己过去的立场）各种表现形式的批判。胡塞尔在这里反对任何从心理学的认识论出发来对逻辑学进行论证的做法。这些批判在当时结束了心理主义的统治，而且在今天，无论人们把逻辑定理看作是分析的还是综合的，这些批判仍然还保持着它们的有效性。可以说，随着这一卷的发表，心理主义这种形式的怀疑论连同有关心理主义的讨论在哲学史上最终被归入了档案。

第十一章"纯粹逻辑学的观念"是联结《逻辑研究》第一卷和第二卷的关键。只要认真研究这一章，那种认为第一卷和第二卷相互矛盾的假象便会被消除。这种假象甚至连海德格尔在初读《逻辑研究》时也未能避免："这部著作的第一卷发表于1900年，它证明关于思维和认识的学说不能建立在心理学的基础上，以此来反驳逻辑学中的心理主义。但在次年发表的、篇幅扩充了三倍的第二卷中，却含有对意识行为的描述，这些行为对于认识构成来说是根本性的。因而这里所说的还是心理学。……由此看来，随着他对意识现象所进行的现象学描述，胡塞尔又回到了恰恰是他原先所反驳的心理主义立场上去。"[①]每一个初次接触胡塞尔思想的

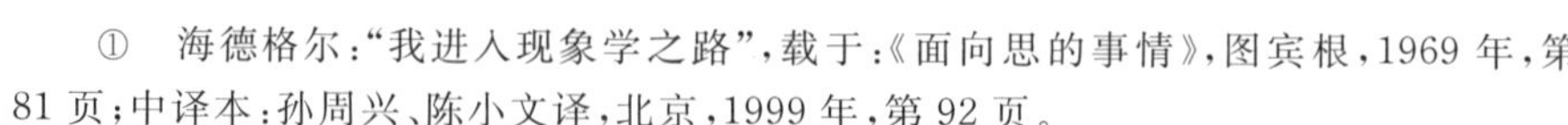

① 海德格尔："我进入现象学之路"，载于：《面向思的事情》，图宾根，1969年，第81页；中译本：孙周兴、陈小文译，北京，1999年，第92页。

人,如果他不是特别关注第十一章的内容,恐怕都会得出这种印象。

当然,胡塞尔在《逻辑研究》第一版发表时的思想还不十分成熟,这从第一版和第二版的差异中可以看出,因而他的阐述在某种程度上导致了这种假象的形成。在《逻辑研究》的"第二版前言"中,有两点须特别注意:1. 胡塞尔认为,《导引》的第一版"无法完全把握'自在真理'的本质","'自在真理'的概念过于单一地偏向于'理性真理'";2. 胡塞尔指出,《逻辑研究》第一版的第二卷"未能充分顾及到'意向活动'与'意向相关项'之间的区别和平行关系","只是片面地强调了意向活动的含义概念,而实际上在某些重要的地方应当对意向相关项的含义概念做优先的考察。"这两个说明当然也涉及《导引》第十一章中的内容。

尽管如此,胡塞尔思想发展的整个脉络是不难把握的:在《逻辑研究》第一卷对心理主义所做的批判中,胡塞尔一方面指出心理主义的最终结果是怀疑论,另一方面则说明心理主义的根本问题在于混淆了心理学的对象——判断行为和逻辑学的对象——判断内容,因而,对于心理主义来说,判断内容的客观性"消融"在判断行为的主观性之中,换言之,"真理消融在意识体验之中",这样,尽管心理主义仍在谈论客观的真理,"建立在其超经验的观念性中的真理的真正客观性还是被放弃了。"[①]这里须注意胡塞尔对真理概念的规定:真理是建立在超经验的观念性中的东西。因此,胡塞尔在这里所反对的是心理主义用体验的经验实在的主观性来取代观

① 参阅本书第39节中对西格瓦特的批判。

念可能性意义上的真理客观性的做法。但他并没有因此而否认意识体验、判断行为的“真理”可以具有客观性。恰恰相反,胡塞尔一再强调的意识行为与对象的“相即性”,这也就是传统哲学意义上的“事物与智性的一致”。甚至他还批评心理主义者说:“这些人相信能区分纯主观的和纯客观的真理,因为他们否认关于自身意识体验的感知判断具有客观性特征:就好像意识内容的为我的存在并不同时也是自在的存在一样;就好像心理学意义上的主观性与逻辑学意义上的客观性是相互对立的一样!”[①]以为意识内容的为我的存在并不同时也是自在的存在,这种做法取消了意识对象所依据的客观的观念可能性,取消了自在的、客观真理,这是心理主义的过失之一;主张心理学意义上的主观性与逻辑学意义上的客观性相互对立,这种做法又抹杀了意识行为所依据的客观的观念可能性,取消了意识行为的自在、客观真理,这是心理主义的过失之二。只要我们看到,判断行为的真理客观性和判断内容的真理客观性完全可以达到一致,因为它们都是独立于经验实体的观念可能性,那么心理主义的谬误便不会再有市场。胡塞尔在第十一章中所陈述的便是这个思想:“一方面是实事之间的联系,这些实事意向地关系到思维体验(现实的和可能的思维体验);另一方面是真理之间的联系,在这种联系中,实事的统一本身获得其客观有效性。前者与后者是一同先天地被给予的,是相互不可分开的。”[②]可以说,作为认识行为的实事构成纯粹心理学这门本质的

① 参阅本书第 35 节中的第 1 个注释。

② 参阅本书第 62 节的开始部分。

（或先天的、观念的）科学的对象，作为认识对象的真理构成最广泛意义上的纯粹物理学这门本质的（或先天的、观念的）科学的对象。而对所有这些观念可能性的形式进行研究的学说就可以被称之为“纯粹逻辑学”，它“最普遍地包含着科学一般的可能性的观念条件”。①

在《逻辑研究》第一版第二卷中，胡塞尔甚至偏重于研究判断行为的真理客观性，偏重于纯粹心理学的研究，这也就是他后来所说的对意向相关项的含义概念的“片面强调”所在。但这里所说的“纯粹心理学”已经不是指关于人的实在心理本质的学说，而是一门关于纯粹意识活动的观念可能性的学说，一门“现象学的心理学”了。

胡塞尔对《逻辑研究》第一版的反思是在十三年之后，这期间他的思想已由“现象学心理学”发展到“超越论现象学”。显然是在超越论现象学的立场上，他才认为，在《逻辑研究》第一版中，“自在真理”的概念过于单一地偏向于“理性真理”，“意向活动的含义概念”相对于“意向相关项的含义概念”得到了过多的强调。因为在《逻辑研究》第一卷发表后的六、七年中，关于“构造”的想法就已趋成熟，“对象在意识中的构造”问题已经进入胡塞尔思想的中心。在这种情况下，他对《逻辑研究》第一版的上述感觉便不足为奇了。胡塞尔这时所考虑的不仅仅是意识活动的观念性或客观性，而且更多地是考察作为意识活动之结果的意向对象的观念性或客观性。这样，借助于先验还原的方法，一个包容整个意向活动（意识

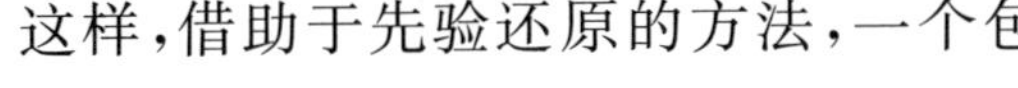

① 参阅本书第 72 节的开始部分。

的实项内容)和意向相关项(意识的意向内容)于一身的先验观念主义体系便建立了起来。智性与事物的相即性在先验现象学中表现为在意识之中意识活动与它所构造的意向对象的一致性。主观性和客观性的对立则表现为心理体验的经验实在性与纯粹意识的观念可能性之间的对立。从这个角度上来看,胡塞尔这时倒比《逻辑研究》第一版第二卷更像是回到了心理主义的立场,以至于他这时所主张的看起来恰恰便是他原先在《逻辑研究》第一版第一卷中所反对的,即:"存在在意识中消融","客观性在现象中显现出来"[①];以至于科隆大学胡塞尔文库主任伊丽莎白·施特雷克教授甚至问道:"先验现象学本身是否终究还是一门心理学,即一门对心理之物的构造所做的先验研究,并且最后是对先验意识的自身构造的先验研究?"[②]当然,在经过上述对胡塞尔思维发展的反思之后,我们可以看出,他的思路不是一种回复,而是一种向更高层次的迈进,或者至少可以说是一种向更高层次迈进的企图:由《逻辑研究》第一版第一卷(1900年)对判断行为和判断内容两者的观念可能性或客观性的强调,到《逻辑研究》第一版第二卷(1901年)对意识活动的观念可能性的关注和偏重,最后达到在与《纯粹现象学和现象学哲学的观念》(1913年)处于同一层次的《逻辑研究》第二版(1913年)中对一种构造着意向相关项的意向活动所具有的先验观念性的主张。这时的"纯粹"概念不只是指相对于经验事实

---

① 参阅W.比梅尔:"出版者前言",载于胡塞尔:《现象学的观念》,倪梁康译,上海译文出版社,1986年,第2页和第4页。

② I.施特雷克:"现象学与心理学——它们在胡塞尔哲学中的关系问题",载于:德国:《哲学研究杂志》,第37卷,1983年,第19页。

而言的观念性，而且还意味着相对于实在世界而言的先验性。胡塞尔这时才达到了他所希望达到的彻底性：一种绝对的观念主义，一种彻底的反心理主义和反人类主义（反种类怀疑主义）。

这里还有三点需要补充说明：

1.尽管前面我的论述的目的主要在于介绍这里发表的《逻辑研究》第一卷的大致内容并建议读者关注第十一章的论题，但我的论述本身却不得不超出这一卷的范围。无法接触德文原本的读者要想对胡塞尔整个思维发展进行直接的把握，还有待于《逻辑研究》第二卷中文译本的出版。但这并非是一件指日可待的事情。胡塞尔的著作以严格著称，这种严格性在某种程度上规定着翻译的严格性和所需的时间。《逻辑研究》的日文译本从第一卷到第四卷的出版前后便用了八年之久。当然，我相信中文译本所需的时间要短些，但愿读者在三至五年内便可看到《逻辑研究》第二卷各册的出版。

2.前面我的论述一再区分第一版《逻辑研究》，即胡塞尔在1900 年的思想，和第二版《逻辑研究》，即他在 1913 年的思想，因为第二版由于胡塞尔的修改而与第一版的内容有很大偏离，正如康德《纯粹理性批判》的第一版和第二版不尽相同一样。现在通常见到的《逻辑研究》单行本是由最初出版胡塞尔著作的马克斯·尼迈耶出版社（德国，图宾根）提供的，它只是《逻辑研究》1913 年第二版的再印，因而从中无法显示出胡塞尔在 1900 年至 1913 年这段时间的思想变化。这个缺陷直到 1975 年和 1984 年由内伊霍夫出版社（荷兰，海牙）分别出版了作为《胡塞尔全集》第十八、十九卷

的《逻辑研究》校勘版之后才得以弥补。在这两卷《逻辑研究》的校勘版中，编者极为仔细地标出了第一版和第二版之间的所有细微差异，为读者提供了了解胡塞尔这一期间思维历程的可能。

这里的中文翻译是根据并且仍将根据《逻辑研究》的校勘版进行。虽然这将付出很大的精力，但从前面的理由来看，却是值得一做的。《逻辑研究》的日文译本在1968年至1976年间便已分四卷问世，然而现在却因不能表现第一、二版的区别而须重译。《逻辑研究》的中文翻译可以免走这一弯路。

3. 在理解或论述胡塞尔思想时，我们常常会遇到术语方面的困难。这一方面是因为像“纯粹”、“现象”、“真理”、“先天”、“观念”等等这些常用的哲学概念被胡塞尔赋予一种或多种新的含义；另一方面的原因则在于，胡塞尔本人还创造了一批新的术语，如“意向活动”、“意向相关项”、“明见性”、“埃多斯”、“越度”等等。读者在阅读本书时，会首先遇到这方面的困难。我在翻译的过程中尽可能对一些现象学的中心概念做出解释，但翻译的性质和篇幅决定了我不可能将这些概念进行较为完善的说明。这项工作将由我正在撰写的《现象学概念——含义、起源、发展、中译》（暂定名）一书来完成（已作为《胡塞尔现象学概念通释》于1999年由三联书店出版，并于2007年再版。——中译者补记）。

这部著作的翻译大部分是我在德国弗莱堡大学和比利时鲁汶大学留学期间完成的。借此机会，我想在此对几位为《逻辑研究》中译本出版提供了帮助的师长和朋友致以诚挚的谢意。首先要感谢鲁汶大学胡塞尔文库主任、教授萨姆埃尔·艾斯林（Samuel IJsselin)博士、鲁汶大学胡塞尔文库教授鲁道夫·贝耐特(Rudolf Bernet)博士和乌尔里希·梅勒(Ullrich Melle)博士！在我计划翻译《逻辑研究》的一开始，他们就尽其可能给我提供了精神上、学术上和材料方面的支持。弗莱堡教育学院教授弗兰茨·菲尔泽(Franz Filser)博士和弗莱堡大学胡塞尔文库的汉斯-赖纳·塞普(Hans-Rainer Sepp)先生在翻译上给我以指导并为我查询各种资料，对此我深表谢意！这里还要感谢苏黎世大学教授埃尔玛·霍伦斯坦(Elmar Holenstein)博士和日本东京大学教授渡边二郎博士，他们赠送的日文译本《逻辑研究》(四卷)和《纯粹现象学和现象学哲学的观念》(二卷)使我有可能参考日文译名做出翻译上的选择。

特别要感谢的是瑞士伯尔尼大学的现象学家和汉学家耿宁博士(Iso Kern)，他为《逻辑研究》的中文翻译所做的一切在这篇“译后记”中是无法尽述的！

倪梁康

1992年2月于南京